Das Buch

Einen Tag
nische Jü
schaft an
und fesse
endgültigen Schritt geführt hat. Als zweites Kind assimi-
lierter Juden kommt Jane Gilbert 1947 in New York zur Welt. Ihre Kindheit ist unbelastet von dem Grauen des Holocaust, den die Eltern durch Verschweigen sorgsam von ihren Kindern fernzuhalten versuchen. Jane soll zu einer unauffälligen und angepaßten Amerikanerin heranwachsen. Und gerade das tut sie nicht. Aus ihrem zuvor passiven Erleben des Judentums wird die bewußte Konfrontation: Die Identitätssuche der jungen Frau wird zur Vergangenheitsbewältigung. 1969 bricht sie schließlich zu ihrer ersten Deutschlandreise auf. Manches relativiert sich bei diesem Besuch, von Versöhnung kann aber keine Rede sein. Doch drei Jahre später siedelt Jane zum Entsetzen ihrer Verwandten und Freunde in die Bundesrepublik über. Zu dieser Zeit weiß sie noch nicht, daß es ein Aufenthalt für immer sein wird. «Letzten Endes entschloß ich mich, Deutsche zu werden, weil kein anderes Land mein Schicksal so sehr beeinflußt hat.» Und sie fügt hinzu: «In diesem Land habe ich erfahren, wie man sich fühlt, wenn man nicht fortgesetzt in Haß lebt.»

Die Autorin

Jane E. Gilbert wurde am 23. April 1947 in New York geboren. Nach dem Besuch der High School studierte sie zunächst Anglistik, anschließend Sprachwissenschaften. 1979 promovierte sie im Fachbereich Germanistik an der Freien Universität Berlin. Nach dem Studium war Jane E. Gilbert Dozentin in der Erwachsenenbildung und arbeitete als Lektorin und Journalistin für Presse und Rundfunk. Seit 1989 ist sie Chefredakteurin in einer Werbeagentur. Sie lebt in Frankfurt.

… nach ihrem 39. Geburtstag nimmt die amerika… …din Jane E. Gilbert die deutsche Staatsbürger… … Unrastheit… und nüchtern, doch einnehmend … zeichnet sie den Weg nach, der sie zu diesem … zweites Kind assimi…

Jane E. Gilbert:

Ich mußte mich vom Haß befreien

Eine Jüdin emigriert nach Deutschland

Deutscher
Taschenbuch
Verlag

Ungekürzte Ausgabe
September 1991
Deutscher Taschenbuch Verlag GmbH & Co. KG,
München

ISBN 3-502-18267-1
Umschlaggestaltung: Celestino Piatti
Umschlagabbildung: Helfried Hofmann
Umschlagfoto Rückseite: Tilka Hansen
Gesamtherstellung: C. H. Beck'sche Buchdruckerei,
Nördlingen
Printed in Germany · ISBN 3-423-11438-X

Aus einem dunklen Schacht ratterte die Berliner U-Bahn heran. Die Menschenmenge auf dem Bahnsteig, auf dem auch ich stand, drängelte sich in Richtung des Gleises. Der Zug mit dem Schild «Krumme Lanke» hielt quietschend an. Er war voll besetzt mit orthodoxen Juden. Die Türen öffneten sich automatisch. Bevor ich merkte, daß außer mir niemand einstieg, schnappten die Türen wieder zu. Der Zugabfertiger verriegelte sie von außen, und das Fahrtrichtungsschild änderte sich. Das Endziel hieß jetzt «Dachau». Hinter mir wiegten sich die Juden betend vor und zurück. Ich begann zu weinen. Die Menge auf dem Bahnsteig brüllte vor Lachen. Ein Besoffener schrie mit verzerrtem Mund: «Es ist Selbstmord, in Deutschland zu leben.» Als der Zug gerade abfuhr, weckte mich das Klingeln des Telefons. Ich lag in meiner Wohnung im Bett, in der Bundesrepublik. Schon seit Jahren hatte mich dieser Alptraum nicht mehr geplagt. Es war 7 Uhr 30 und der Tag nach meinem 39. Geburtstag. Ich nahm den Hörer ab. Am anderen Ende sagte mir ein Beamter vom Innenministerium: «Ihre Papiere sind fertig. Sie können sofort eingebürgert werden.» Seit zwei Wochen, seit meiner Ausbürgerung aus den Vereinigten Staaten, existierte ich ohne gültige Papiere und durfte daher Deutschland nicht verlassen.

Noch halb verschlafen und mit nüchternem Magen rannte ich los. Es regnete in Strömen, und die Straßenbahn fuhr mir vor der Nase weg. Als ich endlich bei den Behörden ankam, waren meine Schuhe klitschnaß, und meine Hosen klebten noch enger an mir als ohnehin schon. In einem kleinen Zimmer wurde mir förmlich und ohne den geringsten Hauch von Feierlichkeit meine Einbürgerungsurkunde ausgehändigt. Keine Fahnen wehten, keine Schallplatte spielte die Nationalhymne. Ein feuchter Händedruck besiegelte meine neue Staatsbürgerschaft. Danach mußte ich wieder durch den kalten Regen, um mir beim Einwohnermeldeamt deutsche Papiere ausstellen zu lassen. Als ich endlich den Ausweis in Händen hielt, war es schon Mittag. Zum Feiern ging ich in ein Hamburger-Restaurant und bestellte mir das größte, glitschigste Zeug, das sie dort haben. Das waren meine ersten Stunden als Deutsche.

Es war wirklich ein ganz gewöhnlicher Tag. Ich weiß nicht, was ich erwartet hatte, jedenfalls passierte nichts Spektakuläres. Mein fast schwarzes Haar ist bei der Einbürgerung nicht blonder geworden, sondern eher grauer, und meine schielenden, dunklen Augen blickten nicht gerade und wurden nicht blau. Kein dringendes Bedürfnis überkam mich, ein Dirndl zu kaufen. Und ohne schlechtes Gewissen aß ich einen Hamburger statt einer Currywurst. Aber irgend etwas war doch anders. Stundenlang konnte ich nicht aufhören, mein Foto in dem bundesdeutschen Personalausweis anzusehen und über meine Vergangenheit nachzudenken.

Fast anderthalb Jahrzehnte wohnte ich schon in der Bundesrepublik, und dennoch war diese Entscheidung, Deutsche zu werden, sehr schwierig gewesen. Als Voraussetzung für die Einbürgerung verlangt das Innenministerium die Aufgabe der bisherigen Staatsbürgerschaft. Drei Jahre lang vergilbten die Antragsformulare bei mir zu Hause, ehe ich mich entschließen konnte, die Naturalisierung zu beantragen. Und dann hatte ich manchmal heimlich gehofft, daß die Behörden mich ablehnen würden und mir so die Entscheidung aus den Händen nahmen. Das geschah jedoch nicht. Die sogenannte Zusicherung zur Aufnahme in den deutschen Staatsverband wurde mir erteilt. So lag die Entscheidung wieder bei mir. Drei oder vier Monate lang überlegte ich hin und her, ob ich einfach aus Deutschland verschwinden und für immer in die USA zurückkehren sollte. Denn ausgerechnet an dem Tag, an dem ich die Zusicherung durch die Post erhielt, hatte der damalige Bürgermeister von Korschenbroich, Graf von Spee, im «Spaß» gesagt, man müßte eigentlich einen reichen Juden totschlagen, um die finanzielle Lage seiner Stadt aufzubessern. Kurz zuvor hatte der CSU-Bundestagsabgeordnete Hermann Fellner die Bemerkung fallengelassen, daß jedesmal, wenn es in deutschen Kassen klingele, sofort die Juden daseien. In Dortmund schmierten wieder Neonazis ihre Parolen wie «Jude verrecke! Ausländer raus!» an die Wände. Wollte ich überhaupt diesem Volk angehören, das uns schon wieder bedrohte und beleidigte?

Was mich als amerikanische Jüdin bewogen hatte, ins «feindliche Lager» überzuwechseln, können die wenigsten nachvollziehen. Es ist indes ein logischer Schritt, wenn man meine Entwicklung betrachtet, die – bis zu einem gewissen Punkt – sehr typisch für die Generation amerikanischer Juden verlief, die nach dem Zweiten Weltkrieg geboren wurde.

Deutschland – das war für uns immer ein sehr heikles Thema gewesen. Es ist noch heute sehr schwierig für amerikanische Juden, sachlich über Deutschland zu diskutieren. Vielleicht stammt dieser abgründige, undifferenzierte Haß der Älteren daher, daß die meisten von ihnen irgendwelche Verwandten in der «alten Welt» verloren haben und von einem entsetzlich schlechten Gewissen geplagt werden, nicht genug zur Rettung der europäischen Juden unternommen zu haben. Und der Deutschlandhaß gärt noch heute sehr intensiv in den jüdischen Vierteln Amerikas. Manchmal ist er bei den Jüngeren, die ihn «geerbt» haben, sogar noch stärker ausgeprägt als bei den Älteren. Deutschland – das ist das Dritte Reich und der Holocaust, nichts davor und nichts danach. Deutschland – das ist Dachau und Buchenwald, sonst nichts. Es ist daher kein Wunder, daß meine Einbürgerung unter früheren Freunden und Bekannten heftige Reaktionen wie «Verräterin» oder «Psychopathin» ausgelöst hatte. Auch meine Geschwister verkrafteten es nur schwer. Keiner von ihnen hat mich in all den Jahren in der Bundesrepublik besucht. Jahrelang litten meine Eltern darunter. Nachbarn hatten sich von ihnen losgesagt, manchmal mußten sie sich Beleidigungen anhören. Meistens haben sie verschwiegen, wo genau in Europa ich lebe.

Zwei Monate nach meiner Einbürgerung reiste ich mit meinem neuen deutschen Paß zum erstenmal ins Ausland. Ich flog in die USA, um meine Familie zu besuchen. Schon im Flugzeug über dem Atlantik fing mein Magen an, sich zu verkrampfen. Wie würden meine Eltern reagieren? Würden sie mich «beerdigen» lassen, wie die orthodoxen Juden es mit ihren Ausgestoßenen tun, indem sie eine symbolische Trauerfeier inszenieren? Heulende Trauergäste vor einem leeren Sarg, der langsam in die Erde hinuntergelassen wird. Der Rabbi spricht das Totengebet, und die Familienmitglieder nehmen schluchzend von dem «Verstorbenen» Abschied. Der Ausgestoßene gilt fortan als tot. Niemand redet mehr mit ihm, beachtet ihn oder steht ihm in irgendeiner Weise bei. Nein, das würden meine Eltern nicht tun. Eher brächten sie mich tatsächlich um. Aber vielleicht ließe sich alles verheimlichen. Eine Freundin reiste mit und hatte die Aufgabe, es meinen Eltern beizubringen, sobald sich die richtige Gelegenheit ergab.

Nach elf Stunden in der Luft kamen wir endlich am Houston International Airport an, und wir schoben uns zur Paßkontrolle. Meine Freundin ging vor mir. Als der Beamte meinen Paß aufschlug, schaute er mich erstaunt an. Dann sah er wieder auf den Paß, anschließend wieder auf mich und stammelte fassungslos: «What are you doing with a German passport?» In meinem deutschen Paß ist New York City als Geburtsort eingetragen, und jeder, der in den USA geboren wird, hat automatisch ein Recht auf die amerikanische Staatsbürgerschaft. Der Beamte fragte so laut, daß die Wartenden in der Nähe sich umdrehten. Was sollte ich antworten? Es ist immer noch ein unerhörter Vorgang, wenn einer seinen amerikanischen Paß abgibt. «Don't ever have wild love affairs in foreign countries» (Man hüte sich vor Liebesaffären in fremden Ländern), schallte meine Antwort durch die Halle.

«Kommen Sie bitte mit!» Der Zollbeamte führte uns in einen kleinen Raum und kontrollierte gründlich unsere Sachen. «Machen Sie das bitte auf. Was ist hier in diesem Paket? Führen Sie Alkohol ein?» Keiner der anderen Passagiere, überwiegend Texaner, wurde aufgehalten. «Sie können durch diese Tür in die Wartehalle gehen, dann brauchen Sie nicht zurückzulaufen», empfahl uns der Zollbeamte.

«Warum kommst du durch die Tür für Ausländer?» begrüßten mich meine Eltern.

«Wir wurden vom Zoll kontrolliert», gab ich zurück.

«Als einzige?» fragte mein Vater.

Ich sagte ja. «Das konnte auch nur passieren, weil du so bescheuert aussiehst», lamentierte meine Mutter. «Warum läßt du dir nicht die Haare schneiden und ziehst was anderes an als Blue jeans und Turnschuhe?» Willkommen daheim, dachte ich bei mir.

Einige Tage später saß ich mit meiner Mutter im frühmorgendlichen Dunst des texanischen Sommers in ihrem Kakteengarten. Mein Vater war schon zur Arbeit gegangen, meine Freundin, meine Schwester Nancy und meine Nichte Audrey schliefen noch. «Sei ehrlich, warum bist du am Flughafen durch die Tür für Ausländer gekommen?» fragte meine Mutter neugierig.

«Wir sind tatsächlich kontrolliert worden. Aber wenn du

es wirklich wissen willst: Ich bin vor zwei Monaten Deutsche geworden.»

Sie blieb ganz ruhig. Sie sank weder ohnmächtig in die Kakteen, noch zeigte sie Anzeichen eines Nervenzusammenbruchs. «Warum hast du das getan?» Ihre Stimme war kaum hörbar. Ich konnte es ihr nicht erklären, weil das Thema Holocaust zwischen uns immer tabu gewesen war. Nur zweimal in meinem Leben sah ich meine Mutter weinen: als mein Großvater starb und bei dem Film «Das Tagebuch der Anne Frank», über den wir nie geredet haben. «Zeig mir deinen deutschen Paß.» Sie schlug ihn auf und starrte ihn an, als könne sie es nicht glauben. «Dafür habe ich Kinder in die Welt gesetzt», seufzte sie. «Das mußt du deinem Vater selbst sagen. Ich kann es nicht. Aber warte, bis er wirklich gut gelaunt ist», warnte sie. Ich brachte es auch nicht fertig, meinem Vater diese Nachricht mitzuteilen, aber er muß es gespürt haben. Eines Abends saß ich mit ihm und Nancy im Wohnzimmer. Irgendwie kam das Gespräch auf unsere amerikanisierten Namen. Ganz trocken bemerkte mein Vater: «Wenn ich bei deiner Geburt geahnt hätte, daß du Deutsche werden würdest, hätte ich dich Hildegard genannt.» Doch bei meiner Geburt hatte keiner in seinen schlimmsten Alpträumen vorhergesehen, daß ich so etwas je tun würde.

Es war im New Yorker Stadtteil Brooklyn, dem größten jüdischen Viertel der Welt, kurz nach dem Ende des Zweiten Weltkriegs. Mein Bruder Roger wurde 1945 geboren, knapp zwei Jahre später kam ich. Wie viele amerikanische Juden hatten auch meine Eltern mit der Erfüllung ihrer Kinderwünsche gewartet, bis der Krieg gewonnen war und keine Gefahr mehr bestand, daß die Verfolgung sich bis nach Amerika ausbreiten könnte. Die amerikanischen Juden mußten sich zu dieser Zeit wohl in einem desolaten emotionalen Zustand befunden haben. Während die Mehrzahl der Amerikaner über den gewonnenen Krieg jubelte, sahen sich die Juden mit der tragischen Tatsache konfrontiert, daß in Europa fast ihr ganzes Volk ausgerottet worden war. Manche hatten alle Familienmitglieder verloren. Als letzte Hoffnung ließen sie durch das Rote Kreuz nach Überlebenden suchen. Meine Familie machte keine Ausnahme. Meine Großeltern erfuhren, daß die Mehrzahl ihrer Verwandten – Eltern, Geschwister, Nichten und Neffen – in den Konzentrationslagern umgekommen war. Einige wurden vermißt, galten jedoch als ermordet, denn diejenigen, die direkt vom Transport ins Gas mußten, wurden oft gar nicht erst registriert. Der Vater meiner Mutter, der aus Kiew stammte, hatte schon nach den Massakern der Deutschen an den dortigen Juden am 29. und 30. September 1941 in der Schlucht von Babi Yar keine Briefe mehr von seinen Eltern und seiner Schwester erhalten. Sie blieben für immer «verschollen».

Welch eine Hoffnung wir Nach-Holocaust-Kinder für unser Volk symbolisiert haben müssen! Wir waren der lebende Beweis, daß es überhaupt eine Zukunft für die Juden gibt. Alle Erwartungen waren auf uns gerichtet, um die Vergangenheit verkraften zu können. Dennoch wurden wir nicht – oder zumindest nicht bewußt – im Haß gegen die Deutschen erzogen. Der Holocaust wurde uns regelrecht verschwiegen, und die Deutschen waren uns kaum ein Begriff. Erst Jahrzehnte später sollte ich erfahren, wie sehr die Ereignisse während des Dritten Reiches meine eigene Kindheit beeinflußt hatten. Die Überlebensstrategie der Generation meiner Eltern bestand darin, nicht als selbstbewußte Juden aufzutreten, nach Vergeltung an den Deutschen schreiend, sondern sich in der US-Gesellschaft total zu assimilieren. Diese Assimilation war – bis zu einem bestimmten Grad – ein ganz normaler Vorgang, denn die Welt unserer Großeltern war ja eine völlig andere gewesen als die meiner Eltern.

Die Traditionen der Generation unserer Großeltern wurzelten noch tief im osteuropäischen Schtetl, jenen Gettos, in denen die Juden isoliert von der restlichen Bevölkerung wohnten. Als die große Zahl der ostjüdischen Einwanderer Anfang dieses Jahrhunderts nach Amerika kam, brachte sie innerlich das Schtetl mit. Sowohl in den Straßen Brooklyns als auch zu Hause bei meinen Großeltern erlebten wir Kinder Relikte aus dieser fast vergangenen Welt. An schönen, warmen Tagen ging meine

Mutter mit uns spazieren. Roger und ich saßen zusammengedrängt in einem Kindersportwagen. Aus den zahlreichen Imbißbuden strömte der Duft von ostjüdischen Spezialitäten. Überall wurde Jiddisch gesprochen. Während meine Mutter uns schob, löcherte Roger, der fünf war, sie ständig mit Fragen. Die unterschiedlichen Welten, in denen wir lebten, waren für uns Kinder manchmal verwirrend. «Was sind das für alte Männer da?» fragte Roger. Auch auf uns wirkten die orthodoxen Juden mit ihrem langen schwarzen Kaftan, dem breiten schwarzen Hut und den Schläfenlocken fremd, ja unheimlich.

«Zeig nicht so mit dem Finger, wenn du sprichst», wies meine Mutter ihn zurecht. «Es sind orthodoxe Juden.»

«Sind wir auch Juden?» fragte Roger. «Ja, aber wir sind nicht orthodox», antwortete meine Mutter.

«Was heißt das?»

«Sie leben nach viel strengeren Regeln als wir, wie Onkel Arthur. Er ißt nur koscher.»

Die komplizierten Koscher-Regeln, bei denen man zum Beispiel keine Milchprodukte gleichzeitig mit Fleisch verzehren darf, die Teller getrennt halten und spülen muß usw., lernten wir bei Verwandten kennen. «Warum essen wir nicht koscher?» fragte Roger neugierig.

«Weil ich nicht die Zeit dazu habe», antwortete meine Mutter genervt.

«Warum hat die Frau dort so häßliches Haar?» staunte Roger.

Meine Mutter begann, uns schneller zu schieben, weil Roger so laut redete und die Leute sich umdrehten. «Es ist nicht ihr echtes Haar. Sie trägt eine Perücke», flüsterte meine Mutter.

«Warum trägt sie so eine häßliche?» beharrte Roger.

«Sie ist eine orthodoxe Jüdin. Kein Mann außer ihrem Ehemann soll sie hübsch finden, deswegen trägt sie sie», erklärte meine Mutter.

«Werde ich auch so was Häßliches tragen müssen, wenn ich groß bin?» fragte ich entsetzt.

«Nein, wir sind ja keine orthodoxen Juden», beruhigte mich meine Mutter.

Viele alte Ostjuden waren arm. Sie waren vor dem Elend und den Pogromen in Europa geflüchtet, fanden in Amerika dann zwar «Sicherheit», jedoch nicht den erhofften Wohlstand. Nicht wenige waren auch in New York gezwungen, ihren Lebensunterhalt als Kleinhändler und Trödler zu bestreiten. Fast an jeder Straßenecke hielt jemand irgend etwas Sinnloses feil. Vor uns Kindern und unserer Mutter öffnete ein wandernder Händler seinen Mantel. Innen war eine Art kleiner Regale eingenäht. «Kämmele! Schnürsenkele! Liebestropfen!» pries er seine Waren auf jiddisch an.

«Wir wollen Liebestropfen!» bettelten wir.

«So ein Blödsinn», antwortete meine Mutter.

«Wir wollen sie aber», nörgelten wir weiter. Der Händler hielt die Flasche bereits in der Hand und grinste.

«Nein!» entschied meine Mutter, «das ist nichts für Kinder. Das ist wie Medizin.» Der Händler lief ein Stück neben uns her.

«Solche schönen Sachen bekommen Sie nicht in jedem Geschäft», versuchte er meine Mutter zu überzeugen.

Diese Händler waren nicht die einzigen, die um ihre wirtschaftliche Existenz kämpften. Langsam, aber unaufhaltsam verdrängten die amerikanischen Supermärkte die kleinen Lebensmittelgeschäfte, die koschere Lebensmittel, insbesondere Fleisch anboten, das nach alttestamentarischen Reinheitsgeboten geschlachtet worden war. Zahlreiche vom Aussterben bedrohte kleine Bäckereien buken noch nach osteuropäischen Rezepten. Mein Großvater, der Bäcker war, brachte uns frühmorgens, bevor er schlafen ging, Bialystokls, eine Art Brötchen, nach der polnischen Stadt Bialystok benannt und Bagels, auch eine Art Brötchen, aber mit einem Loch in der Mitte. Manchmal buk mein Großvater sie sogar in Form unserer Initialen. Wenn meine Mutter in den neuen Supermärkten einkaufte, gab es bei uns das labbrige Fabrikbrot.

Obwohl die Gesellschaft um die alten Ostjuden herum sich drastisch veränderte, hielten sie an ihrer Herkunft und ihren

Traditionen fest. Sogar der alte Aberglaube aus dem Schtetl kursierte noch unter der Generation meiner Großeltern in New York. Im Krankheitsfall konsultierten manche den Wunderrabbi statt einen Arzt. Der Rabbi zauberte so lange herum, bis man entweder wieder gesund war oder pleite. Über diese uns unverständlichen Getto-Mystiken lachten wir Kinder, bis wir sie am eigenen Leib zu spüren bekamen. In der Sommerhitze von Brooklyn, nicht selten über 30 Grad im Schatten mit hundertprozentiger Luftfeuchtigkeit, packte meine Großmutter uns in dicke Pullover. «Er absorbiert die Hitze», meinte sie.

«Aber wir schwitzen», hauchten wir.

«Bald wird euch kühler.» Fast ohnmächtig, gingen wir spielen. Ebenso durften wir bei meinen Großeltern nachts die Fenster nie öffnen. «Die Luft ist nachts giftig!» mahnte meine Großmutter.

Der gravierendste Unterschied zwischen der Generation meiner Großeltern und der meiner Eltern war indes, daß jene «richtige» Juden waren. Für sie gab es keine Identitätsprobleme. In Osteuropa wurden sie von ihren «Gastländern» immer als Juden betrachtet, und so sahen sie sich auch selbst. Es wäre für mich unvorstellbar gewesen, daß meine Großeltern gesagt hätten: «Ich bin Pole» oder «ich bin Russe».

Die Generation meiner Eltern hingegen war voll in eine Identitätskrise verstrickt. Sie hatte nie im Schtetl gelebt, sondern in Brooklyn, und hatte sich einigermaßen der amerikanischen Gesellschaft assimiliert. Die Mehrzahl bestand aus säkularen Juden, die ihr Judesein mehr als Volkszugehörigkeit oder Schicksalsgemeinschaft betrachteten. Sie pflegten die zahllosen Riten und Traditionen der Alten Welt kaum. Im Zuge dieser Assimilation verloren die Rabbiner immer mehr an politischem, gesellschaftlichem und religiösem Einfluß. Streitereien wurden nicht mehr beim Rabbi geschlichtet, sondern durch die amerikanischen Gerichte. Meine Eltern heirateten 1942 zwar vor einem Rabbi, besuchten aber danach die Synagoge nur bei Familienanlässen.

Die Assimilation war mehr als eine Integration in die US-

Gesellschaft. Sie wirkte irgendwie verkrampft und verlangte von den meisten Juden, daß sie ihre Herkunft verleugneten oder zumindest verbargen. Als Kinder hat dieser Zwiespalt uns kaum belastet, vermutlich weil es fast allen so ging.

Im großen und ganzen wuchsen wir wie «richtige» Amerikaner auf. Und dies wollten meine Eltern auch. Wir sollten zwar vom Bewußtsein her Juden sein, aber anmerken sollte man es uns nicht. Obwohl meine Eltern sich häufig auf jiddisch unterhielten – sie rufen unsere Namen bis zum heutigen Tag in jiddischen Verniedlichungsformen wie «Janedela» –, sprachen sie mit uns ausschließlich Englisch. Es war jedoch reichlich geschmückt mit jiddischen Ausdrücken. Lange Zeit wußten wir Kinder nicht, daß diese Wörter nicht zu den englischen gehörten. Ich dachte immer, daß meine Tante Sophie mit Vornamen «Tante» hieß. Aber jedesmal, wenn wir Kinder versehentlich ein jiddisches Wort verwendeten, korrigierten meine Eltern uns. Wir durften keinen Mischmasch sprechen.

Das Einhalten der jüdischen Riten interessierte uns als Kinder nicht; das war etwas für alte Leute. Während meine beiden Großmütter freitags, wie viele andere alte Jüdinnen, stundenlang das aufwendige Sabbatessen vorbereiteten, bauten wir draußen Indianerzelte oder spielten Baseball. Manchmal saßen wir auf der Feuerleiter und schossen Papierschwalben in die offenen Fenster der Wohnungen auf dem Hof gegenüber, um die Nachbarn zu ärgern. Später bei Tisch gossen wir reichlich Ketchup über das Heilige Mahl und tranken Coca-Cola dazu. Wir mißachteten die Sabbatruhe von Freitag- bis Samstagabend. An den jüdischen Feiertagen rasten wir mit unserer Seifenkiste durch die Straßen. Meine Großeltern hatten es aufgegeben, uns in die Synagoge zu schleppen, nachdem Roger und ich den Gebetsschal unseres Großvaters an seinen Stuhl geknotet hatten und er beim Aufstehen hängengeblieben war.

Sicherlich war die Atmosphäre unserer Kindheit vom Leichengeruch des Holocaust verpestet, aber wir realisierten es nicht. Wir blieben scheinbar verschont von den herkömmlichen jüdischen Ängsten vor Verfolgung und Antisemitismus. Auch das Versteckspiel durchschauten wir nicht. Viele Juden, auch meine Eltern, amerikanisierten vorsichtshalber ihre Familiennamen, um nicht aufzufallen. «Man weiß ja nie.» Wir Kinder empfanden es als Selbstverständlichkeit, daß mein Vater mit Familiennamen anders hieß als seine Eltern. Meine Mutter hieß ja schließlich auch anders als ihre Eltern. Im Vergleich zu dem, was anderen Juden im Lauf der Geschichte zugestoßen war, hatten wir wirklich Glück. Wir wurden zur rechten Zeit am rechten Ort geboren. Wir repräsentierten in New York eine große Minderheit, die uns Schutz bot. Zudem hatte nach dem Holocaust fast die ganze Welt Mitleid mit den Juden, und es war auch in den USA nicht mehr Mode, ihnen gegenüber öffentlich Antipathie zu zeigen. Unterschwellig war das bei vielen natürlich ganz anders, doch mit solchen Leuten wurde ich nie konfrontiert. Als Kind betrachtete ich mein Judesein nicht als etwas Belastendes oder gar Schreckliches.

Die beiden traumatischsten Erinnerungen aus meiner frühen Kindheit haben absolut nichts mit Judenverfolgung zu tun. Eines Nachts wurden wir aus der brennenden Wohnung hinausgetragen; ein Brandstifter hatte das Mietshaus, in dem wir wohnten, angezündet. Diese Angst, im Schlaf von einem Feuer überrascht zu werden, steckt heute noch in mir. Einige Jahre später, als ich sechs war, kamen meine Mutter und ich gerade aus einem Supermarkt neben einem Bahnübergang, als es plötzlich krachte. Metallstücke wirbelten durch die Luft. Blutige Körperteile flogen an uns vorbei. Ein Lastwagen war von einem Zug erfaßt worden. Eine Woche lang mußte ich mich ständig übergeben.

Obwohl meine Eltern in unserer Gegenwart nie über Antisemitismus oder den Holocaust gesprochen hatten, tauchten die Deutschen als Horrorgespenster am Rande meiner Kindheit auf. Meine erste Begegnung mit diesen blonden Kreaturen ermöglichte das Fernsehen, das Amerika Anfang der fünfziger Jahre zu erobern begann. Nachmittags liefen oft amerikanische Propagandafilme aus dem Krieg zwischen den

Kinderprogrammen; offensichtlich gab es damals mehr Sendezeit, als das Fernsehen zu füllen in der Lage war. Die Kriegsfilme waren meist nach dem selben Muster gestrickt: Ein traumhaftes, amerikanisches Liebespaar muß sich wegen des Krieges in Europa trennen. Heldenhaft folgt der Mann der Armee, um den bedrohten «American Way of Life» zu verteidigen. In diesen Streifen waren die deutschen Soldaten nicht nur die Verlierer, sondern verkörperten auch das Böse. Während wir uns mit Kartoffelchips vollstopften, zitterten wir vor Angst, wenn diese Schergen in SS-Uniform im Stechschritt über den Bildschirm marschierten und versuchten, die «guten» amerikanischen Soldaten mit schmutzigen Tricks zu besiegen. «Sie kommen auch zu uns!» befürchtete ich.

«Sie können nicht aus dem Gerät aussteigen», beruhigte mich Roger. «Die Scheibe ist dazwischen.» Flugzeuge rasen über den Himmel, Maschinengewehre rattern. Ein Deutscher wird getroffen – fällt zu Boden. Wir jubeln und lecken die Kartoffelchipskrümel von unseren Fingern. Der amerikanische Liebhaber kehrt unversehrt und hochdekoriert zurück, und das überglückliche Paar kann endlich heiraten! Das «Gute» hat wie immer gesiegt.

In diesen Filmen war nie von Judenvernichtung die Rede gewesen. Deswegen war mir lange nicht klar, daß diese dämonischen Bildschirmfiguren mein Leben unmittelbar beeinflußt haben. Wir machten den Fernseher aus, und die Deutschen verschwanden. Der Weltkrieg blieb in einem Kasten.

Durch meine Großeltern erfuhren Roger und ich am meisten über unsere jüdische Herkunft. Im Sommer 1952 paßten sie oft auf uns auf, weil mein Vater mit Polio im Krankenhaus lag, wo wir Kinder ihn nicht besuchen durften.

Mein Großvater sang uns jiddische Kinderlieder vor und erzählte uns Geschichten aus dem Alten Testament. An sonnigen Tagen spendierte er uns eine Fahrt auf der Fähre. Während wir zwischen den Bezirken New Yorks auf dem Wasser fuhren, zeigte er uns Ellis Island, die Insel, die bis weit in dieses Jahrhundert hinein als erste Anlaufstelle für die Immigranten in die USA diente. Als er Jahrzehnte zuvor dort eingetroffen war, befürchtete er, man würde ihn nach Europa zurückschicken. Die Neuankömmlinge standen dicht gedrängt und müde in einer Schlange, und ein unfreundlicher Beamter nahm ihnen ihre meist hebräisch geschriebenen Papiere ab. Dann wurden sie der Reihe nach gefragt, wie sie auf englisch hießen. Mein Großvater, der kein Wort Englisch sprach, unterdrückte seine Panik und merkte sich den Vornamen, den sein Vordermann angab. Dieser sagte «Joseph», und mein Großvater tat dasselbe. Fortan hieß er in Amerika mit Rufnamen Joseph. Mein Vater sagte später einmal, daß mein Großvater Glück gehabt hatte, daß der Mann vor ihm ebenfalls Jude war, sonst hätte er fortan womöglich Juan oder Abdul geheißen.

Im selben Jahr als meine Schwester Nancy geboren wurde, kam ich in die Schule. Die Mehrzahl der Kinder waren Juden. Manche meiner Lehrer und Lehrerinnen waren es auch. An den jüdischen Feiertagen gab es keinen Unterricht, nicht weil wir offiziell frei hatten, sondern weil einfach niemand kam. Alles war so jüdisch, daß einem gar nicht bewußt wurde, daß man Jude war.

Wegen des Babybooms nach dem Krieg waren die Schulen hoffnungslos überfüllt. Sie konnten die Gebäude nicht schnell genug ausbauen beziehungsweise neue Schulen errichten. Wir hatten Schichtunterricht. Morgens besuchte die eine Hälfte der Schülerinnen und Schüler den Unterricht, nachmittags die andere. Roger kam, und ich ging. Mitten im Schuljahr wechselten wir die Schicht. Ellenbogen an Ellenbogen saßen nicht selten 40 Kinder zusammen in einem Klassenzimmer, möbliert mit Möbeln aus den zwanziger Jahren, und teilten sich die wenigen Schulbücher. Es ging in der Schule streng zu. Jeden Morgen standen wir, die rechte Hand auf dem Herzen, stramm und schworen den Eid auf die US-Flagge. Anschließend sangen wir patriotische Lieder wie «What makes a good American». Erst danach begann der Unterricht.

Vom ersten Schultag an spürten wir die Regeln des

2000jährigen Selbsterhaltungskampfes der Juden, in denen das Lernen und die Ausbildung an erster Stelle stehen. Unter dem Druck, um jeden Preis von einer feindlichen Umwelt anerkannt zu werden, mußten die Juden etwas Besonderes sein, mußten sie mehr leisten als andere. Von fast allen Kindern der Gegend wurde verlangt, Klassenbester zu sein, was einen schonungslosen Konkurrenzkampf unter uns auslöste und einen übertriebenen Lern- und Notenstreß verursachte. Jeder mußte beweisen, daß nur er das «Genie» sei. Es war wie im Hochleistungssport: Nur der erste ist Sieger. Der Zweitbeste gilt schon als Verlierer. Manchmal wurden unreelle Tricks angewandt, um das Ziel zu erreichen.

Eines Morgens fragte der Lehrer im Geschichtsunterricht: «Wer war der dreizehnte Präsident der Vereinigten Staaten?» Niemand hob die Hand.

Mein Banknachbar flüsterte mir ins Ohr: «Andrew Jackson.»

«Andrew Jackson», rief ich laut.

«Das ist falsch», sagte der Lehrer.

Dann sagte mein Nebenmann stolz: «Millard Filmore.»

«Richtig!» lobte ihn der Lehrer. «Sehr wenige wissen das, weil er eine relativ unwichtige Rolle in unserer Geschichte gespielt hat.» Ich schaute meinen Banknachbar haßerfüllt an. «Warum hast du mir absichtlich die falsche Antwort gegeben?» fauchte ich.

«Warum sollte ich dir die richtige Antwort schenken?» fragte er triumphierend.

Bei Prüfungen brauchten die Lehrer nicht zu befürchten, daß wir voneinander abschrieben. Keiner half dem anderen, weil er sonst seine eigene Notenchance verschlechtert hätte, wenn der andere ebenfalls eine gute Arbeit schrieb. Wir mogelten schon, aber als Einzelkämpfer.

Was die Schule und unsere Noten betraf, kannten meine Eltern kein Pardon. Kaum war ich aus der Schule heimgekehrt und hatte meinen Mantel abgelegt, sagte meine Mutter: «Setz dich hin und mach deine Schulaufgaben.» Mein Vater korrigierte die Arbeiten, wenn er nach Hause kam. Einmal wollte ich sofort nach der Schule mit einer Freundin spielen gehen und erledigte schnell und schlampig meine Mathe-Aufgaben. Später mußte ich bis in die Nacht aufbleiben und die richtigen Lösungen herausfinden.

Viermal im Jahr gab es Zeugniskarten, die von den Eltern unterschrieben werden mußten. Am Ende des jeweiligen Schultages wurden sie vom Klassenlehrer in alphabetischer Reihenfolge ausgehändigt.

Jedesmal spielte sich für mich das gleiche Drama ab. Der Lehrer rief meinen Namen auf, und ich ging mit weichen Knien nach vorne und nahm mit zitternden Händen meine Karte entgegen. Ich eilte zu meinem Platz zurück und steckte die Karte blitzschnell in meinen Schulranzen, ohne auch nur einen Blick darauf zu werfen. Auf dem Nachhauseweg setzte ich mich auf eine Bank und zog meine Karte heraus. Wieder standen nicht nur Einsen darauf! Mit grünem Gesicht ging ich nach Hause. Meine Mutter wartete bereits an der Tür. Ich versuchte, keine Miene zu verziehen, als ich ihr die Karte gab. «Warum hast du nicht in allen Fächern eine Eins?» zischte sie mich an.

«Weiß ich nicht», würgte ich.

«Was heißt, du weißt es nicht?» Ihre Stimme wurde immer lauter. «Wie hat deine Freundin abgeschnitten? Sie hat bestimmt in allen Fächern eine Eins», beantwortete meine Mutter ihre Frage gleich selbst. Sie verglich mich immer mit den Intelligentesten, ich maß mich immer an den Dümmsten.

Dann gab es einige Stunden Feuerpause, bis mein Vater nach Hause kam und die eigentliche Hölle losbrach. Meine einzige Rettung an Zeugnistagen war, daß der arme Roger noch schlechter in der Schule war als ich. Meine Eltern schrien ihn derart an und schlugen ihn, daß sie schon ziemlich erschöpft waren, wenn ich dann an die Reihe kam. Viele Kinder erschienen am nächsten Morgen mit geschwollenen Gesichtern und blauen Flecken in der Schule. Jahrzehnte später, als Erwachsene, erzählte mir ein Psychoanalytiker, daß das massive Schlagen der Kinder in jüdischen Familien eine unmittelbare Auswirkung des Holocausts sei. So etwas hatte es vorher nicht gegeben. Manche ehemalige KZ-Insassen hatten durch das Erlebte jeglichen Maßstab bezüglich der Gewalt verloren und schlugen ihre Kinder erbarmungslos. Die amerikanischen Juden, die unter der Erinnerung an den Holocaust litten und unter dem Streß der Assimilation standen, wurden fast hysterisch beim Gedanken, daß ihre Kinder die Aufnahme in die US-Gesellschaft nicht schaffen und daher als Juden eine erkennbare Minderheit bleiben würden, d.h. anfällig für Diskriminierungen waren. Unter diesem extremen psychischen Druck explodierten die Eltern leichter als im Getto, wo man «nur» unter sich war. Manchmal versuchte meine Mutter, mir die Situation zu erklären. «Dein Wissen ist alles, was du besitzt», mahnte sie unablässig. «Welches Land nimmt dumme Juden auf?» Dabei hatte ich nicht die leiseste Absicht, auszuwandern. Und ich litt dermaßen unter diesem Notenstreß, daß ich häufig dachte: Ich überlebe die Schule nicht, um später überleben zu können. Obwohl es für mich unvorstellbar war, vor irgend etwas fliehen zu müssen, waren wir dennoch auf ein Leben auf der Flucht vorbereitet. «Ihr müßt euch daran gewöhnen, daß die ganze Welt antisemitisch ist», warnten uns Erwachsene öfters. Aber Antisemitismus war für uns noch kein Begriff.

Eines Nachts brannte die Schule. Unbekannte hatten zwei Klassenzimmer im Erdgeschoß angezündet und die Wände mit Hakenkreuzen beschmiert. Während die Eltern offensichtlich erschüttert waren – eine für uns unerklärliche Reaktion –, freuten wir uns, daß wir schulfrei hatten. Eine Freundin und ich gingen zur Schule, um den Schaden zu besichtigen. Alles in der Gegend roch noch nach Qualm, und wir schauten durch die geborstenen Fenster. Ich war neun Jahre alt und hatte – abgesehen von den Kriegsfilmen im Fernsehen – noch nie «echte» Hakenkreuze gesehen. «Meine Mutter sagt, es sei für uns ein Todeszeichen», sagte meine Freundin.

«Ja? Wieso?» fragte ich.

«Weiß ich nicht, aber es wird wohl stimmen», antwortete sie.

Wenige Tage später waren die Täter gefaßt – zwei nichtjüdische Jungen aus unserer Schule. Sie gaben keine Erklärung für die Tat ab und wurden umgehend der Schule verwiesen. Ich dachte nicht viel darüber nach. Sie waren in der Schule ohnehin nicht gut und bestätigten somit unser Vorurteil, daß Nichtjuden begriffsstutzig seien.

Wir wurden zu extremer Sparsamkeit erzogen. An unseren Geburtstagen schenkten uns unsere Großeltern Geld. Meine Eltern erlaubten uns nicht, es auszugeben, sondern wir mußten es auf unsere Sparkonten einzahlen. Sie sagten uns jedesmal, daß wir vielleicht eines Tages unsere Freiheit mit Geld erkaufen müßten. Wir verstanden das zwar nicht, aber wir taten auch nichts dagegen.

Als ich zehn Jahre alt war, bekam ein Spielkamerad einen ganzen Dollar von seiner Großmutter geschenkt. Er wurde ausnahmsweise nicht von seinen Eltern gezwungen, das Geld sofort zur Bank zu bringen, weil sie vermutlich dachten, sie hätten ihn so erzogen, daß er dies von selbst täte. Statt dessen kam er zu uns gerannt und zeigte Roger und mir den Schein. Zu dritt beschlossen wir, das Geld beim Süßwarenhändler auszugeben.

In dem Laden packten wir, wild vor Freude, die verschiedensten Sorten Kaugummis zusammen. Damals war ein Dollar sehr viel Geld, und wir verließen den Laden mit einem riesigen Beutel voller Bubble-Gums. Ich glaubte, die Freiheit zu spüren, von der meine Mutter immer sagte, daß Geld sie uns eines Tages erkaufen würde.

Während wir bei meinem Spielkameraden im Zimmer saßen und uns beim Wettbewerb um die größten Kaugummiblasen vergnügten, schaute seine Mutter herein. Sie wollte natürlich sofort wissen, woher wir die Kaugummis hatten, und als sie es erfuhr, geriet sie in Wut. «Wie kommt ihr dazu, soviel Geld zu verschwenden?»

«Oma hat es mir aber geschenkt», protestierte der Junge.

«Sie hatte es dir zum Sparen gegeben, für schwere Zeiten, nicht für so einen Blödsinn. Tun andere Kinder so etwas?»

«Wissen wir nicht», antworteten wir im Chor.

«Ich kann es euch sagen», fuhr sie fort, «jüdische Kinder tun so etwas nicht.»

«Warum nicht?» fragten wir.

«Weil sie sparsam sind und sich unauffällig verhalten.» Dann stürmte sie aus dem Zimmer, die Tür hinter sich zuknallend. Uns war immer noch nicht klar, was wir falsch gemacht hatten, nur daß wir uns irgendwie nicht wie jüdische Kinder benommen hatten.

Was heißt das, sich wie Juden benehmen? Für uns wurde das «Verhalten» langsam zur Zwangsjacke, mit Pflichten und Verboten verbunden. Im Religionsunterricht erfuhren wir viel über unsere biblische Geschichte, über unsere Vorfahren, die durch das Rote Meer flüchten mußten, und wie die Christen über die Jahrhunderte hinweg die Juden gequält, gefoltert und ermordet hatten, weil sie sich nicht bekehren lassen wollten. «Die Christen versuchen es noch heute mit uns, nur sind ihre Methoden versteckter», warnte die Lehrerin. «Missionieren ist ein Teil ihrer Religion.»

«Wie machen sie das?» fragten wir neugierig.

«Sie klingeln, und wenn man aufmacht, stecken sie ihren Fuß in die Tür und bequasseln einen lange über Jesus», erzählte ein Mädchen wissend. «Und sie gehen nicht eher weg, als bis sie rausgeschmissen werden.»

Die Lehrerin unterbrach das Mädchen und erklärte uns das Wort «missionieren». «Sie sind ja wie die Kommunisten!» riefen wir erschrocken.

«Es ist mit den Christen schon ein bißchen anders», sagte die Lehrerin vorsichtig. Dann fuhr sie fort: «Die Kommunisten berufen sich auf Karl Marx und die Christen auf Jesus.»

Irgendwann wurde es für uns Kinder offensichtlich, daß die Generation unserer Eltern ihr Judesein regelrecht versteckte. Mein Vater erlaubte uns nie, offen einen Davidstern zu tragen, wenn schon, dann unter dem Hemd. Nicht selten hörten wir von Erwachsenen Sprüche wie: «Gott sei Dank, daß man es uns nicht ansieht, wie den Schwarzen.» Aber dieses «es» prägte uns trotzdem. Was verheimlichte man uns aus der Vergangenheit? Wir fingen an, Schreckliches zu ahnen. Es war für uns Jüngere eine äußerst verwirrende Situation. Es wurde uns immer wieder gesagt, daß wir nie unsere Geschichte vergessen dürften, aber die Älteren taten alles, sie vor uns zu verheimlichen. Unsere Geschichte hörte ja nicht mit dem 19. Jahrhundert auf. Waren wir Verbrecher? Warum mußten wir uns auch in Amerika derart verstecken? Warum lauerten überall Feinde? Und warum waren die Christen so wild darauf, uns «andersrum zu kriegen»? Einmal hörte ich, wie ein alter Mann zu einem anderen sagte: «Mit so einem Gott will ich nichts zu tun haben.» Im Religionsunterricht wurde meine Frage danach übergangen. Für mich als Zehnjährige, und ich war mit Sicherheit nicht die einzige, begann das Judesein sich als etwas Belastendes und Negatives darzustellen. Ich mußte deswegen mehr leisten, mehr sparen, immer artig sein... alles Sachen, die mit Streß verbunden waren.

Immer häufiger gingen wir gewissermaßen psychisch aufeinander los. In der Schule begannen einige Kinder mit jüdischen Namen, andere jüdische Kinder mit amerikanisierten Namen bösartig zu necken. «Ihr seid keine richtigen Juden! Ihr seid Feiglinge!»

Eines Tages rannte ich weinend nach Hause und fragte meine Mutter, ob wir denn «richtige» Juden seien. «Natürlich», antwortete sie.

«Warum haben wir dann so einen Namen?»

«Damit ihr Kinder es mal leichter habt.»

«Ich habe es aber deswegen schwerer.»

«Aber später, wenn du arbeiten mußt, wirst du es leichter haben.»

«Wieso?»

«Du bist zu jung, um das zu verstehen.» Verstanden hatte ich es wahrhaftig nicht, aber ich schämte mich, weil ich das Gefühl hatte, keine «richtige» Jüdin zu sein. Wie sollte ich das vor den anderen Kindern beweisen?

Während dieser Zeit erfuhr ich vom Antisemitismus und den Pogromen in Osteuropa. Meines Vaters Eltern glaubten, wir wären nun alt genug, einiges darüber zu erfahren. Sie erzählten uns von ihrer Kindheit und Jugend. Ich war auf meine Großeltern besonders stolz, weil sie «richtige» Juden waren. Sie hatten sich nie ihrer Herkunft geschämt, im Gegenteil. Meine Großmutter wurde in der Verbannung in Tomsk, Sibirien, geboren, weil meine Urgroßeltern gegen die antisemitische Politik des Zaren Nikolaus II. protestiert hatten. Meine Urgroßeltern hatten ihr Judesein nicht verheimlicht, sondern für ihre Rechte gekämpft.

Mein Großvater stammte aus dem polnischen Schtetl Suvalki. Die Bewohner mußten ständig hungern, und mein Großvater kannte erst als Erwachsener das Gefühl des Sattseins. Deswegen war er auch Bäcker geworden, damit er an der Quelle saß. Das einzige, was den Kindern im Schtetl als Spielzeug diente, waren Steine. Er erzählte uns, wie er als junger Mann auf seine Art gegen die Unterdrückung der Juden protestiert hatte. Während einer Parade im christlichen Stadtteil hatte er ein Bild von Zar Nikolaus II. heruntergerissen. Es wurde auf ihn geschossen, und eine Kugel traf ihn ins Bein. Auch schilderte er die Pogrome, die dort ausbrachen. Frauen wurden von den Verfolgern an den Haaren durch die Straßen geschleift, Häuser wurden verwüstet, sogar Kinder niedergemetzelt. Bei diesen Erzählungen kamen mir immer die Tränen. Es schmerzte mich sehr, daß meine Großeltern hatten leiden müssen, andererseits hatten sie dadurch «bewiesen», daß sie Juden sind. Es wurde mir immer deutlicher, daß Judesein eng mit Leiden verbunden sein mußte. Als ich meinen Großvater nach dem Grund für die Pogrome fragte, antwortete er: «Die Christen haben sie verursacht, weil wir angeblich ihren Gott ermordet haben.» Gottesmörder waren wir also. Die Geschichte faszinierte mich irgendwie. Einen Gott zu töten, ist schon eine Sache. Und ich spürte sogar ein Gefühl von Größenwahn dabei. Roger wollte wissen, ob wir es tatsächlich getan hatten. «Natürlich nicht», versicherte uns mein Großvater.

«Warum sagen die Christen dann, daß wir es gemacht haben?» fragte Roger.

«Aus Unwissenheit», erwiderte mein Großvater.

«Wer hat ihren Gott dann wirklich ermordet?» Roger ließ nicht locker.

«Die Römer», antwortete mein Großvater geduldig.

«Wer ist das?» wollte ich nun wissen.

«Die Vorfahren der Italiener», erklärte mein Großvater.

«Warum haben sie ihn umgebracht?» fragte Roger.

«Weil er ein Christ war», antwortete mein Großvater.

«Und warum behaupten die Christen dann, daß wir es waren, wenn es die Römer waren?» fragte Roger, dessen Rechtsempfinden verletzt war.

«Aus Unwissenheit», versicherte mein Großvater.

«Warum wissen wir es denn?»

«Wir sind klüger.»

«Wie haben sie ihn getötet?» fragte Roger weiter.

«Gekreuzigt.»

«Warum nicht auf dem elektrischen Stuhl?» wollte er wissen.

Eines Tages schlich ich mit meiner Freundin in eine katholische Kirche. Es war dunkel darin, und sie war menschenleer. Es schien uns, als ob überall böse Geister lauerten. «Vielleicht springt jemand aus einer Ecke und versucht uns zu bekehren!» fürchtete meine Freundin.

«Guck mal da!» schrie ich. Wir standen staunend vor einem riesigen gekreuzigten Jesus, sein Gesicht war schmerzverzerrt. «Unser Volk mußte so viel leiden, weil du so blöd da hängst!» zischte ich ihn an.

«Wir müssen immer leiden, weil wir Juden sind, ob er nun da hängt oder nicht», meinte meine Freundin.

«Warum?» fragte ich.

«Weiß ich nicht, aber kein anderes Volk hat so gelitten wie wir.»

So tabuisiert die Vergangenheit für uns auch war, so euphorisch waren wir hinsichtlich der Zukunft, denn wir sind die erste Generation von Juden seit 2000 Jahren, die von Kindesbeinen an einen Judenstaat kennt. Als Israel im Mai 1948 gegründet wurde, war ich gerade ein Jahr alt. Für unsere Großeltern und Eltern wirkte dieses Ereignis wie ein Wunder.

Ein eigenes Land zu haben. Endlich ein Zufluchtsort für uns! Das ewige durch die Weltgeschichte Herumwandernmüssen war nun endlich vorbei!

Eines Abends, ich war elf Jahre alt, saß meine Familie im Wohnzimmer und sah fern. Als die Nachrichten anfingen, wollte ich gerade das Zimmer verlassen. Plötzlich erschien auf dem Bildschirm eine ungewöhnlich aussehende alte Frau namens Golda Meir. Sie war gerade zu einem ihrer sogenannten «shopping trips» in den USA eingetroffen, um Spenden für Israel zu sammeln. Ihre Ausstrahlung hypnotisierte mich, und als sie sprach, hatte ich das Gefühl, als ob sie nur mich persönlich anredete. Sie erklärte, daß die Existenz Israels in unseren Händen liege. Das Land brauche dringend Geld, um Krieg zu führen, um die Wüste in fruchtbares Land zu verwandeln und um Wohnungen für die täglich neueintreffenden Juden zu bauen. Ich fühlte mich sogleich verantwortlich für die Weiterexistenz Israels. Als mein Vater einen Scheck auszufüllen begann, rannte ich in mein Zimmer, brach mein Sparschwein auf und gab meinem Vater mein gespartes Geld für Israel. Daß ich diesmal das Geld ausgeben durfte, hatte etwas mit unserer Freiheit zu tun.

Wir Jugendliche waren stolz auf die Israelis und verehrten sie wie Heilige. Zu dieser Zeit zog eine israelische Familie in unsere Gegend. Sie war aus geschäftlichen Gründen in die USA gekommen und wollte nach einem Jahr nach Israel zurückkehren. Wenig später überfuhr ein Auto ihr zehnjähriges Kind und tötete es. «Weil sie das Gelobte Land verlassen hatten», hieß es. «In Israel wäre das nicht passiert.» Wir konnten uns nicht vorstellen, daß der Mensch auch in Israel sterblich ist. Israel symbolisierte unsere Rettung. Meine Mutter trichterte uns immer wieder wie ein Leitmotiv ein: «Falls irgend etwas passiert, laßt hier alles stehen und liegen und flieht nach Israel.» Aber von dem, was hätte passieren können, hatte ich keine Ahnung. Manchmal schien es mir, als ob überall undefinierbare Feinde lauerten.

Ich war schockiert, als ich erfuhr, daß viele orthodoxe Juden den Staat Israel gar nicht anerkennen, ja ihn sogar als «Gotteslästerung» ablehnen. «Der Messias kündigt unsere Rückkehr nach Zion an, nicht die UNO!» sagte mir empört ein orthodoxer Jude. «Und dann, wenn alle Juden im Heiligen Land sind, dann gibt es Frieden auf der Erde, keine Kriege mehr.»

Als ich elf Jahre alt war, entdeckte ich mit meinen Freundinnen und Freunden neue, aufregende Gesprächsstoffe: die Sexualität und die Vernichtungslager. Zum erstenmal versuchten wir, die zahlreichen «Merkwürdigkeiten» in unserer Umgebung zusammenzupuzzeln. Warum trugen so viele Erwachsene eine tätowierte Nummer auf dem Unterarm? Ich wagte nicht, einen Erwachsenen zu fragen. Einmal hatte ich mich mit einer Freundin heftig darüber gestritten. Während ich behauptete, daß es die Telefonnummer sei, bestand sie darauf, es sei die Rentenversicherungsnummer. Endlich wurde uns klar, daß dies die Registrierungsnummer vom KZ war. Meine Freundin trug einen goldenen Ring mit einem eingravierten Davidstern. Ihr Vater hatte ihn im Lager heimlich aus Zahngold angefertigt. Eine Mutter aus unserem Bekanntenkreis fürchtete sich vor gestreiften Kleidern. Ihr Verhalten war uns vorher völlig unbegreiflich gewesen, zumal in den fünfziger Jahren gestreifte Muster in Amerika der letzte Schrei waren. Ein Junge wurde nicht beschnitten. «Meine Eltern haben Angst, ich könnte sonst als Jude entlarvt werden», enthüllte er uns.

«Zeig mal!» forderten wir ihn auf. Er ließ seine Hosen runter. «Du hast recht», versicherten wir ihm, «wie ein Jude siehst du nicht aus. Eher wie ein Pferd.» Es wurde getuschelt, daß die Deutschen die Juden in Öfen verbrannt hatten, und wir versuchten uns das vorzustellen. Ob sie alle auf einem großen Backblech gelegen hatten?

Es geschah zu dieser Zeit, daß das diffuse Feindbild ein klares Gesicht bekam: die Deutschen. Sie waren es, vor denen wir auf der Hut sein mußten. Sie waren an der schrecklichen Vergangenheit schuld, die uns verschwiegen wurde. Endlich konnten wir unseren Haß und unsere Frustration an einem konkreten Feind auslassen.

Im Sommer 1958 verbrachten wir viel Zeit in unserem Treffpunkt, einer Eisdiele, und diskutierten über die Konzentrationslager. Bis dahin hatten wir noch nicht einmal Bilder davon gesehen. «Wahrscheinlich sahen sie aus wie ein Baseball-Stadion», behauptete einer.

«Da passen aber keine sechs Millionen Menschen hinein», sagte ein anderer besserwisserisch.

«Es gab vermutlich mehrere Lager», bemerkte ein Dritter.

«Wie sie wohl gewohnt haben?» wollte ich wissen.

«Vielleicht in Zelten», mutmaßten wir.

«Nee, wie im Boy-Scout-Camp, in Baracken», sagte jemand.

«Und wo gingen sie einkaufen?» fragte ich.

«Gar nicht, es war wie im Gefängnis.»

«Ach! Es war bestimmt viel, viel schlimmer», meinte der erste.

«Ich wäre abgehauen», prahlte einer.

«Dann wärst du erschossen worden.»

«Ich hätte schon überlebt», versicherte er.

«Ich auch», sagte wieder ein anderer. «Ich hätte einen Tunnel gebaut und wäre hinausgekrochen.»

«Du hättest Dünnschiß gekriegt vor Angst.»

Immer wieder fragten wir uns, warum unsere Verwandten sich das hatten gefallen lassen. «Weil wir Juden immer leiden müssen.»

«Warum?«

«Weil wir auserwählt sind.»

«Zum Leiden?» fragte ich. Und immer wieder rätselten wir über die für uns unvorstellbaren Ursachen dieser Katastrophe.

«Vielleicht wollte Gott die Treue der Juden prüfen.»

«Haben sie die Prüfung bestanden?» fragte ich sarkastisch.

«Vielleicht war es eine Strafe», meinte einer.

«Du redest jetzt wie die Christen», fauchte ein anderer ihn an. «Wir sollen ihren Jesus umgelegt haben, deswegen dürfen sie uns ermorden, wann sie wollen.»

Wir einigten uns auf eine logisch klingende Theorie: Die Deutschen sind nur neidisch auf uns Juden, weil wir etwas Besonderes sind, ein uraltes Volk, von Gott auserwählt. Ein besseres Zeugnis kann man auf Erden kaum erwarten. Wir glaubten fest an die «positiven» Eigenschaften, die Juden zugeschrieben werden, nämlich daß wir reicher und intelligenter sind und deswegen so gehaßt werden – also aus purem Neid. Die Erinnerung an die armen Ostjuden in New York, vor allem an die Straßenhändler, die sich kaum über Wasser halten konnten, verdrängte ich. Nicht nur vermochte ich diesen Widerspruch zwischen Wirklichkeit und Vorurteil nicht zu erklären, ich wollte an die Macht des «Finanzjudentums» glauben. Geld bedeutete Erfolg, und wir glaubten fest an unsere Überlegenheit. In der Schule zirkulierten Witze wie: «Nicht, daß die Juden so intelligent sind. Nein, die anderen sind so dumm.»

Obwohl viele von uns Jugendlichen jetzt das Geheimnis der Vernichtungslager kannten, traute sich niemand, die Erwachsenen danach zu fragen. Einmal spielten wir ihnen einen dummen Streich. Es gab eine Werbung des Brotherstellers Levi für das sogenannte jüdische Roggenbrot. Das Werbefoto zeigte Menschen verschiedener Nationalitäten und Rassen beim Brotessen, und darunter stand der Spruch: «You don't have to be Jewish to like Levi's real Jewish Ryebread.» (Man muß nicht Jude sein, um Levis original jüdisches Roggenbrot zu mögen.) Jemand heftete diesen Spruch mit einem Bild von Hitler und anderen Nazigrößen an das Schwarze Brett in der Synagoge. Als der Gottesdienst zu Ende war, strömten alle an dem Schwarzen Brett vorbei. Die Erwachsenen waren entsetzt. Voller Wut rissen sie das Plakat ab, und der oder die «Täter» wurden gesucht. Mit einer so heftigen Reaktion hatte keiner von uns gerechnet; wir verstanden sie nicht. Warum erzählten sie uns nichts darüber?

Mit zwölf sah ich zum erstenmal Bilder von Konzentrationslagern. Eine Klassenkameradin hatte bei ihren Eltern im Regal ein Buch über die Judenvernichtung im Dritten Reich entdeckt. Ich glaube, es hieß «Der gelbe Stern». Wir schauten es uns heimlich an. Es fiel kein Wort zwischen uns über das, was wir sahen. Das also war es, was uns verheimlicht wurde. Obwohl die Bilder mich anekelten, konnte ich nicht aufhören, sie zu betrachten. Das Furchtbare hypnotisierte mich. Und mich überkam ein fürchterlich schlechtes Gewissen, weil ich nie einen solchen Preis für mein Judesein bezahlt hatte. Ich identifizierte mich mit den ausgemergelten Gesichtern der Opfer. Dies also heißt, Jude sein. Nachdem wir das Buch unauffällig wieder ins Regal gesteckt hatten, sprachen auch wir nicht darüber. Mir war genauso übel wie damals beim Anblick des zerfetzten Lastwagenfahrers. Ich eilte sofort nach Hause.

Als ich heimkam, spielte Nancy im Wohnzimmer mit ihren Puppen, und meine Mutter bereitete in der Küche das Essen vor. Schon beim bloßen Geruch drehte sich mir der Magen um. Lautlos und unbemerkt schlich ich in mein Zimmer, legte mich auf das Bett und schlug ein Buch auf. Vor mir sah ich jedoch nicht die Wörter, sondern die Gesichter der KZ-Häftlinge. Wie hätten meine Eltern in dem Holocaust reagiert? Hätten sie im Lager auch so jämmerlich ausgesehen wie die Opfer auf den Bildern? Das Foto einer Amsterdamer Familie ließ mich nicht los. Die völlig verängstigten Eltern wurden mit ihren beiden Kindern durch die Straße zum Sammelplatz gehetzt. Meine Mutter wäre sicherlich in Hysterie ausgebrochen, wenn das uns passiert wäre. Da mir der Gedanke unerträglich war, faßte ich den Entschluß: Sollte es hier je zu einem Pogrom kommen, würde ich meine Familie sofort umbringen, damit sie so etwas nicht erleiden mußte.

Ungefähr eine Stunde später, als mein Vater nach Hause gekommen war, rief meine Mutter uns zu Tisch. Beim Abendbrot berichtete Roger irgend etwas, das an dem Tag in der Schule passiert war. Ich hörte gar nicht zu, sondern versuchte das Essen herunterzuwürgen. Dann, während alle in Ruhe kauten, platzte ich heraus: «Ist Gott ein Antisemit?»

«Was redest du für einen Blödsinn?» fragte meine Mutter

entsetzt. Roger schaute mich mit weit geöffneten Augen erstaunt an. Ob er schon von den Konzentrationslagern weiß? fragte ich mich.

«Warum stellst du solche Fragen?» erkundigte sich mein Vater, offensichtlich besorgt.

«Nur so», erwiderte ich lapidar. Da ich nicht weiteressen konnte, wartete ich eine Gelegenheit ab, um heimlich ein Stück Fleisch auf Nancys Teller zu schieben. Wenig später schaute sie irritiert auf das «neue» Stück Steak, sagte aber nichts. Gleich nach dem Essen ging ich zu Bett, und die ganze Nacht mußte ich mich übergeben. Ich verriet meinen Eltern nie den wahren Grund. Was hätte ich ihnen sagen sollen? Verheimlicht ihr unsere Herkunft, damit wir nicht getötet werden? Ich ließ sie in dem Glauben, daß ich eine Magenverstimmung hatte. Bis zum heutigen Tag habe ich nie mit meinen Eltern über den Holocaust sprechen können. Eine ganze Weile nach diesem Erlebnis träumte ich von Konzentrationslagern, und die Leichen hatten immer die Gesichter meiner Familienmitglieder und Freunde.

Was sind das überhaupt für Menschen, die Deutschen, die unserem Volk etwas so Schreckliches angetan haben? Wir stellten uns die teuflischsten Ungeheuer vor, denn nur solche Wesen vermochten so etwas anzurichten. Ein Freund wußte, wo eine Familie aus Deutschland wohnte, und wir verabredeten, alle zusammen hinzufahren, um sie uns anzuschauen. «Ich nehme für alle Fälle meine Steinschleuder mit!» sagte einer der Jungen beschützend.

Es war ein drückender Nachmittag im Juli, und wir hockten zu fünft lange hinter einem Gebüsch in der Nähe der «deutschen» Wohnung. Ein paarmal spazierten wir unauffällig den Bürgersteig auf und ab. Stunden vergingen, und niemand betrat oder verließ das Haus. Ungeduldig, verschwitzt und mit eingeschlafenen Füßen wollten wir gerade aufbrechen, als tatsächlich jemand herauskam. Der Mann schien uns nicht zu bemerken. Er ging schnurstracks zu seinem Auto und fuhr weg. Er war ein «echter» Deutscher. «Nee, war er nicht», erwiderte ich enttäuscht.

«Doch, das war er», beharrten die anderen. Keine SS-Uniform, keine Lederhose, keinen Bierkrug in der Hand.

«O Mann, wir haben uns wohl in der Adresse geirrt», meinte einer verärgert.

«Nein, das war er ganz bestimmt», versicherte ein anderer. Bieder gekleidet, unscheinbar, ein bißchen Glatze, Brillenträger. Er sah nicht anders aus als unsere Väter. War dieses normale Erscheinen die Tarnung eines Teufels? Auf so etwas Undramatisches waren wir nicht vorbereitet. War er einer jener dämonischen Wesen, die uns vernichten wollten? War das die «Herrenrasse»? Noch nicht mal ein schickes Auto fuhr er (und noch nicht mal ein deutsches). Wir gingen ins Kino, weil es dort wenigstens «action» und eine Klimaanlage gab.

Die entsetzlichen Bilder des Holocausts verschwanden nicht aus meinem Gedächtnis. Und obwohl Deutschland mich anwiderte, ja, mir wurde schon übel beim bloßen Erwähnen des Wortes, erweckte es auch eine Art morbider Neugier. Wie konnte so etwas passieren? Sind die Deutschen wahnsinnig? Kann man aus Neid so verrückt werden? Müssen wir als Juden Verfolgungen einfach hinnehmen? Gehört dies zum «Schicksal» unseres Volkes?

Ich verbrachte viel freie Zeit in der Bibliothek und blätterte wie eine Besessene in den Büchern zum Thema «Weimarer Republik» und «Drittes Reich». Denn ich war fest davon überzeugt, daß die Antworten auf meine Fragen irgendwo zwischen den Seiten verborgen lagen. Viele geschichtliche und wirtschaftliche Zusammenhänge verstand ich überhaupt nicht. Aber je mehr ich las, desto mehr erstaunte es mich, daß es offenbar Hintergründe für die Geschehnisse gab. Keine dämonischen Kräfte, keine außerirdischen Mächte hatten den Holocaust verursacht, sondern Ereignisse aus dem menschlichen Leben. Ich war zugleich verwirrt und erleichtert, daß Verfolgungen kein Naturgesetz sind.

Eines Tages standen wir wie immer in der Schulpause herum und quatschten. Aus irgendeinem Anlaß sprachen wir wieder über den Holocaust. Ich prahlte mit meinem neugewonnenen Wissen und erzählte von der schrecklichen Wirtschaftskrise und den sieben Millionen Arbeitslosen in Deutschland vor der Hitler-Zeit. Es dauerte jedoch nicht lange, bis ich von allen Seiten attackiert wurde. «Wie kannst du dich bloß auf die Seite der Deutschen stellen?» warf mir einer vor, dessen Eltern knapp dem Vernichtungslager entkommen und nach Schweden geflüchtet waren.

«Das tue ich nicht», verteidigte ich mich.

«Klar tust du es. Wenn man dich hört, fängt man glatt an, um die Deutschen zu weinen.»

Fortan behielt ich mein Buchwissen für mich. Ich verbarg es regelrecht vor anderen, weil ich Angst davor hatte, in eine Außenseiterposition zu geraten, als nicht «richtige» Jüdin angesehen zu werden. Ich mußte und wollte das Feindbild aufrechterhalten, um akzeptiert zu sein. Denn die Deutschen waren doch schließlich schuld am furchtbaren Leiden unseres Volkes.

Irgendwann zu dieser Zeit sprach ich mit meinem Großvater zum erstenmal über den Holocaust. Es war eines meiner letzten Gespräche mit ihm, denn kurz darauf starb er. Er war weder verbittert noch haßerfüllt, als er mir von seiner ermordeten Familie erzählte. Acht Brüder hatte er gehabt. Zu meinem Entsetzen erfuhr ich, daß einer sogar Deutscher geworden war. Ihm war als deutschem Offizier im Ersten Weltkrieg das Eiserne Kreuz verliehen worden. Es sind im Ersten Weltkrieg, gemessen am prozentualen Anteil der Juden an der Gesamtbevölkerung, mehr jüdische Soldaten für Deutschland gefallen als nichtjüdische; sie wollten ihre Tapferkeit und ihren Patriotismus beweisen. Mein Großonkel war überzeugt gewesen, daß sein Eisernes Kreuz ihn vor der Verfolgung schützen würde, aber er kam trotzdem im «privilegierten» Lager Theresienstadt um. Das Eiserne Kreuz hatte ihm lediglich die Ehre eingebracht, als einer der letzten getötet zu werden. Warum haßte mein Großvater nicht, nachdem seine Familie ausgerottet worden war? «Soll ich mich auf das Niveau von Mördern herablassen?» fragte er mich. Er betrachtete Rassisten wie Hunde, die ihn anbellten. «Sie haben es nötig, Rassisten zu sein, weil sie Nullen in einer Leistungsgesellschaft sind. Deshalb müssen sie für eine Gesellschaft kämpfen, in der Hautfarbe und Herkunft die dominierende Rolle spielen.» Ich habe das kaum verstanden, aber ich spürte, daß es richtig war. Trotzdem war ich voll Haß. Der Deutschen wegen mußten wir Angst haben und unsere Herkunft verbergen. Ihretwegen müssen wir mehr leisten in der Schule als andere, uns besser benehmen als andere.

Der allgemeine Deutschlandhaß riß mich immer stärker mit. Ich wollte Rache und war deshalb unter anderem der Meinung, daß die Impfung gegen Kinderlähmung, die von dem jüdischen Wissenschaftler Jonas Salk entwickelt worden war, den Deutschen hätte vorenthalten werden sollen. Sie hätten kein Recht mehr, von den Leistungen der Juden in der Welt zu profitieren.

1961 fing ich mit der High School an. Damals wohnte meine Familie in einem Vorort von New York City, ganz in der Nähe von Manhattan. Immer häufiger ereigneten sich Zwischenfälle, bei denen jüdische Jugendliche deutsche Jugendliche schwer verprügelten. «Wir fahren heute nachmittag nach Manhattan zum ‹Kraut-Bashing›», hieß es. Gewalttaten oder überhaupt Straftaten begingen jüdische Jugendliche relativ selten. Da hatten wir zu große Angst, wir könnten unser Volk bloßstellen. Unser Leben lang hörten wir Sprüche wie: «Wenn du dich nicht anständig verhältst, wird das ganze jüdische Volk deinetwegen zu leiden haben. Alle werden auf dich zeigen und sagen: ‹Die Juden haben es getan.›» Eine Bekannte von mir hatte in einer Boutique eine Bluse entwendet. Sie wurde zwar nicht vom Ladenbesitzer erwischt, aber dafür von ihrer Mutter, was noch schlimmer war. Sie wurde von ihr halb tot geprügelt: «Dafür hat das Volk überlebt? Damit du zum Dieb wirst?»

Die Sache mit den «Krauts» lag anders. Sie «genossen» bei uns eine Sonderstellung, weil wir nicht bereit waren, den Haß herunterzuschlucken, wie unsere Eltern dies offensichtlich taten. Es war wirklich eine harmlose Strafe im Vergleich zum Holocaust. Und was hatten sie überhaupt in unserem

Revier zu suchen? Warum blieben sie nicht in Deutschland, wenn sie keine Juden mochten? So eine Frechheit von ihnen zu denken, sie könnten ungeschoren in unsere Territorien eindringen. Dennoch machte ich bei solchen «Kraut-Bashing»-Aktionen nie mit. Mir taten die Zusammengeschlagenen nicht leid, aber ich wollte sie einfach nicht sehen. Außerdem hatte ich Angst, nicht zuschlagen zu können. Mir wurde nicht nur beim Anblick meines eigenen Blutes übel, sondern auch bei dem anderer. Vielleicht hatte ich unbewußt sogar Angst, daß sie mir leid täten.

Am 31. Mai 1962 wurde Adolf Eichmann in Jerusalem hingerichtet. Wir hörten die für uns erfreuliche Nachricht in der Schule über die Lautsprecher, die in jedem Klassenzimmer installiert worden waren. Wir jubelten, und die Lehrer konnten uns für den Rest des Tages nicht mehr zur Ruhe bringen. Freudestrahlend ging ich nach Hause und verkündete lachend: «Eichmann wurde hingerichtet!» Die Hand meines Vaters traf mich voll ins Gesicht. «Wie kannst du dich freuen, wenn ein Mensch stirbt? Haben wir dich so erzogen?» schrie er mich an.

«Auch ein Nazi?» stammelte ich verdutzt.

«Auch ein Nazi. Töten kann nie die richtige Lösung sein.»

Meine Mutter fügte noch hinzu: «Eichmann hätte gezwungen werden müssen, in einem Kibbuz zu arbeiten und beim Aufbau Israels zu helfen.»

Ich freute mich trotzdem, aber nun heimlich. Von uns Jugendlichen aus hätten alle Deutschen verrecken können. Wenn Deutschland beleidigt wurde, freute ich mich und empfand es nicht als Beleidigung. Es gab damals in einigen Geschäften in New York City ein Poster zu kaufen, es sah aus wie eine Reisewerbung mit dem Slogan: «Visit scenic Germany». Das Foto darunter zeigte jedoch die Leichenberge in Auschwitz. Das entsprach unserer Vorstellung von Deutschland. Jeden Deutschen hielten wir für den Holocaust persönlich verantwortlich, auch diejenigen unserer Generation. Sie waren einfach aufgrund ihrer Herkunft schuldig.

Wenn keine Gefahr von außen bestand, verband uns junge Juden kaum etwas. Außer dem Deutschlandhaß herrschte keine Einigkeit unter uns. Im Gegenteil. Der Assimilationszwang brachte uns auseinander. In der High School steigerte sich der Konkurrenzdruck ins Unermeßliche, denn alle versuchten, von den besten Universitäten aufgenommen zu werden. Erschwerend wirkte, daß mehrere – besonders private – Hochschulen für Minderheiten einen Numerus clausus hatten. Im Fach Medizin gab es die strengste Quotenregelung. Dies traf die Juden um so mehr, als sie nicht nur die Minderheit mit den meisten Hochschulbesuchern waren, sondern auch den größten Anteil an Medizinern stellten. Als Begründung für diese Diskriminierung behaupteten die Befürworter: «Die Universitäten können nur pluralistisch bleiben, wenn keine Minderheit überrepräsentiert ist.» Es ging also nicht nur nach Leistung, sondern auch nach Herkunft und Rasse. In der Schule bekämpften wir uns gegenseitig, um die begehrtesten Studienplätze zu ergattern. Fast alle litten unter dem Druck, auch wenn niemand es zugeben wollte, denn wir akzeptierten ihn als Selbstverständlichkeit. Ich wurde immer nervöser, schlief schlecht und hatte oft Magenschmerzen. Roger fuhr Autos kaputt, eins nach dem anderen. Meine Schwester hatte es ein bißchen besser. Sie gehörte nicht mehr zur Babyboom-Generation, und als sie 1967 in die High School kam, waren schon Gesetze verabschiedet, die die Benachteiligung von Minderheiten offiziell verboten.

Parallel zu dieser Noten-Olympiade in der Schule lief der Konsumterror. Dies lag natürlich im Trend einer Nation, die sich zu einer richtigen Wegwerfgesellschaft entwickelte. Wie im Wahn kauften die Leute immer mehr und immer teurere Sachen. Wir wurden zwar auf der einen Seite zur Sparsamkeit erzogen, auf der anderen jedoch zur größtmöglichen Assimilation. Um in der US-Gesellschaft der sechziger Jahre nicht aufzufallen, mußte man den Kaufrausch mitmachen. Und viele meiner Bekannten machten extrem mit. Wie einst die deutschen Juden krampfhaft versuchten, deutscher zu sein als die Deutschen, so versuchten wir, amerikanischer zu sein als die Amerikaner. Nicht wenige in der Schule bemühten sich, reicher zu erscheinen, als sie waren – gewissermaßen als die personifizierte Erfüllung des «amerikanischen Traums». Die zahlreichen sogenannten Jewish American Princesses (die Jungen nannte man Jewish American Princes), die von ihren Eltern mit einem enorm hohen Taschengeld verwöhnt wurden, kamen zur Schule wie zu einer Modenschau. Sie trugen nicht nur die teuersten Kleider (am liebsten noch mit dem Preisschild drauf), sondern auch komplizierte Frisuren, die Kunstobjekten glichen. Wahrscheinlich schliefen sie im Stehen, um die Pracht nicht zu zerstören. Auch im Aussehen versuchten viele, «amerikanischer» zu wirken. Manche bleichten ihr Haar blond wie Marilyn Monroe, in der Hoffnung, dem amerikanischen Schönheitsideal zu entsprechen. Überall wurden Blonde bevorzugt: im Fernsehen, in den Klatschillustrierten und in der Werbung. Filme wie «Blondinen bevorzugt» waren Kassenschlager. Ich bin mir jetzt sicher, daß auf diese Weise all jene Minderheiten mit dunklen Haaren und braunen Augen aus dem gültigen amerikanischen Schönheitsideal ausgeschlossen werden sollten. Diese «Wasserstoff-Blondinen» mit ihren dunklen Augenbrauen wirkten auf mich lächerlich und unnatürlich. Viele meiner Klassenkameradinnen ließen sich ihre «jüdischen» Nasen wegoperieren, es war wie eine Epidemie. Über die Osterferien waren die Kliniken für kosmetische Chirurgie hoffnungslos ausgebucht. Der sogenannte «nose-job», der mehrere tausend Dollar kostete, sollte helfen, angepaßter auszusehen. Obwohl ich keine «jüdische» Nase hatte, litt auch ich darunter, nicht zum Vorbild à la Hollywood zu gehören, aber ich wäre mir blöd vorgekommen, so einen Zirkus mitzumachen. Dennoch konnte ich mir mit meinen 15 Jahren nicht vorstellen, daß auch dunkelhaarige Menschen begehrenswert sein könnten. Diese Halbalbinos beneidete ich bis aufs Mark, weil sie angeblich beliebtere Menschen waren. Und angeblich «bessere» Amerikaner.

Indes, auch wenn ich mein Aussehen nicht zu ändern versuchte, so zerriß mich die Identitätskrise nicht weniger tief.

Was war ich denn? Amerikanerin oder Jüdin? Wo lagen meine Loyalitäten? Kann man beides zugleich sein? Auch ich war hier geboren und aufgewachsen. Wir jedoch wurden – im Gegensatz zu den Durchschnittsamerikanern – dazu erzogen, wegzurennen, wenn einmal Antisemitismus ausbrechen sollte. Mit diesem Mißtrauen den Nichtjuden gegenüber entwikkelte sich meine seelische Bindung an Amerika nicht sehr stark. Psychisch gesehen waren meine Koffer stets gepackt.

Zudem wurde mir allmählich bewußt, daß wir Juden aus manchen «besseren» gesellschaftlichen Kreisen in den USA ausgeschlossen blieben; unser sozialer Aufstieg wurde regelrecht blockiert. Der Vater einer Freundin scherzte immer: «Einem Country-Club, der mich als Mitglied haben will, möchte ich gar nicht angehören.» Das Ergebnis war, daß wir ziemlich unter uns blieben. Dennoch war der Feind Nr. 1 für uns Deutschland.

Während der letzten anderthalb Jahre in der High School freundete ich mich mit einem Jungen an. Als wir uns kennenlernten, diente sein älterer Bruder gerade in der US-Armee. Er war in Deutschland stationiert, obwohl jüdische Soldaten nicht dorthin mußten, wenn es für sie eine zu hohe emotionale Belastung bedeutete. Die Alternative hieß Vietnam, und nicht wenige zogen sie vor. Der Bruder verliebte sich in eine deutsche Frau und wollte sie heiraten. In der Familie meines Freundes brach Panik aus. Marathon-Telefongespräche wurden über den Atlantik geführt. «Ich schneide mir die Pulsadern auf», schrie die Mutter.

Der Vater riß ihr den Hörer aus der Hand und drohte: «Ich erhänge mich öffentlich!» Nachdem sie aufgelegt hatten, verkroch sich die Mutter ins Schlafzimmer und heulte stundenlang. Der Vater ging im Wohnzimmer neben dem Telefon nervös auf und ab, als ob er einen Rückruf erwartete, dem er entnehmen konnte, daß sich alles in Wohlgefallen aufgelöst hatte. Diese Tragödie dauerte fast ein halbes Jahr, bevor der junge Mann wieder «zur Vernunft» kam. Er kehrte ledig in die USA zurück und heiratete kurz darauf eine Jüdin, die er schon von Kindesbeinen an kannte. Über seinen «Ausrutscher» in Deutschland sprach er nie. Klammheimlich hoffte ich, daß seine deutsche Freundin ihm nachlaufen würde. Wir hätten ihr dann gezeigt, wie unerwünscht sie gewesen wäre.

Einen Großteil meines letzten Jahres in der High School (1964/65) verbrachte ich mit Bewerbungen für einen Studienplatz. Eigentlich träumte ich davon, mit meiner Gitarre nach Hollywood zu ziehen und «entdeckt» zu werden. «Solche Phantasien soll ich finanzieren?» fragte mein Vater. «Du wirst studieren.» Er wollte, daß wir selbständige Berufe erlernten, so unabhängig wie möglich wurden. Medizin, Jura und Wirtschaftswissenschaften sind für Juden die «klassischen» Fächer. Obwohl mich keines davon interessierte, fühlte ich mich verpflichtet, Medizin zu studieren. In den USA beginnt man nicht unmittelbar nach der High School mit dem Medizinstudium, man muß zuvor einen Bachelor-Grad in Biologie oder Chemie erwerben. Dieses Vorstudium für die Zulassung zur medizinischen Fakultät dauert normalerweise vier Jahre.

Die Bewerbungsformulare der meisten Universitäten enthielten damals Fragen zur Person, die heute untersagt sind. Unter der Rubrik «Ethnische Zugehörigkeit» schrieb ich natürlich: Jüdin. «Warum hast du das getan?» fragte mein Vater empört.

«Hätte ich Puertorikanerin schreiben sollen?» schoß ich zurück.

«Du hättest gar nichts schreiben sollen», antwortete er.

«Ich schäme mich nicht, daß ich Jüdin bin», erwiderte ich stolz.

«Es hat nichts damit zu tun», versuchte mein Vater zu erklären.

«Es hat wohl was damit zu tun. Du hast uns stinkangepaßte Namen gegeben, um unsere Herkunft zu verbergen», widersprach ich ihm aufsässig.

«Hättest du lieber Ester Goldberg geheißen?» fragte er sarkastisch zurück.

«Es wäre viel ehrlicher gewesen, als uns Namen zu geben,

die mit unserer Herkunft nichts zu tun haben», antwortete ich wütend. Ich hatte es endgültig satt, meine Herkunft wie eine Schwerverbrecherin geheimhalten zu müssen. Ich habe das Wort «Jüdin» in den Bewerbungen dringelassen und erhielt fast nur Ablehnungen. Dies hing sicherlich auch damit zusammen, daß ich die High School nicht in allen Fächern mit «sehr gut» abgeschlossen und beim nationalen Aufnahmetest, dem sogenannten SAT, wie eine Halbidiotin abgeschnitten hatte.

Als die High School langsam zu Ende ging, war es klar, daß mein Freund und ich getrennte Wege gehen würden. Wir langweilten uns gegenseitig. Mit Juden hatte ich immer das Gefühl der Inzucht, vielleicht weil wir als Volk seit Jahrtausenden wie eine Großfamilie zusammenhielten. Unser aller Verhalten war von den Auswirkungen derselben außergewöhnlichen Geschichte geprägt. Man kannte die Reaktionen des anderen, die Wertvorstellungen, die «Macken» und den Humor. Die Spannung des Neuen fehlte mir. Ich wußte noch nicht einmal, wie es ist, wirklich in der Minderheit zu sein, wirklich zu leiden. Ich war ja schließlich für einen «Kampf» vorbereitet, aber ich hatte noch nie die Möglichkeit gehabt, zu prüfen, wie gut ich ihm gewachsen sein würde. Ich hatte die Wahnvorstellung, daß ich nur durch so eine strenge Prüfung zu einer «richtigen» Jüdin werden könnte.

Die Abschlußfete unseres Jahrgangs dauerte die ganze Nacht. Anschließend, in den frühen Morgenstunden, wollten mein Freund und ich zur New Yorker Weltausstellung fahren. Es war kalt und nieselte, und die Straßen waren menschenleer. Der Bus hätte schon längst da sein müssen. Wir standen neben der Bank an der Haltestelle, und ich blickte müde nach unten. Plötzlich bemerkte ich, daß da überall Dollarscheine herumlagen. Während wir sie aufgeregt einsammelten, kam endlich der Bus. Wir saßen hinten und zählten die klitschnassen Scheine: insgesamt 125 Dollar, eine Menge Geld für die damalige Zeit. Bei der Weltausstellung feierten wir damit feudal unseren Abschied. Mein Freund hatte sich freiwillig zur Marine gemeldet, um seinen Wehrdienst hinter sich zu bringen. Der Krieg in Vietnam eskalierte, aber die Marine kämpfte nicht. Sie bewachte lediglich die Küste Vietnams. Im Frühsommer wurde er nach San Diego, Kalifornien, beordert. Ich umarmte ihn und wünschte ihm, daß er nicht seekrank würde. Beim bloßen Gedanken daran wurde er grün; aber schließlich mußte er der amerikanischen Gesellschaft zeigen, daß er kein «feiger» Jude war, sondern ein gleichwertiger Krieger. Ihm war bewußt, daß er das ganze jüdische Volk blamieren würde, wenn er kotzend über der Reling hing.

In dieser Hinsicht hatte ich es leichter: Ich fing im Herbst an einem privaten College in der Nähe von Trenton, der Hauptstadt New Jerseys, mit dem Studium an.

Wenn es in der häßlichen, farblosen Industriestadt Trenton Herbst wird, löst das sogar bei den Marmorstatuen vor den Regierungsgebäuden tiefe Depression aus. Im Herbst 1965 befand ich mich in dieser Stadt in dieser Stimmung. Ich war 18 Jahre alt und hatte von der Welt nichts gesehen als New York City und seine zahlreichen monotonen Vororte.

Ich beneidete meine Bekannten, die weit weg in andere Bundesstaaten reisten oder sogar nach Europa. Ich klebte immer noch an dieser Gegend fest. Als noch verdrießlicher empfand ich es, daß ich zu Hause wohnen und jeden Tag zwischen College und Wohnort hin- und herpendeln mußte. Eine eigene Wohnung kam finanziell nicht in Frage, da Roger gleichzeitig ein teueres Privatcollege in New Jersey besuchte und dort wohnen mußte, weil er seinen Führerschein wegen Verkehrsdelikten verloren hatte.

Im College setzte sich der alte Konkurrenzkampf fort, wenn auch in neuer Besetzung. Viele hofften, nachdem sie hier ihren Bachelor erworben hatten, anschließend an einer renommierten Universität ihren Magister machen zu können. In diesem Notenkampf sah ich mich benachteiligt, da ich mich eindeutig für das falsche Fach entschieden hatte. Das vormedizinische Studium lag mir gar nicht. Im Anatomieunterricht sezierten wir Tierkadaver. Während die anderen angehenden Ärzte und Ärztinnen begeistert Mägen und Nieren untersuchten, glich mein Versuchsobjekt einer Art Gulasch. Da ich nicht räumlich sehen kann, schnitt ich immer zu tief und zerstörte so die Organe. Wir teilten uns die Kadaver mit anderen Klassen, und ich verbrachte endlose Stunden – den beißenden Geruch des Formaldehyds in der Nase –, um meine Fehler «zusammenzunähen». Der theoretische Unterricht lief nicht weniger dramatisch ab. Während der Professor die Cholera beschrieb, saß ich in der letzten Reihe und spürte einen leichten Brechreiz sowie einen schnellen Kräfteverfall. Bei seiner Beschreibung der Hepatitis zog ich rasch einen Spiegel aus meiner Handtasche. Abends lag ich im Bett mit einem Fieberthermometer unter der Zunge und wartete darauf, daß meine Lymphknoten anschwellen würden. Langsam sah ich ein, daß ein Hypochonder wie ich nicht Medizin studieren sollte. Nur mühevoll und halb verzweifelt schleppte ich mich weiter durch. Ich war voller Groll, unter dem Druck zu stehen, einen selbständigen Beruf erlernen zu müssen, damit ich als Angehörige einer Minderheit auf dem Arbeitsmarkt bestehen konnte. Ich beneidete die Leute, die eine angesehenere Herkunft hatten und daher ohne weiteres studieren konnten, was ihnen Spaß machte.

In diesem ersten Wintersemester erschien ich eines Tages zu früh zur Chemievorlesung und wartete draußen im Flur, weil der Saal noch von einer anderen Klasse besetzt war. Mit mir wartete noch ein Student. Nach einer Weile sprach er mich an, und wir plauderten über Schwierigkeiten des Chemieunterrichts. Er studierte Chemie im Hauptfach. Während er versuchte, mich für dieses meiner Meinung nach langweilige Fach zu begeistern, registrierte ich seinen starken Akzent; er kam mir bekannt vor. Dann kam ich drauf: So redeten die Deutschen in englischen Spielfilmen. Mitten in seiner Erklärung über die Zusammensetzung irgendwelcher «Benzin-Ringe» unterbrach ich ihn und fragte ganz unvermittelt, woher er komme. Er schaute mich verdutzt an und antwortete ein bißchen verunsichert: «Aus Deutschland.» Wahrscheinlich zog ich eine merkwürdige Miene, denn er fragte: «Ist das so schlimm?» Mittlerweile warteten schon mehrere Kommilitonen ungeduldig vor der Tür, und zum Glück strömten die Studenten des vorangegangenen Kurses aus dem Saal. Ohne seine Frage zu beantworten, eilte ich hinein, und wir verloren uns in der Menge. Erst Monate später begegneten wir uns in der Mensa wieder. Distanziert, aber höflich begrüßten wir uns, gingen jedoch aneinander vorbei. Ich spürte einen Hauch von Frustration, weil ich ihn eigentlich kennenlernen wollte. So eine «echte» Begegnung mit dem Feind hatte ich noch nie gehabt. Zufällig trafen wir uns dort einige Tage später wieder. Dieses Mal setzte ich mich ganz selbstbewußt neben ihn und bemühte mich, unbefangen zu wirken. «So, du stammst aus Deutschland», stellte ich lapidar fest.

«Eine ungewöhnliche Begrüßung», erwiderte er.

«O.k., fangen wir noch mal an», schlug ich vor. «Wie heißt du?» fragte ich.

«Peter.»

Ich stellte mich ebenfalls vor.

«Und du bist eine richtige Amerikanerin?» fragte er ironisch.

«Wie kommst du darauf? Sehe ich so aus?» fragte ich zurück.

«Nein, aber wegen deines angelsächsischen Namens», erklärte er.

«Ach ja? Gute Tarnung, was? Ich muß dich aber enttäuschen. Ich gehöre einer der Minderheiten an. Ich bin Jüdin.» Diese Feststellung überraschte ihn nicht sonderlich, da etwa die Hälfte der Studenten und Studentinnen an diesem College Juden waren. Mehr überraschte ihn, daß ich mit ihm redete.

Ich mußte zu einer Vorlesung, aber bevor ich mich von ihm verabschiedete, gab ich ihm meine Telefonnummer. «Melde dich, und ich lade dich zu einem Sauerkrautessen ein», sagte ich halb im Spaß.

In den nächsten Wochen hörte ich nichts von ihm und hatte es auch nicht erwartet. Andere Ereignisse verdrängten die Erinnerung an unsere Begegnung. Zu dieser Zeit starb meine sibirische Großmutter, die lange schwer krank gewesen war. In meiner Trauer tröstete mich ein Freund mit den Worten: «Für einen Juden ist es ein Luxus, alt zu werden und im Bett sterben zu dürfen.» Das ist wahr, dennoch traf ihr Tod mich besonders hart, unter anderem weil ich merkte, daß die Generation der Verfolgten ausstarb, bevor ich mit einigen von ihnen über den Holocaust reden konnte. Bald schon konnte niemand mehr mir aus eigenen Erfahrungen über die Pogrome berichten.

Zu dieser Zeit stritt ich mich heftig mit meinem Vater, weil ich zur Literaturwissenschaft wechseln wollte. «So ein Luxusstudium!» regte er sich auf. «Und was machst du danach?» Das wußte ich auch nicht. Der Beruf einer Lehrerin kam für mich nicht in Frage. Ich wollte nie wieder eine Schule von innen sehen. Für das Fach Literatur hätte ich mir eine viel billigere Staatsuniversität suchen können statt dieses teueren Privatcolleges. Und noch später zu wechseln, wäre mit einem enormen Zeitverlust verbunden gewesen. Schließlich gab mein Vater nach und bezahlte mir mein «Luxusstudium».

Zu meiner Überraschung meldete sich Peter bei mir, und wir verabredeten uns für einen Kaffee auf dem Campus. Ich wollte nicht, daß er zu uns nach Hause kam. Niemand brauchte unbedingt zu wissen, daß ich mich mit einem «Kraut» verabredet hatte. Er war damals 26 Jahre alt. Weil ihn eine Aura des Verbotenen umgab, fand ich ihn interessant. Und so merkwürdig es klingen mag, ich fühlte mich in seiner Gegenwart wie eine «richtige» Jüdin. Wenn er Amerikaner gewesen wäre, hätte er mich überhaupt nicht interessiert. Andererseits hatte ich auch nicht vor, eine tiefere Beziehung mit ihm einzugehen; ich wollte nur ein bißchen den «Feind» beschnuppern, vielleicht ein bißchen Rache üben, ihn psychisch ein bißchen peinigen. Bisher war mein Haß, wie bei fast allen amerikanischen Juden, außer bei den «Kraut-Bashers», passiv gewesen. Den Grund vermochte ich nicht zu erklären. Das Thema Haß war bei uns genauso tabu wie der Holocaust. Was bringt einem ein unterdrückter Haß? Ist er eine Art undurchdringlicher Schutzschild vor dem Feind? Schluckt man ihn herunter, so daß das Leben weitergehen kann? Mir tat der Haß weh. Vielleicht, weil er so stark war und ich ihn nicht begreifen konnte. Ob man sich besser fühlt, wenn man seinen Haß austobt? Damals hatte ich nicht ahnen können, daß solche unterdrückten Gefühle gegen die Deutschen wie die meinen derart explodieren können. Peter hatte sie an die Oberfläche gebracht. Unbewußt hatte ich wohl so jemanden gesucht. Peter konnte dies nicht geahnt haben. Wie auch? Er hatte keine Erfahrung mit Juden.

Frühjahr und Sommer 1966 verabredeten wir uns immer häufiger in der Mensa. Jedesmal hoffte ich, daß keiner meiner Bekannten uns sehen und mich fragen würde, was ich mit so einem «Kraut» zu tun hatte. Heiraten konnte man so jemanden schon gar nicht.

Am Anfang unserer Treffen redeten wir hauptsächlich sachlich über unsere Vergangenheit. Peter wurde im Zweiten Weltkrieg in Schweinfurt geboren. Seinen Vater, der an der Ostfront gefallen war, kannte er nur von Fotos. Als Peter ein Kind war, lag Deutschland in Trümmern. Seine Mutter arbeitete als Wäschefrau für die US-Streitkräfte, um sich und ihr Kind mehr schlecht als recht durchzubringen. Er teilte das Schicksal vieler deutscher Kriegskinder: Ihre verwitweten Mütter heirateten irgendwann Ende der vierziger bis Mitte der fünfziger Jahre US-Soldaten, und sie, die Kinder, wurden oft unfreiwillig mit in die USA geschleppt. Es erging den deutschen Frauen in Amerika oft ganz anders, als sie es sich vorgestellt hatten. Der «reiche» US-Soldat war nur in Europa wohlhabend, da der Dollar dort erheblich mehr wert war als in den Staaten. Zudem wurden die Soldaten-Bräute von einem Großteil der amerikanischen Bevölkerung als «Nutten» betrachtet. Da auch viele amerikanische Kinder ihre Väter im Krieg verloren hatten, beschimpften sie die deutschen Kinder in der Schule als Nazis.

Als Peter zehn Jahre alt war, heiratete seine Mutter einen in Schweinfurt stationierten GI, mit dem sie zwei Jahre später in die USA übersiedelte. Der Stiefvater, alkoholabhängig und eifersüchtig, verbot den beiden, Deutsch miteinander zu sprechen. «Ihr redet über mich», warf er ihnen vor.

«Das ist gar nicht wahr», verteidigten sie sich.

«Doch, ich spüre es.» Im Rausch verprügelte er Peter und seine Mutter regelmäßig. Sie lebten von dem geringen Einkommen eines Feldwebels und hausten in schäbigen Armee-Unterkünften. Trotz dieser Zustände blieb die Mutter fast 14 Jahre bei ihrem amerikanischen Ehemann. An Rückkehr dachte sie oft, aber es fehlte an Geld. Und es fehlte ihr auch der Mut dazu, weil dann alle Bekannten und Verwandten in Deutschland denken würden, sie hätten im Land der unbegrenzten Möglichkeiten versagt.

Jetzt lebten Mutter und Sohn in einem heruntergekommenen Viertel von Trenton. Die Mutter kellnerte trotz Krampfadern bis zu 15 Stunden am Tag, um ihren kargen Lebensunterhalt zu bestreiten. Peter jobbte in Fabriken, um die Studiengebühren finanzieren zu können.

Ich war irgendwie neidisch auf seine Geschichte, weil sie viel exotischer klang als meine und die meiner übrigen Bekannten. Wir stammten fast alle nicht nur aus der Mittelschicht, sondern auch aus sehr gefestigten Familienstrukturen. Ohne diese Familienburg hätte das jüdische Volk vermutlich nie so lange Zeit überlebt. Die «jiddische Mamme», die durch die Geschichte hindurch besungen, belächelt, bewundert und geehrt wurde, war der Mittelpunkt unseres Lebens. Sie war es, die ihre Kinder vor der schrecklichen Welt schützte. Sie war es, die ständig aufpaßte, daß ihre Kinder richtig ernährt wurden. Sie war es, die nächtelang nicht schlafen konnte, wenn eins ihrer Kinder krank war. Sie war es, die ihre Kinder erbarmungslos bis an die Grenze ihres Leistungsvermögens trieb. Und sie war es, die die Finanzen verwaltete. Jahrzehntelang unterschrieb meine Mutter die Schecks meines Vaters mit seinem Namen. Einmal, als sie mit Grippe im Bett lag, unterschrieb mein Vater bei der Bank seinen eigenen Scheck mit seinem Namen. Er wurde festgenommen, weil die Unterschrift anders war als sonst. Trotz hohen Fiebers mußte meine Mutter zur Bank fahren, um meinen völlig verwirrten Vater zu «befreien». Einer der Bankangestellten versuchte meiner Mutter zu erklären, daß sie nicht ohne weiteres die Schecks unterschreiben dürfe. «Natürlich darf ich diese Schecks unterschreiben. Wie kommen Sie dazu, mir das zu verbieten? Das ist mein Geld, und ich werde auch in Zukunft unterschreiben.» Was sie immer noch tut.

Mir war es unvorstellbar, daß eine Mutter wie die von Peter sich und ihrem Kind zumutete, von einem gewalttätigen Mann mißhandelt zu werden. Und noch unerhörter war, daß Eltern nicht für die Ausbildung ihres Kindes aufkamen. Trotzdem fand ich meinen Lebenslauf im Vergleich zu Peters recht langweilig. Außerdem war ich neidisch auf ihn, weil er gelitten hatte. Wie kam er dazu? Ich, die Jüdin, die eigentlich hätte leiden müssen, hatte bisher ein recht leidensloses Leben geführt.

In unserem Verhältnis wäre es normal gewesen, wenn einer die Familie und Freunde des anderen kennengelernt hätte. Wir schoben das beide immer wieder hinaus. Wir fanden Ausreden, um den anderen nicht vorzeigen zu müssen. Auf die Dauer jedoch ließ es sich nicht vermeiden.

Es war an einem Samstagnachmittag im Winter, als er mich zum erstenmal von zu Hause abholte. Meine Familie bewohnte jetzt ein großes Haus in einem besseren Vorort von New York City. Peter erschien pünktlich, in seinem besten Sonntagsanzug, mit frisch geschnittenem Haar, glänzend polierten Schuhen und einer großen Schachtel Pralinen in der Hand. Eigentlich sah er aus wie ein Staubsaugervertreter. Kaum hatte er geläutet, ließ Roger ihn herein und riß ihm die Pralinenschachtel aus der Hand. Als ich kurz darauf herunterkam, hatten Roger und Nancy sich bereits über die Pralinen hergemacht. Peter saß versteinert auf der Couch, während meine Geschwister, gekleidet in abgeschnittenen Blue jeans und Turnschuhen, auf den Stühlen herumlümmelten und mit vollen Mündern versuchten, ihn mit small talk zu unterhalten. «Wo hast du ihn gefunden, im neunzehnten Jahrhundert?» fragte Nancy mich später. Meine Mutter begrüßte ihn freundlich und bot ihm eine Kleinigkeit zu essen an. Er lehnte ab, weil er offensichtlich zu nervös war, einen Bissen herunterzukriegen. Wenig später kam mein Vater nach Hause und fragte meine Mutter schon vom Flur aus, wessen Autowrack denn da vor unserem Haus parkte. Wir lachten darüber, nur Peter nicht. Er schämte sich, weil er aus einer anderen Gesellschaftsschicht kam. Mein Vater, der sich anderen gegenüber oft abweisend verhielt, trat ins Zimmer, begrüßte uns knapp und verschwand in seinem Arbeitsraum.

Wir verließen meine immer noch Pralinen naschenden Geschwister und fuhren dann in ein Studentencafé. Auf der Fahrt sagte Peter eisig: «Dein Vater mag mich nicht.»

«Wieso?» fragte ich.

«Vielleicht, weil ich Deutscher bin.»

«Ich habe es ihm nicht gesagt.»

«Er hat aber kein Wort mit mir gewechselt und mich kaum beachtet.»

«Ach, er ist mit uns genauso», sagte ich.

«Das glaube ich dir nicht.»

«Dann glaub, was du willst.»

Als ich später nach Hause kam, erwähnte niemand die Tatsache, daß Peter Deutscher war. Es war das übliche Totschweigen dieses Themas. Irgendwann einmal fragte meine Mutter mich, was ich ausgerechnet in ihm sehe. «Ich weiß nicht», gab ich zur Antwort.

Kurz darauf besuchte ich ihn zum erstenmal bei sich zu Hause. Ich kletterte die schmalen, schäbigen Treppen in den zweiten Stock hinauf. Peter ließ mich in die dunkle Altbauwohnung. Kein Zimmer bekam direktes Sonnenlicht. Hell wurde es erst, wenn die Sonne von den Fenstern der Nachbarn hinüberreflektiert wurde. Die Möbel, die fast ausschließlich aus Deutschland stammten, wirkten wie vom Sperrmüll, und von der Größe paßten sie nicht in die kleinen Zimmer. Bei der Übersiedlung nach Amerika transportierte die Armee ihre Habe kostenlos, und sie hatten buchstäblich alles mitgenommen.

Seine Mutter kam nervös aus der Küche geeilt. Ihr weißblondes Haar war geflochten und nach oben geknotet. Sie sprach gebrochen Englisch, mit einem noch stärkeren Akzent als Peter und grammatikalisch total falsch. Sie pflegte keine Freundschaften zu Amerikanern, sondern hielt sich mehr unter deutschen und holländischen Einwanderern auf. Wir konnten uns von Anfang an nicht leiden. Wahrscheinlich fürchtete sie, ihren Sohn zu verlieren – zudem noch an eine Jüdin – und allein dazustehen in einem fremden Land. Sie fand mich arrogant, was in bezug auf sie sicherlich stimmte. Ich projizierte Vorurteile auf sie, bevor ich sie überhaupt kennengelernt hatte. Die gute, deutsche Mutter, dachte ich mir, völlig kritiklos, ein Mitglied der schweigenden Mehrheit. Und «arisch» sah sie auch aus.

Sie hatte ein Mittagessen für uns vorbereitet. «Für Peter und mich habe ich Fisch gemacht, weil wir freitags aus religiösen Gründen kein Fleisch essen dürfen. Für Sie habe ich Schinken.»

«Ich esse aus religiösen Gründen kein Schweinefleisch», erwiderte ich verärgert. Natürlich aß ich alles, aber das wußte sie nicht, und Peter hatte ihr sicherlich erzählt, daß ich Jüdin bin. Ich betrachtete dies als eine versteckte Beleidigung. Zu dritt teilten wir dann zwei kleine Fische.

Obwohl es wirklich keinen Zweck hatte, weiteren Kontakt zu seiner Mutter zu pflegen, ließ es sich wegen Peters Wohnsituation kaum vermeiden. Aus Höflichkeit lud sie mich im ersten Jahr unserer Beziehung zu ihrer Geburtstagsfeier ein, und nur aus Höflichkeit ging ich hin. Die Gäste waren alle ältere Deutsche, außer zwei Holländern und mir. Die Deutschen unterhielten sich nur auf deutsch. Schon beim Klang dieser Sprache bekam ich eine Gänsehaut. Als der Abend fortschritt, gossen sie literweise Alkohol in sich hinein und wurden immer lauter. Mit meinem Schuldeutsch verstand ich weniger als die Hälfte. «Trinken Sie ein Glas mit», forderte mich ein Mann auf.

«Nein danke, ich trinke keinen Alkohol.»

«Warum nicht? Es gehört zum Feiern!» Auf diesen dummen Spruch erwiderte ich nichts. Er hätte meine Antwort sowieso nicht verstanden. Wir waren dazu erzogen, auf unsere Gesundheit aufzupassen. «Dein Leben ist dein wichtigstes Besitztum», pflegte Vater uns zu sagen. Es gibt genug Menschen auf der Welt, die uns umbringen möchten. Wir dürfen ihnen nicht auch noch den Gefallen tun, ihnen zum Beispiel mit Alkohol dabei zu helfen. Essen gehört zum Feiern, dachte ich bei mir, aber danach hatte ich hier vergeblich gesucht.

Bald begannen die inzwischen betrunkenen Gäste, deutsche Volkslieder zu grölen, wobei Peter sie auf der Ziehharmonika begleitete. Er war viel gelöster als sonst. Mein Gott, so deutsch hatte ich ihn noch nie erlebt. Er fühlte sich hier richtig wohl. Mir ging es genau umgekehrt. Ich saß mit einem der Holländer in einer Ecke und beobachtete den Zirkus. So viele Deutsche auf einmal hatte ich noch nie hautnah erlebt. Immer wieder fragte ich mich, was diese Menschen wohl im Dritten Reich gemacht hatten. Und jedesmal, wenn mich jemand anschaute, glaubte ich, daß er erkannte, daß ich Jüdin bin. Ich begann, wirklich Angst zu bekommen. Auf einmal schienen sie mir Gesichter zu haben wie die KZ-Aufseher auf den Auschwitz-Fotos. Dann drehte ich mich zufällig um und bemerkte auf dem Schrank hinter mir das gerahmte Foto eines Mannes in Wehrmachtsuniform, der Peter erstaunlich ähnlich sah. Es war wohl sein Vater. Der Panik nahe, glaubte ich, in einer «Nazi-Hölle» gelandet zu sein. Für mich waren damals Nazis und Deutsche dasselbe. Und ich war noch nie in der Situation einer Minderheit gewesen. Dieser Abend war für mich die Premiere.

Während einer Singpause kam Peter verschwitzt, aber glücklich zu mir und fragte, ob es mir gefiele. Wie unsensibel er sein kann, dachte ich. Konnte er sich nicht in meine Lage versetzen? Aber ich war nicht ehrlich mit ihm. Wir hatten nie über den Holocaust geredet. Wie konnte er da meine Ängste nachvollziehen? Er wußte noch nicht einmal, daß ich sie hatte. Unter dem Vorwand des Unwohlseins verließ ich bald darauf schnellen Schrittes die Wohnung. Bevor ich nach Hause fahren konnte, mußte ich eine Weile im Auto sitzen und warten, bis meine Nerven sich etwas beruhigt hatten. Er ist ein richtiger Deutscher, ging es mir durch den Kopf, er ist auch einer von «denen». Aber war ich nicht eine Beziehung mit ihm eingegangen, weil ich das faszinierend fand? Immer wieder mußte ich mich fragen: Warum tust du dir so etwas an? Bin ich eine hoffnungslose Masochistin? Warum reichte es mir nicht, den Feind aus sicherer Entfernung zu hassen?

Keiner von uns erwähnte später diesen Abend; das übliche Stillschweigen, das ich schon kannte bei diesem Thema. Aber ich wollte Rache. Er sollte wissen, wie man sich fühlt, wenn man in einer feindlichen Umgebung ist. Deshalb lud ich ihn einige Wochen später zu einer Fete bei einer Bekannten ein. Peter paßte nicht dazu; von Anfang an war ihm die Atmosphäre unangenehm, er sagte kaum ein Wort. Als er vorgestellt wurde, nickte er nur. Er hatte wohl Hemmungen wegen seines deutschen Akzents. Sollte er nur. Auch er sollte erfahren, wie schmerzhaft es ist, seine Herkunft verbergen zu müssen, zumal er meiner Meinung nach Grund dazu hatte. Wir versteckten uns aus Angst; er sollte seine Herkunft aus Scham verbergen.

Mitten in die Fete platzte zufällig die Mutter der Gastgeberin herein, eine ziemliche Angeberin, die gerade von einer Europa-Reise zurückgekehrt war. Viele Juden machten bei solchen Urlauben einen großen Bogen um Deutschland, leugneten sogar seine Existenz, nicht aber diese Frau. «Ach! Sie sind Deutscher», reagierte sie geradezu überschwenglich, als ich Peter vorstellte. «Ich habe Aufnahmen in Deutschland gemacht.» Sie zog verwackelte Farbfotos aus einem Umschlag. Höflichkeitshalber gruppierten wir uns um die Mutter. Die Abbildungen zeigten die Gedenkstätte in Dachau. Die Frau beschrieb, was in ihr vorgegangen war, als sie in dem ehemaligen KZ stand. Zuerst war sie völlig paralysiert gewesen, hatte vor Schock nichts gefühlt. Dann dachte sie nur: «Mein Gott, vor einigen Jahren wäre auch ich hier getötet worden.» Es war für sie ein sehr aufwühlendes Erlebnis gewesen. Sie berichtete, daß sie danach regelrecht stolz gewesen sei, eine Jüdin zu sein. Wir hörten gespannt zu. Ich kannte bisher noch niemanden persönlich, der eine KZ-Gedenkstätte besucht hatte. Ich hatte aber von anderen gehört, daß sie wiederum Leute kannten, die dort mit Weinkrämpfen zusammengebrochen waren. Einige sollen danach zu entschiedenen Zionisten geworden sein. Wie würde ich in so einer Situation reagieren? Peter stand die ganze Zeit wie versteinert da, trat einen Schritt zurück und starrte mehr in die Luft als auf die Fotos. Hörte er überhaupt zu? Wie sehr ihn diese direkte Konfrontation mit der Vergangenheit – und das in der Anwesenheit von Juden – traf, ließ er sich an diesem Abend nicht anmerken. Er blieb höflich, wenn auch distanziert. Aber die ganze Woche danach ließ er sich nicht blicken.

Als wir uns dann wieder trafen, verloren wir kein Wort darüber. Aber er war noch lange Zeit deprimiert, und ich auch. Es wurde immer klarer, daß unsere Welten, die eine schlimme Vergangenheit miteinander gemein hatten, keine Chance für eine gemeinsame Zukunft boten. Aus irgendeinem durch den Holocaust verursachten Grund vermochte ich Peter nur als interessant zu erleben, wenn ich ihn als Feind betrachtete. Sobald ich ihn jedoch als normalen Menschen sah, verlor er für mich jeden Reiz. Aber es lag nicht nur an mir, daß ich kaum je vergaß, daß er Deutscher war. Dafür sorgte auch der Druck von außen, der auf solch einer tabuisierten Beziehung lastete. Wir hielten unsere Bekanntenkreise strikt getrennt. Meistens luden mich meine Bekannten «ohne den Deutschen» ein. Auch meine Eltern fingen an, leicht hysterisch zu werden, besonders mein Vater, der ohnehin der Meinung war, daß kein Mann für seine Töchter gut genug war. Meine Eltern hatten zwar nie erwähnt, daß sie gegen meine Beziehung zu Peter waren, weil er Deutscher war; dennoch wußte ich, daß dies eine Rolle spielte. «Du bist ihm weit überlegen, weil du viel selbständiger, reifer und intelligenter bist», sagte mein Vater. Das war auch mir schon aufgefallen, obwohl ich sechs Jahre jünger war als Peter.

Wir führten nie irgendwelche geistreichen Gespräche, weil er nie eine eigene Meinung zu politischen oder gesellschaftlichen Geschehnissen hatte. Er sprach überwiegend in Klischees. Einmal fragte er mich: «Wenn wir heiraten sollten, worüber werden wir dann reden?» Das Traurige an dieser Frage war, daß er sie völlig ernst meinte. An der Universität lernte er fleißig die chemischen Formeln und Zusammenhänge auswendig, besaß aber nicht die Kreativität oder den Ehrgeiz, selbständig zu forschen. «Ich bin froh, wenn ich nach dem Studium in irgendeiner Stelle unterkomme», sagte er.

«Wie kannst du mit Mittelmäßigkeit zufrieden sein?» fragte ich.

«Ich will nicht berühmt werden», war seine Ausrede.

«Willst du denn, daß du jederzeit ersetzbar bist? Wenn du nichts Besonderes bist, bist du entbehrlich. Jeder kann deinen Platz einnehmen», argumentierte ich. Ich konnte nicht begreifen, daß jemand nicht versuchte, an die Spitze zu gelangen. Er wiederum hatte für mich nicht das geringste Verständnis. Es gab für ihn «wichtigere» Sachen im Leben als Leistung; klar, für ihn ging es ja auch nicht ums Überleben. Unsere Erziehung war so gänzlich verschieden, ebenso unsere gesellschaftlichen Voraussetzungen, daß wir nicht zu Gemeinsamkeiten kommen konnten. Wir fühlten uns nur gegenseitig in unseren Vorurteilen bestätigt. Er sah in mir «die reiche ehrgeizige Jüdin, die über Leichen geht, um zu erreichen, was sie will». Ich sah in ihm den «devoten Deutschen, der nichts anderes kann, als auszuführen, was ihm von oben befohlen wird». Selbständig eine Situation zu meistern, dazu war Peter außerstande.

An einem Sonntagnachmittag hatten wir einen kleinen Autounfall. Jemand war uns hinten leicht an den Wagen gefahren. Normalerweise wäre dabei nicht viel passiert, aber Peters Wrack fiel fast auseinander. Während er zitternd dastand, erledigte ich mit dem anderen Fahrer die Formalitäten. Danach wußten wir nicht, wie wir nach Hause kommen sollten. In den USA gibt es kaum zuverlässige öffentliche Verkehrsmittel. Peter war nicht in der Lage, Bekannte anzurufen und sie zu bitten, uns abzuholen. «Das kann ich nicht. Was soll ich ihnen sagen? Und wie werden sie reagieren, wenn sie an einem Sonntagnachmittag hinausfahren müssen, um uns abzuholen?»

«Stell dich nicht so an, das ist eine Ausnahmesituation. Du rufst sie nicht ständig an, damit sie dich abholen. Wir hatten einen Unfall. Wozu sind Freunde da, wenn man sie nicht in schwierigen Situationen anrufen kann?» argumentierte ich. Peter weigerte sich stur, irgendwen um Hilfe zu bitten, und so mußte ich eine Freundin anrufen, die viel weiter weg wohnte. Es war selbstverständlich für sie, daß sie uns abholte. Wir mußten ungefähr eine Stunde am Straßenrand warten, bis sie bei uns war. Während dieser Zeit sprach ich kein Wort mit Peter, weil ich sein Verhalten völlig unverständlich fand. Wir ließen ihn vor seiner Wohnung aussteigen und fuhren weitere 75 Kilometer zu mir. Auf der Fahrt schilderte ich meiner Freundin diesen Nachmittag mit Peter. «Er ist in Krisenzeiten wirklich nicht zu gebrauchen», bemerkte sie. «Stell dir mal vor, du brauchst ihn wirklich, ich meine, du bist auf Leben oder Tod auf ihn angewiesen! Er hätte nicht die psychische Kraft, dir zu helfen. Wozu brauchst du so jemand?» Das wußte ich leider auch nicht. Ich stellte mir vor, daß Peter wie Millionen anderer Deutscher war, die ihre jüdischen Freunde und Bekannten aus menschlicher Schwäche im Stich gelassen hatten.

Dennoch verband uns eine mir unerklärliche Haßliebe, die verhinderte, daß wir die Beziehung endgültig abbrachen. Und diese abgründige Haßliebe artete in einen schonungslosen Machtkampf aus. «Wer ist zur Zeit der Stärkere», hieß das sadomasochistische Spiel. Er probierte es aus, indem er regelmäßig «Schluß machte». «Dieses Mal für immer!» schwor er. Dann kam er einige Tage später reuevoll zurück, und er wußte, daß ich mitmachen würde, weil wir einander irgendwie hörig waren. Um ihn zu treffen, demonstrierte ich ihm ständig, wie überlegen ich ihm intellektuell war. Jedesmal, wenn er etwas sagte, versuchte ich, ihn in Widersprüche zu verstricken. Ich trieb dieses Spiel bis zu einem Punkt, daß er fast Angst hatte, mir überhaupt noch irgend etwas zu erzählen. Ich erinnerte ihn öfter daran, daß ich auf dem College viel bessere Noten kriegte als er und näher am Bachelor-Abschluß dran war, obwohl ich erheblich später angefangen hatte. Ich berücksichtigte nicht, daß er, im Gegensatz zu mir, nie gelernt hatte, zu lernen. Wir Juden waren besser, weil wir besser sein mußten. Peter unterlag nicht diesem Minderheitenzwang. Aber er fühlte sich mir in dieser Hinsicht unterlegen, und das zählte am meisten. Wir hielten einander vor, daß wir «so jemanden» nie heiraten würden. Er träumte von einer blondbezopften Frau, die zu ihm aufschaute wie zu einem Recken. Ich schwärmte davon, einen reichen jüdischen Arzt zu heiraten, der gerade für den Nobelpreis in Medizin nominiert worden war. Peter behauptete öfters, er wolle keine «halbjüdischen» Kinder, weil er ihre Mentalität nicht verstehen würde. «Und ich will keine ‹halbarischen› Kinder, weil ich keine Mörder gebären will.»

Ich hatte niemanden, mit dem ich diese quälende Situation besprechen konnte. Einen deutschen Freund zu haben, war tabu; dann soll man sich auch nicht beschweren, wenn eine solche Beziehung schiefläuft.

Im Frühjahr 1967, als ich auf dem Campus auf der Wiese lag und für die Semesterprüfungen lernte, spazierte ein Student, den ich vorher nie gesehen hatte, auf mich zu und setzte sich neben mich. Er begann, sich mit mir zu unterhalten, fragte, was ich gerade las, in welchen Fächern ich Prüfungen hatte usw. ... Seine Fragen waren so banal, daß ich spürte, daß er irgend etwas von mir wollte. Nach einer Weile kam er zur Sache: «Sag mal, bist du mit einem Deutschen befreundet?» Er schaute leicht verlegen auf seine Hände.

«Bist du vom israelischen Geheimdienst?» fragte ich ihn.

Er lachte. «Nein, ich wollte es nur wissen.»

«Ja, bin ich. Na, und?» erwiderte ich kurz angebunden und erwartete eine Moralpredigt.

Ihm war die Atmosphäre unangenehm, und normalerweise hätte ich ihn wütend abgefertigt, aber ich wollte wissen, worauf er hinauswollte. Ich war sogar drauf und dran, meine kaputte Beziehung zu verteidigen. Aber ich wurde langsam neugierig. «Na, ja», sagte er zögernd, «ich habe auch einen deutschen Freund.»

«Du auch!» staunte ich. «Woher weißt du eigentlich, daß ich mit einem Deutschen befreundet bin?»

«Ich hörte den Typen mit einigen Leuten reden, und er sprach mit so einem breiten, unverkennbaren Akzent, daß er mir im Gedächtnis blieb. Dann sah ich dich öfters mit ihm in der Mensa und dachte mir, ihr seid zusammen.» Warren, so hieß er, fing an, mir Einzelheiten über seine Beziehung zu seinem Freund zu erzählen. Seine Offenheit erstaunte mich. So ehrlich war ich nicht einmal mir selbst gegenüber.

Sein Freund und er trafen sich regelmäßig in Manhattan mit anderen deutsch-jüdischen Freundespaaren. Diese Treffen liefen alles andere als «normal» ab, denn die Teilnehmer besorgten sich vorher aus einem Kostümverleih SS-Uniformen, manchmal auch KZ-Häftlingskleidung. Einige ließen sich diese Kleidungsstücke sogar zu einem horrenden Preis von einem Schneider nähen. «Da hatten wir mal einen Schneider gefragt, und er drohte, uns anzuzeigen, wenn wir nicht sofort seinen Laden verließen», erzählte Warren.

«Wie habt ihr denn überhaupt einen Schneider gefunden?» fragte ich.

«Wir haben einem erzählt, daß wir es für ein Theaterstück brauchten. Er verwies uns an einen Kostümverleih, aber wir sagten, wir brauchten sie länger.»

«Und das hat ein jüdischer Schneider für euch gemacht?»

«Nein, er war kein Jude. Ich glaube, er wußte noch nicht mal, was er nähte.»

Sie trafen sich in einem besonderen Lokal und zogen diese Uniformen an. In einem Hinterzimmer peitschten, schlugen und vergewaltigten die SS-Deutschen ihre jüdischen Liebhaber. Die Rollen wechselten natürlich, je nach der individuellen Leidensfähigkeit. Die Juden schlugen genauso kräftig zu, nach Warrens Beobachtungen nur seltener. Ausdrücke wie «gestapogeil» und «judengeil» hatte ich schon in der High School gehört, aber ich hatte sie nie so ganz verstanden, weil ich naiv war und nicht wußte, daß es eine sadomasochistische Szene gibt. Eigentlich hätte mich das alles abstoßen müssen, doch genau das Gegenteil war der Fall.

«Warum macht ihr das?» fragte ich.

«Schwer zu erklären», antwortete Warren. «Ich bin kein Psychoanalytiker. Vielleicht, weil wir ein schlechtes Gewissen haben, als Juden nie richtig gelitten zu haben.»

«Das klingt wie Nazipropaganda. Die Juden wollen ja leiden, deswegen verfolgen wir sie», sagte ich. Dennoch ahnte ich, daß ein Körnchen Wahrheit daran sein könnte. Wir wurden schließlich mit der Einstellung erzogen, daß Leiden eng mit unserer Identität verbunden ist. Und wir erwarten es.

«Ich weiß nicht, warum», gestand Warren. «Es gibt viele Phänomene und Gefühle, die nicht mit dem Verstand zu erklären sind. Wie viele Frauen werden von ihren Ehemännern geschlagen, verlassen sie und kehren dann wieder zurück, um weiter geschlagen zu werden? Oder mißhandelte Kinder, die dann ihre eigenen Kinder mißhandeln. Ich weiß nicht, warum ich unter diesem Zwang stehe, aber hinterher fühle ich mich seelisch erleichtert, auch wenn ich derjenige in der SS-Uniform bin. Und warum bist du mit einem Deutschen zusammen? Aus purer Liebe doch wohl nicht.» Warren hatte bei mir einen Nerv getroffen. Ich vermied sogar, mir selber diese Frage zu stellen. Warum wich ich von der Norm ab? Aber tief in mir ahnte ich, daß es ein ähnliches Phänomen sein mußte wie bei Warren. Irgendwie mußte man mit dem Haß fertig werden. Und auch mit dem schlechten Gewissen, als Jude nie richtig gelitten zu haben. Wie wird man damit fertig? Indem man seine Verfolgung sucht? Wie schafft es bloß die Mehrzahl der amerikanischen Juden? Mit Rachegedanken? Ich wollte es mir zuerst nicht eingestehen, aber manchmal stellte ich mir Peter in SS-Uniform vor. In meiner Phantasie litt er meinetwegen so sehr darunter, daß er sich schließlich erhängte. Bei diesem Gedanken empfand ich so etwas wie Gerechtigkeit.

Fast zur selben Zeit, als ich Warren kennenlernte, las ich zufällig Jean-Paul Sartres Essay «Betrachtungen zur Judenfrage», in dem er «die schöne Jüdin» beschreibt. «Die schöne Jüdin» besitzt angeblich eine gänzlich andere sexuelle Ausstrahlung als beispielsweise «die schöne Rumänin», «die schöne Griechin» oder «die schöne Amerikanerin». «Die schöne Jüdin» ist wegen ihres Leidens erotisch viel anziehender, viel interessanter. Sogar in der westlichen Literatur genießt sie einen Ehrenplatz. Offensichtlich geilten sich viele Nichtjuden an dieser Leidensaura auf, häufiger wohl, als ich dachte. Inwieweit Peter «judengeil» war, vermochte ich nicht einzuschätzen. Wenn ich ihn so etwas gefragt hätte, hätte er vermutlich einen Herzinfarkt erlitten.

Während meiner Beziehung zu Peter lief die Bürgerrechtsbewegung, die 1967 ihren Höhepunkt erreichte. Diese Tatsache trug sicherlich dazu bei, unser Verhältnis noch stärker zu verkomplizieren, denn wir Juden erlebten in dieser Zeit einen gewaltigen Selbstbewußtseinsschub. Besonders meine Generation wurde zu richtigen «Super-Juden». Viele Minderheiten forderten zum erstenmal in ihrer Geschichte die Gleichberechtigung und die Beendigung ihrer wirtschaftlichen und gesellschaftlichen Benachteiligung. Indianer, Schwarze, Latinos, Homosexuelle, Frauen und Juden protestierten gegen die Diskriminierung und die Vorherrschaft der weißen angelsächsischen Mehrheit. Der Aufruf «Raus aus dem jahrzehntelangen Versteckspiel» gewann nicht nur für die Homosexuellen an Bedeutung, sondern auch für die Juden. Prominente Persönlichkeiten aus dem Show-Geschäft und dem öffentlichen Leben bekannten sich zu ihrer Herkunft, gaben oft ihre «richtigen» Namen preis. Ich war total verblüfft zu erfahren, daß Bob Dylan Jude war. Ich trug das erstemal offen meinen Davidstern, und es war ein merkwürdiges Gefühl. Einerseits kam ich mir völlig nackt vor, andererseits war ich stolz auf meine Herkunft.

Es ereignete sich auch zu dieser Zeit, daß die Mauern des Schweigens um den Holocaust zu bröckeln begannen. Im Fernsehen wurden jetzt immer häufiger Dokumentarfilme darüber ausgestrahlt. Immer mehr Spielfilme und Romane befaßten sich mit dem Thema. Am Jahrestag des Warschauer Getto-Aufstandes wurde der Times Square, im Zentrum Manhattans, für diesen einen Tag in «Warsaw Ghetto Square» umbenannt, und eine große Kundgebung fand dort statt. Warren und ich fuhren hin, um endlich unsere Geschichte hautnah mitzuerleben. Es war ein warmer Tag, und viele Juden trugen kurzärmlige Hemden, ihre KZ-Nummern waren deutlich zu sehen. Jahrelang hatten sie ihre Nummer versteckt, aus Scham oder Schmerz oder wer weiß warum. Die Nummern wirkten nun auf uns Jüngere wie Orden. Wir mischten uns unter die Menge und lauschten den Gesprächen der Älteren, die erzählten, was sie im KZ durchgemacht hatten. Wir waren stolz auf diese Leute, nicht nur weil sie für ihr Judesein soviel hatten bezahlen müssen, sondern auch weil sie lebendige Symbole dafür waren, daß unser Volk nicht ausgerottet worden war. Dennoch erschreckten mich die «Auschwitz-Augen» mancher Überlebender. Nicht wenige blieben ihr Leben lang gebrochene Menschen, unfähig, anderen zu trauen.

Symptomatisch für diese Zeit war die Bildung des Jüdischen Verteidigungsbundes in Brooklyn durch einen jungen, damals noch unbekannten Rabbi namens Meir Kahane. Der Bund stand politisch rechts, und seine Mitglieder setzten sich zum Teil aus Schlägern zusammen, die für uns ein bißchen freakig aussahen, so wie eine Mischung von orthodoxen Juden und Rockern. Manche trugen lange Bärte, Schläfenlokken, Gebetskäppis sowie Lederjacken, Stiefel und Blue jeans. Sie prügelten Antisemiten (oder vermeintliche) auf der Straße nieder. «Nie wieder!» war ihr Schlachtruf an die Welt.

Es gab jetzt fast jeden Sommer Rassenkrawalle in den Städten, und ein gewalttätiger Antisemitismus brach unter den Schwarzen von New York aus. Obwohl viele Juden in dem Kampf um die Gleichberechtigung der Schwarzen führend gewesen waren, sahen schwarze Rassisten jetzt hauptsächlich Weiße in ihnen, die Hausbesitzer ihrer Bruchbuden oder die Ladeninhaber, die über für Schwarze unerschwingliche

Waren verfügten. Es kam noch hinzu, daß viele Schwarze sehr religiöse Christen sind und glauben, wir Juden hätten ihren Jesus ans Kreuz genagelt. Der Ausdruck «weißer Jude» wurde als Schimpfwort geprägt. Trotzdem hatte ich mit den Schwarzen im allgemeinen Mitgefühl, weil ich wußte, wie schlecht sie in Amerika behandelt wurden. Sie waren unsere Blitzableiter. Wenn es sie nicht gegeben hätte, hätten wir weitaus mehr Diskriminierung abgekriegt. Leider hetzte eine Minderheit gegen die andere, statt sich miteinander zu solidarisieren. Die Überfälle auf Juden durch Schwarze nahmen drastisch zu, und Kahanes Leute boten Schutz. Zudem warfen sie Molotow-Cocktails gegen sowjetische Einrichtungen, um Ausreisegenehmigungen für russische Juden zu erzwingen. Zwangsläufig flammte der Deutschlandhaß wieder auf. Die «Krauts» waren immer noch «Volksfeinde Nr. 1», besonders jetzt, wo so viel über den Holocaust bekannt wurde. Mit Kahanes Truppe wollte niemand Ärger haben. Wer zu sagen wagte, Juden wären feige, bekam von ihnen die Zähne eingeschlagen. Vielleicht hatte das Versteckspiel der Generation unserer Eltern auf meine Generation die Wirkung, daß wir nicht nur selbstbewußter, sondern auch gewalttätiger wurden. Um diese Zeit erreichte der allgemeine Haß unter den Juden einen neuen Höhepunkt. Obwohl ich politisch im andern Lager war, unterstützte ich moralisch den Jüdischen Verteidigungsbund. Nie wieder werden wir Diskriminierung tatenlos schlucken; nie wieder werden unsere Verwandten «Auschwitz-Augen» bekommen müssen. So dachte ich.

Im Juni 1967 wurde Israel von allen Seiten attackiert. Es sah so aus, als ob seine Existenz, anders als bei den Kriegen zuvor, dieses Mal wirklich bedroht war. Diese Bedrohung trieb auch die noch «unauffälligen» Juden aus ihrem Versteck. Zum erstenmal wurde die jüdische Lobby in Washington richtig aktiv, um militärische Unterstützung für Israel zu mobilisieren. Spenden wurden gesammelt, und viele amerikanische Juden erklärten sich bereit, nach Israel zu gehen, um es zu verteidigen. Ein vorher unbekannter Zionismus breitete sich wie ein Feuer aus, sogar unter Leuten, die zuvor ihre jüdische Herkunft strikt geleugnet hatten. Die Stimmung war geprägt von der Vorbereitung auf einen entscheidenden Kampf. Ich weiß nicht, wie meine Eltern darüber dachten, jedenfalls saßen sie starr und mit weißen Gesichtern vor dem Fernseher und warteten auf Nachrichten aus Israel. Auch ich überlegte ernsthaft, in die israelische Armee einzutreten, obwohl ich noch nie eine Waffe in der Hand gehalten hatte. Später erfuhren wir, daß die meisten amerikanischen Juden nicht gekämpft hatten, sondern in der Wirtschaft eingesetzt worden waren, um das Land vor einem ökonomischen Zusammenbruch zu bewahren. Schiffe waren unterwegs, um Freiwillige nach Israel zu bringen; als sie endlich ankamen, war der Sechstagekrieg schon gewonnen. Dieser Sieg versetzte viele von uns in einen Rausch. In den Nachrichten sah man Bilder von israelischen Kampfflugzeugen und marschierenden jüdischen Soldaten. Israelische Panzer rollten an den Pyramiden vorbei. Der Nahe Osten kniete vor dem Davidstern. Israel bewies der ganzen Welt, daß die Juden sich nie wieder abschlachten lassen würden.

Während der Kriegswoche hatte ich kaum Kontakt zu Peter. Er rief ein paarmal an, aber ich erklärte ihm, daß ich jetzt andere Sorgen hätte, als über unsere psychopathische Beziehung nachzudenken. Natürlich war er beleidigt, daß die Existenz Israels für mich wichtiger war als er.

Immer häufiger spielte ich mit der Idee, nach Israel auszuwandern. Die Zionismuswelle riß mich mit. Vorher hatte ich nie viel über Zionismus nachgedacht, wozu auch. Es gab ja einen Judenstaat; er mußte nicht erst gegründet werden. Jetzt dachten nicht wenige amerikanische Juden daran, selbst dorthin auszuwandern. Der Zionismus gab mir Ideale und ein positives Gefühl in bezug auf mein Judesein. In Israel hatte man den Davidstern nie unter dem Hemd tragen müssen. Die Idee, mein Leben in den Dienst meines Volkes zu stellen, schien mir sehr erhaben. Ich hatte das Gefühl, daß ich es den im Holocaust getöteten Juden schuldete, eben weil ich als Jüdin nie richtig hatte leiden müssen. Zudem spielte mein fürchterlich schlechtes Gewissen, mit einem Deutschen befreundet zu sein, auch eine Rolle. In Israel zumindest wäre ich nicht in Versuchung gekommen, mit «judengeilen» Personen in Kontakt zu geraten. Und diejenigen, die nach Israel auswanderten, genossen überdies hohes Ansehen unter den amerikanischen Juden.

Ich wollte nicht Hals über Kopf nach Israel auswandern. Bis zu meinem Bachelor-Abschluß hatte ich noch anderthalb Jahre, und ich steckte emotional immer noch zu tief in der Beziehung mit Peter. Manchmal schmiedeten Peter und ich sogar Zukunftspläne miteinander. Indes dauerte es nie lange, bis wir sie wieder verwarfen. Immer unvorstellbarer wurde mir der Gedanke, in so einer selbstzerstörerischen Beziehung leben zu müssen. Und wo hätten wir gelebt? Unter Juden? Unter Deutschen? Peter fühlte sich durch und durch als Deutscher. Er hatte nie die amerikanische Staatsbürgerschaft angenommen, weil er seine «Identität als Deutscher» nicht verlieren wollte. Egal wo wir gelebt hätten, einer von uns hätte sich immer gesellschaftlich ausgestoßen gefühlt. Wie mußten sich dann erst Kinder in so einer Beziehung fühlen?

Wenn Israel meine neue Heimat werden sollte, mußte ich mehr über das Land wissen. Ich begann über die neuere Geschichte Israels nachzulesen. Daß die Palästinenser vorher dort gewohnt hatten und das Land bei der Staatsgründung Israels hatten räumen müssen, überraschte mich gänzlich. Ich hatte in der Illusion gelebt, daß das Land unbesiedelt gewesen war, so wie der Zionistenvater Theodor Herzl im 19. Jahrhundert geschrieben hatte: Ein Land ohne Volk für ein Volk ohne Land. Wir haben also ein anderes Volk vertrieben, oder? Bis dahin war ich, wie fast alle meine Bekannten, Israel gegenüber völlig kritiklos gewesen. Ganz schnell verdrängte ich jedoch diese Tatsache, ich wollte sie nicht wahrhaben. Wir Juden waren schließlich – historisch gesehen – die Opfer. Wie konnten wir da plötzlich Täter werden?

Ich schwankte hin und her, ob ich nach meinem Abschluß wirklich nach Israel auswandern sollte. Jedesmal, wenn ich an diese «Auschwitz-Augen» dachte, fühlte ich mich moralisch dazu verpflichtet. Zufällig erfuhr ich durch eine Bekannte von einem Vorbereitungskibbuz einer zionistischen Organisation namens Hechaluz in der Nähe von Princeton, New Jersey. In den Sommerferien 1968 fuhr ich hin, um mich der Gruppe anzuschließen. Der Kibbuz lag versteckt in einer ländlichen Gegend. Es war der ehemalige Bauernhof Albert Einsteins.

Nach langem Suchen fand ich ihn endlich. Ich lenkte mein Auto über den staubigen Weg zum Haus und parkte davor. Es war Mittagszeit, und eine Frau saß draußen auf der Treppe. Ich stieg aus meinem VW-Käfer aus und begrüßte sie. Sie sagte kein Wort, sondern warf mir haßerfüllte Blicke zu. Obwohl ich die Situation nicht zu deuten vermochte, fragte ich sie, wer und wo der Leiter sei. Ohne ein Wort zu erwidern, zeigte sie mit dem Finger in Richtung Haus. Der Leiter, der, wie ich später erfuhr, sehr ungerne seine Zeit hier verbrachte, war ein ehemaliger Offizier der israelischen Armee. Als ich ihm von meinem eventuellen Vorhaben, nach Israel auszuwandern, erzählte, warnte er mich, daß man einen dort nicht mit offenen Armen empfangen werde. Diese Mitteilung überraschte mich zutiefst, denn es hieß immer, Israel will, daß wir alle «zurückkehren». Warum freuten sich die Israelis nicht, wenn die Zuwanderer herbeiströmten?

Bevor er mir die anderen Kibbuzniks vorstellte, es waren ungefähr 15, fragte er mich nach meinem hebräischen Namen. Zipporah heiße ich, nach meiner Urgroßmutter. Jedoch hatte mich nie jemand so genannt, und der Name steht auch in keinem meiner Papiere. Hier benutzten alle ihre hebräischen Namen, und ich mußte mich daran gewöhnen, daß mit Zipporah ich gemeint war. Eine Frau zeigte mir, wo ich schlafen konnte; in einem Zimmer mit drei Frauen war noch ein Bett frei. Am Nachmittag nahmen mich zwei Leute zum Eiersammeln in den Hühnerstall mit. Ich hatte noch nie landwirtschaftlich gearbeitet. Wie die meisten Juden war ich ein ausgeprägter Stadtmensch. Auf diesen Teil des «modernen» Judeseins war ich ganz und gar nicht vorbereitet. Einer der Männer gab mir ein Paar viel zu große Gummistiefel und einen Eimer. Wir marschierten zu dritt in den riesigen Stall, der schon von weitem fürchterlich stank. Kaum war ich eingetreten, rutschte ich in dem knöcheltiefen Hühnermist aus und landete fast mit dem Gesicht darin. Wir arbeiteten ein paar Stunden dort. Die anderen unterhielten sich auf hebräisch; sie waren überrascht, daß ich kein Wort Hebräisch konnte. Wozu denn auch? Jiddisch galt für mich immer als die Sprache der Juden. «Das ist die Getto-Sprache», hieß es abwertend.

«Es ist aber auch die Muttersprache meiner Familie», verteidigte ich mich.

Beim Abendessen wurde mir leicht übel, weil ich immer noch diesen Gestank von Hühnermist in der Nase hatte. Nach dem Essen saßen wir im Gemeinschaftsraum, und allerlei Probleme und Themen wurden diskutiert. Die Frau, die mich mit Haßblicken empfangen hatte, saß mir direkt gegenüber. «Warum fährst du ein deutsches Auto?» fragte sie mich unvermittelt. Also, das ist es, dachte ich.

«Weil die Deutschen Autos in meiner Größe bauen», scherzte ich, obwohl die Atmosphäre gespannt war. Alle sahen mich boshaft an, als ob ich Verrat an meinem Volk begangen hätte. Viele Juden boykottierten seit der Nazizeit deutsche Produkte, sogar deutsche Kunst, aber so etwas kannte ich von zu Hause nicht. Meine erste Schallplatte, die mein Vater mir als Kind geschenkt hatte, war die «Kindersymphonie» (damals noch Joseph Haydn zugeschrieben). Mein Vater liebt die Musik Beethovens, Bachs, Mozarts, ja sogar die des antisemitischen Wagners. Warum sollte ich kein deutsches Auto fahren, wenn es mir gefällt und es dazu noch besser gebaut ist als die amerikanischen Wagen?

Wenn sie geahnt hätten, daß ich mit einem Deutschen befreundet war, hätten sie mich vermutlich auf der Stelle erschlagen. «Habe ich vergessen, euch mitzuteilen, daß auch ich zufällig Jüdin bin?» antwortete ich im gleichen Ton wie die anderen.

«Warum kaufst du dann deutsche Waren? Du unterstützt damit die Wirtschaft, die das Dritte Reich ermöglicht hat», erwiderte ein Kibbuznik.

Ich vermochte meine eigenen Widersprüche nicht zu erklären. «Es gibt leider Juden», fuhr ein anderer fort, «die sich selbst hassen und schlimme Antisemiten sind. Sie sind dem schwierigen Leben eines Juden nicht gewachsen.»

«Ich bin aber kein Antisemit», verteidigte ich mich, «und ich hasse die Deutschen genauso wie ihr.»

«Wie denn?»

Ich vermochte nichts Konkretes zu erwidern. Mein Haß drückte sich halt anders aus. Und ich haßte solche Art von Diskussionen. Es ist, als wenn jemand zu einem sagt: «Du bist dumm. Beweise das Gegenteil.» Wie sollte ich beweisen, daß ich kein Antisemit bin? Angesichts der Borniertheit und Vorurteile mancher Anwesender kam mir die Befürchtung, daß wir vielleicht doch nicht so viel anders sind als unsere Feinde. Waren unsere Vorurteile berechtigter als die von anderen?

Das Vorbereitungsprogramm für den Kibbuz hielt ich körperlich und psychisch nicht lange durch. Um eine überzeugte Zionistin zu sein, mußte ich zuerst die Vergangenheit der Juden bewältigen und meine widersprüchlichen Gefühle aufarbeiten, bevor ich die Zukunft klarer sehen konnte. Warum ließen Deutschland und der Holocaust mich nicht los? Ich mußte unbedingt herausfinden, weshalb diese Verfolgung geschehen war, und die Aura des Bösen um die Deutschen herum durchbrechen. Also fing ich wieder an, mich monatelang in Büchern über das Dritte Reich zu vergraben. Und die alte Kluft zwischen Gefühlen und Verstand tat sich wieder auf. Warum kann ich diese wirtschaftliche und gesellschaftliche Situation im Deutschland der dreißiger Jahre verstehen, aber dennoch nicht aufhören, dieses Volk zu hassen? Warum reguliert mein Verstand meine Gefühle nicht?

Im Herbst 1968 wanderte die Gruppe, in der ich gewesen war, nach Israel aus. Ich saß wieder im Unterricht auf dem College und stand kurz vor dem Bachelor-Abschluß. Trotzdem hatte ich das Gefühl, versagt zu haben. Innerlich hatte ich mich von Peter ziemlich gelöst. Jedesmal, wenn ich ihn jetzt traf, fühlte ich mich mehr denn je wie eine Verräterin.

Statt mit den anderen in Israel zu sein, war ich mit einem «Kraut» zusammen. Er fing jedoch an, sich an mich zu klammern, und überschüttete mich mit Zukunftsplänen. Aber für mich war die Beziehung beendet. Bei unserem letzten Gespräch saß er vor mir, den Tränen nahe, und wollte mich unbedingt heiraten. Garstig wie ich bin, fertigte ich ihn ab: «Du bist ja sowieso zu feige, dich beschneiden zu lassen, um in einer Synagoge heiraten zu können.»

Nicht nur wollte ich Peter nicht mehr sehen, sondern auch das gesamte Gebiet um New York City, die sogenannte «Greater New York Area». Also bewarb ich mich zur Erlangung eines Magister-Grades bei den Universitäten, die möglichst weit weg waren. Die renommierte «University of North Carolina at Chapel Hill» nahm mich für das Wintersemester 1969/70 auf.

In den Sommerferien 1969, vor meiner Übersiedlung in die Südstaaten, wollte ich unbedingt Deutschland besuchen. Aus einem inneren Zwang heraus mußte ich hinter das Geheimnis des Dritten Reiches kommen. Und das ging meiner Meinung nach nur an Ort und Stelle. Es gibt eine Art Baumaffen, die nicht wegrennen, wenn der Feind kommt, sondern die Eltern zwingen ihre Kinder, ihn aus der Nähe anzuschauen, damit sie in Zukunft wissen, daß sie bei seinem Erscheinen in Gefahr sind. Unsere Eltern hielten den Feind vor uns verborgen, und nun mußte ich alleine herausfinden, was seine Merkmale sind.

Meine Eltern konnten nicht verstehen, warum ich unbedingt nach Europa fahren wollte, und ausgerechnet nach Deutschland. «Warum versuchst du dein Leben so schwierig wie möglich zu gestalten?» fragte mein Vater.

«Ich möchte was von der Welt sehen. Ich war nie weiter als 70 Kilometer weg von New York. Reisen gehört zur Bildung», antwortete ich.

«Mein Geld gehört zu deiner Bildung. Kauf dir Bildbände», sagte er.

«Es ist nicht dasselbe», antwortete ich. Nach einigem Widerstand gaben meine Eltern dann doch nach.

Die Lufthansa vermittelte über die amerikanischen Universitäten Arbeitsstellen in Deutschland, und ich dachte, es sei eine gute Idee, drüben zu arbeiten. Wenn ich nur als Touristin ziellos durch die Gegend zog, würde ich die Deutschen nicht richtig kennenlernen, höchstens andere amerikanische Touristen, und das war nicht das Ziel meiner «Mission». Ich bekam von der Vermittlung die Adresse eines Hotels in einem kleinen Dorf in der Nähe von Koblenz, das eine Aushilfe für den Sommer brauchte. Ich hatte vor, ungefähr sechs Wochen zu bleiben und anschließend einige Wochen in Israel zu verbringen, um mich vom Deutschlandstreß zu erholen.

In New York erhielt ich ohne Schwierigkeiten das Flugticket nach Israel, gültig ab Amsterdam. Nur – der Rückflug fehlte. Es wurde mir im Reisebüro gesagt, daß El Al die Flugzeuge benötige, um Ostjuden von Wien nach Israel zu transportieren. Der Grund dafür war, daß seit 1968 in Polen der Antisemitismus abermals aufgeflammt war und Juden von dort nach Österreich flüchteten. Über diese Nachricht war ich so verblüfft, daß ich sogar meinen Eltern davon erzählte. «Es gibt in Polen wieder Pogrome!» sagte ich.

«Ich weiß», erwiderte mein Vater, «glaubst du, der Antisemitismus sei über Nacht verschwunden?»

«Vielleicht solltest du zu Hause bleiben», jammerte meine Mutter.

«Ich fahre nicht nach Polen», antwortete ich.

«Glaubst du etwa, Deutschland ist anders?» fragte sie mich.

Ich blieb jedoch bei meinem Entschluß. Bei der augenblicklichen Flugzeugknappheit der El Al mußte ich versuchen, mir irgendwie einen Rückflug von Israel zu sichern, wenn ich in Amsterdam war.

Am Kennedy-Flughafen verabschiedeten sich meine Eltern von mir. «Benimm dich», mahnte mein Vater. «Du bist dort nur ein Gast. Sei unauffällig.»

«Vergiß nicht, richtig zu essen, und nasche nicht zu viele Süßigkeiten», gab mir meine Mutter mit auf den Weg.

«Vielleicht solltest du jede Woche anrufen», sagte mein Vater.

«Ich bleibe insgesamt nur acht Wochen weg, ich werde es schon überstehen», erwiderte ich. Sie hatten so eine panische Angst, daß mir etwas zustoßen könnte, daß sie mir Reiseschecks im Wert von 4000 Dollar als Taschengeld mitgaben (damals 12000 DM).

Im Flugzeug hatten die meisten jungen Leute das Gefühl, von ihren jüdischen Müttern «befreit» zu sein. Es war ein Studenten-Charter-Flug, und wir kamen fast alle aus dem New Yorker Gebiet und waren zum ersten Mal richtig von zu Hause weg. Der Flug über den Atlantik dauerte ungefähr acht Stunden. Es war Nacht, aber niemand schlief. Wir rannten herum, quetschten uns durch die engen Gänge, lernten einander kennen und tauschten Reisepläne aus. Viele wollten nach Rom oder Venedig. Der Name Deutschland fiel nur einmal. Jemand erwähnte die Absicht, Dachau zu besichtigen. «Ich habe gehört, daß man Eintritt bezahlen muß», sagte einer. Eine Woge der Empörung wallte auf, bis sich jemand, der schon dort gewesen war, zu Wort meldete und die Behauptung als Gerücht dementierte. Die Diskussion über «dieses Land» war damit beendet. Mein Reiseziel behielt ich lieber für mich. «Ich will einfach herumfahren, überall hin, wie ich gerade Lust habe», sagte ich.

Wir landeten in Amsterdam, wo ich einige Tage blieb, um mir ein Rückflugticket von Israel nach New York zu sichern. Ich wurde immer wieder mit «Rufen Sie uns bitte morgen wieder an» vertröstet. Dann hatte ich keine Lust mehr, meinen Urlaub mit Warten in Amsterdam zu verbringen. Die

Zeit war zu knapp, und ich wollte unbedingt nach Deutschland. So gab ich mein Hinflugticket nach Israel zurück und bestieg am nächsten Morgen den ersten Zug in die Bundesrepublik.

Der Zug erreichte die holländisch-deutsche Grenze, hielt kurz an und rollte dann weiter nach Deutschland. Mein Herz sank tief in meinen Magen, und dieser zuckte scharf und schmerzhaft zusammen; mein ganzes Nervensystem vibrierte. Jetzt befand ich mich wirklich in der Diaspora. Ich kannte absolut niemanden in der Bundesrepublik. Zum ersten Mal in meinem Leben fühlte ich mich richtig jüdisch. Ich versuchte mir vorzustellen, wie es gewesen war, flüchten zu müssen und nirgendwo aufgenommen zu werden. Ein Schüttelfrost überkam mich, und ich griff nach meinen US-Reiseschecks, meiner «Freiheit», um zu kontrollieren, ob sie noch da waren. Ich dachte nur: Warum tue ich mir so etwas an? Dann riß ein Kontrolleur die Tür zum Abteil auf und sagte: «Paßkontrolle».

Bis Münster saß ich alleine. Dann setzte sich eine Studentin zu mir ins Abteil. Sie sah aus wie eine Bilderbuchdeutsche – blondes Haar, blaue Augen, groß und schlank. Ihr Aussehen entsprach völlig meinen Erwartungen. Ich konnte meine Abneigung kaum verbergen und schaute die ganze Zeit stur aus dem Fenster. Ich überlegte, ob ich in ein anderes Abteil wechseln sollte. Aber warum sollte ich? Ich war schließlich zuerst hiergewesen, und vermutlich saßen im ganzen Zug solche Germanen. Ich beruhigte mich mit dem Gedanken, daß ich doch freiwillig hierher gekommen war. Und ich konnte jederzeit wieder abfahren. Die Studentin las ein Buch. Nach einiger Zeit packte sie eine Tafel Schokolade aus und bot mir ganz spontan davon an. Mißtrauisch nahm ich ein Stück. In New York würde niemand einem Fremden etwas anbieten, es sei denn, es steckte etwas dahinter. Diese Frau schien mir indessen freundlich gesonnen zu sein, und sie erzählte arglos von ihrem Studium. Während sie redete, fragte ich mich, ob man es mir ansah, daß ich Jüdin bin. Sollte ich die Tatsache in Deutschland überhaupt preisgeben? Ich schämte mich, daß ich so etwas dachte. Hatte ich das Versteckspiel nicht in den USA lang genug mitgemacht? Trotzdem entschloß ich mich, vorsichtig zu sein.

Als wir durch das Ruhrgebiet fuhren, erstaunte es mich, daß alles wieder aufgebaut war. Keine Ruinen, kein Schutt und keine Asche. Meine Vorstellung von der Bundesrepublik entsprach offensichtlich noch den Bildern der Nachkriegszeit. Auf eine moderne Bundesrepublik war ich nicht gefaßt gewesen.

Wir erreichten den Koblenzer Hauptbahnhof. Ich ging durch die Halle, trat aus dem Ausgang heraus und starrte die Straßen und die Leute an. Mein Gott, wie zivilisiert alles war. Keine Soldaten, kein Stacheldraht, überhaupt keine äußeren Zeichen von Faschismus. Wie erkenne ich nur den Feind? Die Affenkinder hatten es da leichter. Ihr Feind hatte ganz offensichtliche äußere Merkmale. Und bei uns? Blondes Haar und blaue Augen? Das gab es auch in vielen anderen Völkern. Die Sprache? Es gab ja auch Juden, die Deutsch sprachen.

Als ich durch die Straßen spazierte, staunte ich immer wieder darüber, daß die Geschäfte voller Waren waren und die Passanten nicht viel anders gekleidet als wir in Amerika. Zwar waren die Modefarben ein bißchen anders, aber sonst glich sich vieles. Genauso schick wie in den USA, keine Mode aus den fünfziger Jahren oder gar Lumpen. Wo war die Armut, die ich erwartet hatte? Aber so war es für mich natürlich besser. Diese Löwen waren zumindest gesättigt, nicht hungrig wie in der Zeit vor dem Faschismus.

Plötzlich hörte ich ein Martinshorn. Zum ersten Mal erschrak ich, weil ich diese Art Sirene nur aus dem Film «Das Tagebuch der Anne Frank» kannte. Es ertönte dort, als die Gestapo kam, um die Versteckten abzuholen. Mein Horror dauerte jedoch nur einige Sekunden, denn das heulende Polizeiauto, das an mir vorbeiraste, war nur ein VW-Käfer. Ich konnte es kaum glauben. Ein VW-Käfer als Polizeiauto! Wie wollen die denn damit Verbrecher fangen?

Ich setzte mich an einen Tisch vor einer Pizzeria. Am Nebentisch aßen Menschen Pizza mit Messer und Gabel! In den

USA aßen wir so etwas immer mit den Fingern. Ich muß sie angestarrt haben, denn sie drehten sich um und starrten zurück. Ich bestellte mir eine Pizza und eine Cola. Nachdem ich einen Schluck von der Cola genommen hatte, verdrehte ich die Augen. Sie war warm. Als der Kellner die Pizza brachte, beschwerte ich mich über die warme Cola. «Sie ist nicht warm. Sie hat Zimmertemperatur», belehrte er mich.

«Ich möchte Eis drin», sagte ich.

«Eis?» fragte er.

«Ja, Eis», antwortete ich.

«Was für Eis?»

«Ganz normales Eis», antwortete ich. War das so schwer zu verstehen? Er nahm mein Glas, und wenig später kam er zurück. Ohne ein Wort zu sagen, stellte er ein Glas Cola vor mich hin, in dem eine weiße Kugel schwamm. «Was ist das?» fragte ich.

«Sie wollten Eis drin haben», antwortete er und ging weg. Ich nahm einen Schluck und merkte, daß es Vanilleeis war. Die Leute vom Nebentisch mußten das mitbekommen haben, weil der eine mich aufklärte: «Mit Eis ist Eiskrem gemeint. Sie müssen nach Eiswürfeln fragen. Aber das haben die meisten sowieso nicht, weil es hier nicht üblich ist, Getränke so kalt zu trinken.» Als meine Pizza endlich serviert wurde, schnitt ich sie in Viertel und aß sie mit den Fingern. Ich wäre mir blöd vorgekommen, eine Pizza mit Besteck zu essen.

Langsam machte ich mich auf den Weg zum Hotel. Es dauerte Stunden, bis ich das Dörfchen erreichte. Ich mußte mehrmals den Bus wechseln. Dennoch lief hier im öffentlichen Verkehrssystem alles so glatt und pünktlich. In den USA, wo fast jeder ein Auto besitzt, sind Busse und Bahnen unzuverlässig, wenn sie überhaupt funktionieren. Für den Fahrplan hierzulande muß man eine Uhr mit einem Sekundenzeiger haben.

Endlich war ich am Ziel. Durch das Dorf lief lediglich eine schmale Straße; es gab mehrere uralte Häuser und eine mittelalterliche Burg auf dem Berg. Als ich meinen Koffer durch die Straße schleppte, begrüßten mich einige Dorfbewohner. Ich schaute sie verdutzt an, grüßte aber nicht zurück. Wie kommen wildfremde Menschen dazu, mich zu grüßen? Sie kennen mich doch gar nicht! Was wollen diese Nazis von mir? Irgendwie war ich doch ein bißchen erleichtert, denn offensichtlich sah man mir nicht an, daß ich Jüdin bin. Ansonsten hätten diese Leute mich vermutlich bespuckt, statt begrüßt.

Das Hotel, ein Familienbetrieb, war leicht zu finden. Ich stellte mich dem Hotelbesitzer und seiner Frau vor. Sie waren beide so Mitte dreißig und dunkelhaarig. Ich war ein bißchen enttäuscht von ihrem Aussehen, weil ich «richtig» aussehende Deutsche um mich haben wollte, um das Gefühl zu haben, daß ich wirklich in Deutschland war. So wie sie aussahen, hätten sie genausogut aus Trenton, New Jersey, sein können. Die Frau zeigte mir mein Zimmer, und am folgenden Tag konnte ich mit der Arbeit anfangen.

In dem Zimmer hatte ich ein Waschbecken, aber es gab keine Seife. In Amerika erhält man in den Hotels immer kleine Seifenstücke, und darauf hatte ich mich verlassen. Aber es war nirgendwo eins zu finden. Zudem kam nur kaltes Wasser aus dem Hahn. Ich ging zu dem Duschraum. Auch dort gab es keine Seife, aber wenigstens heißes Wasser. Immerhin war alles modern eingerichtet. Ich hatte irgendwie Toiletten draußen im Gebüsch erwartet, nicht ganz neue Wasserklosetts. Sogar eine Waschmaschine gab es. Ich fühlte mich von der US-Propaganda in die Irre geführt. Wieso wurde uns immer erzählt, daß nur wir den höchsten Lebensstandard der Welt haben?

Erschöpft von der Reise und erschlagen von so vielen neuen Eindrücken, legte ich mich früh ins Bett. Ich hätte natürlich hinuntergehen können, es gab eine Kneipe und ein Restaurant, aber es war mir zu mühsam, mich mit Leuten in einer fremden Sprache zu unterhalten.

Am nächsten Morgen nach dem Frühstück sagte mir die Chefin, was ich zu tun hatte. Sie war für den Hotelbereich zuständig, ihr Mann für die Gaststätte und das Büro. Es dauerte nicht lange, bis ich merkte, wie gespannt die allgemeine

Atmosphäre war. Der Besitzer duckte vor seiner Frau, trat aber dafür dementsprechend nach unten. Die Chefin behandelte ihn und alle anderen wie ihre Untertanen. Einen freien Tag oder ein paar freie Stunden bekamen wir nur sporadisch und ohne Ankündigung, so daß man keine Ausflüge im voraus planen konnte. Sie konnte völlig über uns verfügen. Natürlich gibt es so etwas überall auf der Welt, aber ich betrachtete das als typisch deutsch. Ich ließ mich von der Chefin nicht einschüchtern, weil ich sie nicht ernst nahm. Wie kam diese «Kraut» dazu, mich herumzukommandieren? Ich verhielt mich ihr gegenüber hochnäsig und arrogant, sie wiederum suchte Anlässe, mich kleinzukriegen. Einmal befahl sie mir, in der Herrentoilette Erbrochenes aufzuwischen. «Nein, das mache ich nicht», antwortete ich, «machen Sie es selbst.»

«Ich schmeiße Sie raus!» drohte sie mir.

«Dann schmeißen Sie mich eben raus», antwortete ich. Ich soll deutsche Kotze wegmachen, dachte ich wütend und angeekelt. Sie sagte nichts weiter, sondern stapfte mit knallrotem Kopf davon. Wenig später bemerkte ich, wie eine der türkischen Gastarbeiterinnen mit Eimer und Wischlappen in die Herrentoilette ging. Ich bekam ein schlechtes Gewissen, weil ich das nicht gewollt hatte. Die Chefin hätte es auf den Knien selbst machen sollen.

Jeden Morgen lief ich von Zimmer zu Zimmer und putzte nach Vorschrift. Offensichtlich hatte die Chefin eines Tages die Zimmer hinterher überprüft, weil sie abermals mit einem knallroten Gesicht zu mir kam. «Die Betten sehen aus, als ob jemand zwei Wochen drin geschlafen hätte!» schrie sie mich an. «Haben Sie nie vorher den Haushalt gemacht?»

«Nein», erwiderte ich. Ich hatte tatsächlich nie in meinem Leben geputzt. Meine Eltern vertraten immer die Ansicht, wir sollten unsere Zeit besser mit Lernen verbringen, Putzen wäre Zeitverschwendung, weil das jeder konnte, dafür konnte man immer jemanden einstellen.

Die Barfrau des Hauses kam gerade vorbei, bevor ich noch etwas Sarkastisches sagen konnte, guckte sich die Betten an und grinste. «Ich zeige es ihr», bot sie der Hotelbesitzerin an.

Sie ging mit mir in jedes Zimmer und demonstrierte, wie man diese schweren Federbetten glattschüttelt. Ich hatte solche Decken vorher noch nie gesehen. In Amerika kannte ich nur Steppdecken. Daß man mit vollen Händen die Türklinken mit den Ellenbogen runterdrücken konnte, empfand ich allerdings als sehr praktisch. In Amerika, wo die Türöffner rund sind, muß man erst alles fallen lassen, bevor man die Tür öffnen kann.

Die Barfrau und ich wohnten im Hotel nebeneinander. Wir waren fast gleichaltrig und wurden mit der Zeit gute Bekannte. Anfänglich ging die Initiative von ihr aus. Ich war damals zu mißtrauisch, um irgendwelche Deutschen näher an mich heranzulassen. Ich hatte es jedoch als rührend empfunden, wie sie mir beim Bettenmachen geholfen hatte. Wie ich später erfuhr, hatte sie befürchtet, ich sei auf diese Stelle angewiesen und könnte gefeuert werden. Ich hatte zwar gelernt, daß ich das Mitgefühl anderer schätzen muß, weil das nicht selbstverständlich ist. Aber daß dies von einer Deutschen kam, noch dazu von einer, die ich kaum kannte, machte mich doch sehr mißtrauisch. Was steckte dahinter? Sie fand mich vermutlich exotisch. Sie stammte aus einer Kleinstadt in Nordrhein-Westfalen, hatte nach der Hauptschule nichts Richtiges gelernt und arbeitete in Kneipen als Serviererin und Bardame.

Nachts nach der Arbeit kam sie zum Quatschen rüber. Sie war es, die mir zeigte, daß mein Waschbecken sehr wohl heißes Wasser hatte. Es gab einen kleinen Boiler darunter, den man erst anstellen mußte. Komisch, bei uns zu Hause kam das heiße Wasser immer so aus der Wand. Sie berichtete von den neuesten Intrigen im Hotel und im Dorf. Das Leben dort war wie in einem Aquarium, jeder wußte alles über jeden. Und manchmal noch mehr. Der Alltagsklatsch war der gleiche wie überall in der Welt: Soundso geht fremd, die unverheiratete Nachbarstochter erwartet ein Baby und so weiter. Warum verlief das Leben hierzulande so stinknormal? Lebte ich zu sehr in der Vergangenheit und nicht genug in der Gegenwart? Jedesmal, wenn ich durch die Straßen lief, versuchte ich mir vorzustellen, wie das Dorfleben im Dritten Reich abgelaufen war. Juden hatte es hier wahrscheinlich nicht gegeben. Vermutlich hatten diese Leute nie persönlich Juden gekannt, sie nur pflichtgemäß gehaßt.

Meine Kollegin erklärte mir die Sitten und Gepflogenheiten hierzulande, so zum Beispiel, daß man sich im Dorf grüßte, unabhängig davon, ob man sich nun kannte oder nicht. «Man beschwert sich schon im Dorf, daß du niemanden grüßt», sagte sie. Ich konnte mich jedoch während meines ganzen Aufenthaltes nicht überwinden, Unbekannte, noch dazu Deutsche, zu grüßen. Diese Geste ist für mich weit mehr als eine bloße Floskel, sie ist die Anerkennung der Existenz der anderen. Ich konnte den Mördern meines Volkes nicht «Guten Tag» wünschen. Hätten sie mich drei Jahrzehnte zuvor gegrüßt?

Im Hotel betrachteten mich alle als Amerikanerin, als «Ami», was ich als befremdend empfand. In den USA identifizierte man sich mit seiner ethnischen Herkunft. Die Leute mit italienischen Vorfahren sagten, sie seien Italiener, obwohl sie das Land ihrer Vorfahren in ihrem Leben nie gesehen hatten. Das gleiche galt für die anderen Minderheiten und Nationalitäten. Wir waren natürlich die Juden. Die einzigen, die das «Privileg» genossen, sich als Amerikaner zu bezeichnen, waren die «Wasps», die «weißen, angelsächsischen Protestanten», die sich seit je für etwas Besseres hielten. Es ging mir gegen den Strich, mit ihnen in einen Topf geworfen zu werden, zumal es jetzt in den USA in war, zu einer unterdrückten Minderheit zu gehören. Aber um nicht aufzufallen, schluckte ich nur leer, wenn ich als «Ami» angesehen wurde.

Wenn ich mit meiner Kollegin in die Diskotheken der Umgebung ging, war die Mehrzahl der Jugendlichen dort erstaunlich amerikanisiert. Nicht nur kam fast alle Musik aus den USA, sondern manche der jungen Leute trugen Hemden mit der US-Flagge drauf oder sogar mit dem Namen irgendeiner amerikanischen Universität. Ich war so verwirrt, daß ich einen Jungen fragte, ob er diese Uni besucht hätte. Er schaute mich verdutzt an und fragte: «Nee, wieso?» Er hatte das Hemd in einem ganz normalen Koblenzer Geschäft gekauft, war nie in seinem Leben in Amerika gewesen. Ich empfand diesen extremen amerikanischen Einfluß als befremdend. Natürlich wäre mir ein Nationalismus wie im Dritten Reich zuwider gewesen, aber sich derart einer sogenannten Weltmacht anzupassen, zeigte in meinen Augen, wie stark das Obrigkeitsdenken in diesem Land war.

Eines Abends fragte mich die Barfrau irgend etwas über den Wilden Westen der USA. «Woher soll ich das wissen? Amerika ist riesig groß, und ich kenne nur New York. Und diese Stadt ist in jeder Hinsicht eine Ausnahme», sagte ich. Dann erzählte ich ihr, daß ich Jüdin bin. Sie reagierte nicht. Hatte sie mich nicht verstanden? Ich hätte genausogut sagen können, ich sei Indianerin. Es irritierte mich, daß sie nicht schockiert war oder wenigstens verunsichert.

«Überrascht es dich nicht?» wollte ich unbedingt wissen.

«Nee», antwortete sie teilnahmslos. Ich ließ das Thema fallen, weil ich mit dieser Art Gleichgültigkeit nicht umzugehen vermochte. Wie konnte sie so tun, als ob in diesem Land nichts mit den Juden geschehen war? Ich bereute, daß ich ihr meine Identität preisgegeben hatte. Ich bildete mir ein, daß sie mich nun mit anderen, vorurteilsvollen Augen sähe. Jetzt wird sie wohl genau hinschauen, wie ich mit Geld umgehe, wieviel Trinkgeld ich gebe, ob ich versuche, Leute finanziell zu übervorteilen. Ich fühlte mich unter Druck gesetzt, diese uralten Vorurteile widerlegen zu müssen. Als Reaktion fühlte ich mich verpflichtet, sie in der folgenden Woche mehrmals zum Essen einzuladen, um zu zeigen, daß Juden nicht geizig sind.

Mitte Juli kam die Kirmes in die Gegend, das war so etwas wie der Höhepunkt des Sommers hier. Alle freuten sich darauf. Ich hatte eigentlich etwas Spektakuläres erwartet. Meine Kollegin und ich gingen gemeinsam hin. Kaum waren wir da, traf sie zufällig einige Bekannte vor dem Bierzelt, und sie luden uns ein. Ich lehnte ab, zum einen, weil ich keinen Alkohol mag, und zum anderen, weil ich es nicht mag, wenn wildfremde Menschen für mich bezahlen. Der eine Bekannte bestellte trotzdem ein Bier für mich. Meine Kollegin plauderte mit den Leuten, deren Dialekt ich kaum verstand. Sie schienen aus der Landwirtschaft zu sein und redeten irgend etwas über Erdäpfel, und nach einer Weile merkte ich, daß sie wohl Kartoffeln meinten. Es wurde noch eine Runde bestellt, ich lehnte wieder ab: das erste Bierglas stand noch unberührt vor mir. Die Zeit verging, und die Runden kamen in immer kürzeren Abständen, jedes Mal ohne mich. Ich langweilte mich und wollte gerade aufstehen, um mir die Kirmes anzuschauen, als meine Kollegin zu mir sagte: «Jetzt bist du dran, eine Runde zu zahlen.»

«Wieso? Ihr trinkt ja hier, ich nicht», erwiderte ich.

«Sei nicht so geizig und gib eine Runde aus», sagte sie.

Die anderen schauten erwartungsvoll. Mein Gesicht mußte sich vor Wut verzerrt haben, als ich das Stichwort «geizig» hörte, und ich fauchte sie vor allen an: «Geizig, aha! Das mußte kommen, es paßt ja genau zu deinen Vorurteilen.» Dann stand ich auf und verließ das Zelt.

Diese Nazis, dachte ich mir, während ich vor Zorn zitternd an den Schaubuden vorbeilief. Plötzlich stand ich vor den Autoskootern. Ich beobachtete, wie die Menschen in den Skootern wild durch die Gegend fuhren und es darauf anlegten, die anderen kräftig zu rammen. In den USA war es Vorschrift, nur in eine Richtung zu fahren und andere Wagen nur anzutippen. Ich entschied mich, einzusteigen und Dampf abzulassen. Aber je mehr ich herumkurvte, desto aggressiver wurde ich. Kreuz und quer raste ich, um eine Karambolage nach der anderen zu verursachen. Vor mir sah ich lediglich deutsche «Zielscheiben». Scheißland, dachte ich bei mir. Geizig, weil ich kein Bier für die Besoffenen spendiere! Ich entscheide, wie und für wen ich mein Geld ausgebe! Während meine Kollegin sich noch im Bierzelt amüsierte, ging ich zurück ins Hotel. Ich lief durch die Dorfstraßen und überlegte, was wohl vor dreißig Jahren aus dieser Szene geworden wäre.

Spät in der Nacht klopfte meine Kollegin bei mir an, aber ich machte nicht auf. Vielleicht bin ich zu empfindlich, ging es mir durch den Kopf, vielleicht hat sie es gar nicht so gemeint. Doch, sie hat es sicherlich so gemeint. Obwohl sie nochmals klopfte, machte ich meine Tür nicht auf.

Am nächsten Tag war sie ganz freundlich zu mir, so als wäre nichts geschehen. Ich jedoch war mißtrauischer denn je. Diese Deutschen werden versuchen, mich reinzulegen, wenn sie Gelegenheit dazu bekommen. Ich mußte also höllisch aufpassen. Dennoch hat meine Kollegin danach nie versucht, etwas «Krummes» mit mir anzustellen, im Gegenteil. Sie war sehr großzügig, schenkte mir Bücher, einen schönen Bierkrug und lud mich sogar ein, mit ihr eine Tante in Bingen zu besuchen. Auf dem Weg dorthin sprach sie über diesen Kirmesabend. «Ich verstehe deine Reaktion nicht», sagte sie.

«Du hast mich geizig genannt, weil du es von mir als Jüdin erwartest», sagte ich.

«Du spinnst. Alle haben Runden ausgegeben, nur du nicht.»

«Alle wollten trinken, nur ich nicht. Warum hat mir niemand eine Tafel Schokolade spendiert? Die hätte ich angenommen.»

«Es ist hier in Deutschland nicht üblich, daß man Schokolade ‹ausgibt›.»

«Ist es hier aber üblich, anderen Menschen vorzuschreiben, wofür sie ihr Geld auszugeben haben?» Sie antwortete nicht. «Wenn ich Leuten was spendiere», sagte ich weiter, «dann tue ich es, weil sie mir als Menschen etwas bedeuten und nicht aus einem gesellschaftlichen Zwang heraus.»

«Ich verstehe es immer noch nicht, warum du an diesem Abend so ein Theater gemacht hast wegen der Bierrunden», sagte sie. Wir wechselten das Thema, weil ich nicht wußte, wie ich ihr meine Überzeugung besser hätte erklären können.

Als wir den Rhein entlang fuhren, staunte ich über die vielen Schlösser und Burgen. Ich kam mir vor wie in einem Märchenbuch. Es ist wirklich ein hübsches Land, dachte ich, schade, daß es den Deutschen gehört. «Da ist die Lorelei», sagte die Kollegin.

«Wo?» fragte ich.

«Da oben, auf dem Felsen, wo die deutsche Fahne weht.»
«Ist das alles?» fragte ich.
«Was hast du erwartet?»

Ja, was habe ich erwartet? Wahrscheinlich eine riesige Plastikfigur, die ihre Haare kämmt und verführerisch über den Rhein schaut. In Amerika hätte man es so gemacht.

Bingen war die älteste Stadt, die ich je gesehen hatte. Viele Häuser stammten noch aus dem Mittelalter. Als wir durch die engen Gassen spazierten, mußte ich an die Pest denken. Die Juden wurden damals verfolgt, weil sie angeblich das Brunnenwasser vergiftet hatten. Die Tante wohnte in einem uralten Mietshaus. Die Wände waren schief und die Treppen zu ihrer Wohnung ganz schmal. Es gab kein fließendes Wasser, nur eine Schüssel zum Waschen. Mehrmals am Tag mußte sie zum Brunnen gehen, um Wasser zu holen. Die Toilette war draußen im Hof, zwei Plumpsklos für ungefähr zehn Menschen. So hatte ich mir Deutschland eigentlich vorgestellt.

Eine Freundin der Tante war auch zu Besuch da, als wir ankamen, und zu viert aßen wir Kuchen. Wie immer fragte ich mich, was diese Frauen im Dritten Reich gemacht hatten, und wie immer traute ich mich nicht, sie direkt zu fragen. Die Freundin erzählte gerade von ihrer katholischen Nichte, die vorhatte, einen Mann zu heiraten, der evangelisch war. Dies schien für beide Familien ein großes Problem zu sein, was ich nicht verstehen konnte. Ich dachte, Christen sind Christen. Die Tante fragte mich, ob ich katholisch oder evangelisch sei. Sollte ich ihr die Wahrheit sagen? Eigentlich fand ich diese Frage unverschämt, denn diese Angelegenheit gehört fast zur Intimsphäre. Ich verleugnete meine Herkunft nicht. «Ich bin Jüdin», sagte ich zum zweitenmal, seit ich in der Bundesrepublik war.

«Ja?!» sagte sie, erstaunt und verlegen zugleich. Auch ihre Freundin sah mich überrascht an. «Da haben früher mal Juden gewohnt.» Die Tante zog mich bei der Hand zum Fenster und zeigte auf ein Haus gegenüber. Sie war plötzlich sehr freundlich, aber auch merklich unsicher. Es war das erste Mal, daß ich erlebte, wie bewußt vorsichtig Deutsche mit mir wegen meines Judeseins umgingen. Sie und ihre Freundin behandelten mich fortan als etwas Besonderes. Genau das war es, was ich bei meiner Kollegin erwartet hatte. Sie behandelte mich «zu normal», als ob in der jüngsten Geschichte nichts passiert wäre. Sie merkte natürlich, daß ich jetzt zur Hauptperson geworden war und es auch die ganze Zeit blieb. Während ich das genoß, wurde sie eifersüchtig. Auch das genoß ich. Sollten die Deutschen mich ruhig beneiden, weil ich etwas bin, was sie nie sein können. Dafür waren sie schließlich blond und blauäugig.

Nach drei Wochen hatte ich die Stelle in dem Hotel satt. Mir mißfiel immer mehr, wie die Besitzer ihre Mitarbeiter, besonders die Ausländer aus der Dritten Welt, herumkommandierten. Eine Türkin hatten sie finanziell betrogen, am Zahltag erhielt sie weit weniger Geld als ausgemacht, weil sie angeblich ihre Arbeit nicht gründlich genug verrichtet hatte. Ein Glück, daß wir erzogen worden waren, von solchen Leuten wirtschaftlich unabhängig zu bleiben. Wenn so etwas mir passiert wäre, hätte ich so lange Theater gemacht, bis ich mein Geld erhalten hätte, und wäre dann auf der Stelle gegangen. Diese arme Türkin schluckte leider alles und putzte niedergeschlagen weiter. Ich erzählte ihr, sie solle bei der Polizei Strafanzeige gegen den Chef erstatten. Sie hatte jedoch viel zuviel Angst, die Stelle zu verlieren.

Ich plante, in einigen Tagen abzureisen, um mir Deutschland anzuschauen, und erzählte nur meiner Kollegin von dem Vorhaben. «Hast du denn genügend Geld, um einfach so abzuhauen?» fragte sie.

Ich schaute sie überrascht an. Arrogant erwiderte ich: «Meinst du, ich bin nach Europa gekommen, um zu putzen?» Dann öffnete ich meinen Koffer, zog das Bündel Reiseschecks heraus und wedelte damit vor ihrem Gesicht herum. Gleich darauf merkte ich, daß dieser prahlerische Auftritt ein Fehler war. Ich war «aufgefallen». Nie zuvor hatte ich mit anderen Menschen über meine Finanzen geredet, einfach, weil es niemanden etwas anging. Warum hatte ich es jetzt und hier in Deutschland getan?

Meine Kollegin erholte sich von dem Erstaunen, daß die «Putzfrau» mehr Taschengeld besaß, als sie selbst in einem halben Jahr verdiente. Sie hatte sich gerade für einige Zeit krankgemeldet und fragte mich, ob wir nicht am nächsten Tag gemeinsam für einige Zeit zu ihren Eltern fahren wollten. Einige Stunden überlegte ich, ob ich mit sollte oder nicht. Schließlich entschied ich mich doch dafür. Ich betrachtete meine Kollegin nicht mehr nur als «Feindin». Je mehr wir zusammen unternahmen, desto häufiger kam es vor, daß ich völlig vergaß, daß sie Deutsche ist.

Bevor wir abfuhren, blieb mir die unangenehme Aufgabe, dem Chef Bescheid zu sagen, daß ich ginge – und zwar fristlos. Dies war eine Art von Rache: Ich ließ diese Leute mitten in der Hochsaison im Stich. Sie sollten merken, daß ihr Verhalten Konsequenzen hatte. Es war Mittag, und der Hotelbesitzer stand hinter der Theke des Restaurants. Ich marschierte hinein und teilte ihm mit, daß heute mein letzter Arbeitstag sei. Sein Gesicht wurde knallrot. «Du hast einen Vertrag mit mir!» brüllte er mich an.

«Ich habe gar keinen Vertrag mit Ihnen», sagte ich, was auch stimmte. Theoretisch hätte er auch mir jederzeit kündigen können.

«So was geht bei uns nicht! Nicht mit mir!» drohte er. «Du bleibst und arbeitest, sonst . . .» Er brach seinen Satz ab.

Ich stand immer noch da und wartete. «Sonst was?» fragte ich, scheinbar ruhig. Er wurde immer röter, fast dampfte es aus seinen Ohren. Mittlerweile beobachteten uns die Gäste. «Sonst schicken Sie mich nach Dachau?» fragte ich höhnisch. Ich hatte keine Ahnung, ob er überhaupt wußte, daß ich Jüdin bin, aber mit dieser Frage setzte ich ihn matt. Schon wieder merkte ich, daß ich mit dem Thema Juden in Deutschland eine starke Verlegenheit, ja fast eine Art Lähmung auslöste. Was für eine Macht ich plötzlich über diesen sonst so überheblichen Mann hatte. Höhnisch dachte ich an die Einstellung meiner Elterngeneration mit ihrem «bloß nicht auffallen». So kann man als Minderheit nie eine Änderung erzwingen. Es reichte nicht nur, besser zu sein als die anderen, man mußte auch seine Zähne zeigen. Dieser Hotelbesitzer war gegen meine Waffen machtlos.

Am nächsten Morgen fuhren wir unangemeldet zu den Eltern meiner Kollegin. Sie wohnten in einer Kleinstadt in Nordrhein-Westfalen, wo sie auch aufgewachsen war. Die Eltern stammten ursprünglich aus Ostpreußen und waren nach Kriegsende in den Westen geflüchtet. Auf der Flucht war ihr erstes Kind verhungert. In den sechziger Jahren brachten sie es zu einem kleinen Haus, in dem sie mit dem jüngsten Kind wohnten. Die Mutter war kaum älter als meine, sah aber fast doppelt so alt aus. Den ganzen Tag brachte sie mit Kochen und Putzen zu. Die Wohnung war so sauber, daß ich manchmal Angst hatte, Fingerabdrücke zu hinterlassen. So hatte ich mir eine «richtige» deutsche Wohnung vorgestellt. Der Vater, durch eine Kriegsverletzung schwerbehindert und arbeitsunfähig, beschäftigte sich mit Gartenarbeit oder las den ganzen Vormittag Zeitschriften. Nachmittags schon wurde in der guten Stube der Fernseher eingeschaltet. So ging es tagein, tagaus.

Für die Leute war es eine große Abwechslung, einen Gast aus den USA zu haben. Mit dem Vater unterhielt ich mich gerne, oft und lange. Zu meiner Überraschung fragte er mich ganz vorbehaltlos, ob ich Jüdin sei. Weshalb er das vermutete, fragte ich nie, aber ich spürte, daß er mich deswegen auch mochte. Vor dem Krieg hatte er in Ostpreußen viele Freunde gehabt, die Juden waren. Er erzählte mir oft von der Zeit vor und während des Dritten Reiches. Noch nie hatte ich so etwas von einem Deutschen gehört, besser gesagt, noch nie hatte ich zu einem Deutschen so viel Vertrauen gehabt, daß ich von ihm etwas über dieses Thema hören wollte. Als alter SPD-Anhänger hatte er damals gegen die Nazis gestimmt und hatte sie nie unterstützt. Als die Nazis dann doch an die Macht kamen, hatte er seinen jüdischen Freunden geraten, das Land zu verlassen. Sie reagierten mit der typischen Floskel: «Was wird denn schon passieren?» Sie verschwanden in den Lagern, und er mußte in einen Krieg, den er nicht wollte. Lange war er in russischer Gefangenschaft gewesen. Ihm wurden Gesundheit und Jugend geraubt für eine Sache, hinter der er nicht stand. Mit einigen seiner jetzigen Nachbarn redete er nicht, weil sie überzeugte Nazis gewesen waren. Warum er nicht aktiven Widerstand im Dritten Reich geleistet hatte, fragte ich ihn nicht. Ich wollte die Antwort nicht hören, um mein Bild von ihm nicht zu zerstören. Aber er hatte offensichtlich ein schlechtes Gewissen, daß er nichts direkt dagegen unternommen hatte. Sein ganzes Verhalten gab mir ein gewisses Gefühl psychischer Geborgenheit, weil er sich mit meiner Problematik auseinandergesetzt hatte. Obwohl er mich nie danach fragte, warum ich ausgerechnet nach Deutschland gekommen war, zeigte er dennoch Anerkennung für diesen schwierigen Schritt. Er war in dieser Hinsicht sehr sensibel.

Er begleitete mich zum Anmelden zu den Behörden. Der Beamte fragte unter anderem nach meiner Religion. Ich sträube mich dagegen, daß Judesein zu einer bloßen Frage nach Religionsangehörigkeit wird, trotzdem antwortete ich «jüdisch», obwohl ich nicht religiös bin. Ohne eine Miene zu verziehen, schrieb der Beamte dies auf. Später schaute ich den Anmeldeschein an und sagte ganz entsetzt: «Man hat unter Religion ‹israelit› geschrieben. Ich bin doch keine Israeli.»

«So nennt man es aber hier, wenn man jüdisch ist», antwortete der Vater meiner Kollegin.

«Wir sind aber keine Israelis!» wiederholte ich. «Außerdem gab es die Israeliten schon zu biblischen Zeiten.» Auf meine Frage, warum das so gemacht wird, zuckte er nur mit den Schultern. Ich puzzelte meine Vermutung zusammen: Die Deutschen sehen keine Unterschiede zwischen den Juden, für sie sind alle gleich schlecht. Vielleicht hatte der Beamte aber auch nur Angst gehabt, das Wort «Jude» auf ein offizielles Formular zu schreiben.

Die Mutter war mir gegenüber die ganze Zeit ziemlich kühl. Auch sie merkte, daß ich bei ihrem Mann einen Sonderstatus genoß, und sie war wahrscheinlich eifersüchtig. Ich zeigte ihr Fotos von meinen Eltern, und sie sagte, daß meine Mutter so jung aussehe, weil sie vermutlich ein leichtes Leben habe, nicht schwer arbeiten müsse. Darauf antwortete ich nichts. Was gab es da zu sagen? Im Vergleich zu den Kriegs- und Nachkriegszeiten in Europa stimmte das. Eines Tages sagte sie mir ganz unvermittelt und ironisch: «Ihr Amerikaner denkt immer, ihr habt uns von Hitler befreit.»

«Die amerikanischen Soldaten haben zumindest meine Verwandten aus den Konzentrationslagern befreit», erwiderte ich. Sie schaute verlegen weg und sagte nichts weiter zu diesem Thema. Fortan war sie in dieser Hinsicht sehr vorsichtig.

Bisher war ich zu meiner Überraschung keinem offenen Antisemitismus begegnet – bis wir eines Abends in einer Kneipe in einem Nachbardorf saßen. Am Nebentisch erzählte ein Mann Judenwitze, und die anderen lachten schallend darüber. Es waren jedoch keine Deutschen, sondern in Deutschland stationierte britische Soldaten. Obwohl ich innerlich kochte, hatte ich dennoch nicht den Mut, etwas zu sagen. Meine Kollegin verstand kein Englisch, und ich erzählte ihr, worüber diese angetrunkenen Engländer neben uns lachten. Ich drängte darauf zu gehen. Ohne etwas dazu zu sagen, stand sie auf, und wir verließen das Lokal. Sie fragte nicht weiter, und ich sagte auch nichts. Ich dachte, sie würde meine Empfindlichkeit sowieso nicht so verstehen, wie ihr Vater dies tat.

Es war stinklangweilig in dem Städtchen. Ich kaufte mir einen Gebrauchtwagen, und wir fuhren in der Gegend herum. Auf einer Bundesstraße bemerkte ich ein Schild mit der Aufschrift «Dreimal geteilt? Niemals!» und eine Karte von Deutschland, in drei Stücke zerrissen. Ich fragte meine Begleiterin, was das heißen solle, und sie erklärte mir, was ich oberflächlich schon wußte, nämlich, daß Deutschland nach dem Krieg aufgeteilt worden war. «Aber nicht dreimal», sagte ich. Sie wußte das Schild dann auch nicht näher zu deuten. Ich fand indes die Idee nicht schlecht: je mehr Deutschland zerstückelt wurde, desto ungefährlicher war es. So dachten viele amerikanische Juden. Es gab heftige Proteste, wenn in den USA eine Diskussion über die Wiedervereinigung Deutschlands stattfand.

An einem schönen Morgen brach ich früh mit dem Auto auf, um einen Ausflug in die Lüneburger Heide zu machen. Niemand sonst wollte mitfahren, worüber ich froh war. Ich wollte mir beweisen, daß ich mich völlig selbständig in diesem Land bewegen konnte.

Stundenlang fuhr ich über Landstraßen und durch Dörfer. Ich bemerkte ein Ortsschild mit der Aufschrift «Bergen». Plötzlich erinnerte ich mich daran, daß das ehemalige Konzentrationslager Bergen-Belsen hier in der Nähe sein mußte. Ich machte die Gedenkstätte ausfindig, parkte davor und überlegte hin und her: Tust du dir das an? Doch, natürlich, wenn ich schon in Deutschland bin, gehört das dazu. Meine Beine liefen wie von selbst, während meine Seele zögerte. Es war ja kein normaler Friedhof, denn wer ruhte schon hier in Frieden? Es war eher wie ein Horrorhof. Überall auf dem schön gepflegten Rasen waren Hügel, unter denen sich Massengräber befanden. Vor 25 Jahren wäre ich womöglich als Gefangene hier gewesen, hätte ich in Europa gelebt. Ich hätte diese Hölle ebensowenig überlebt wie die Mehrzahl, und meine Leiche wäre eine von denen ohne Namen in diesem Massengrab. Ich fühlte keine Trauer, war nicht einmal den Tränen nahe. Ich war abgründig wütend, zornig, und nicht nur auf das, was unserem Volk angetan worden war, sondern auch darüber, daß Verfolgungen so ein selbstverständlicher, wesentlicher Bestandteil unserer Existenz war. Ich beneidete alle Menschen, die nie von Ausrottung bedroht gewesen waren. Es war an diesem Ort, angesichts dieser Massengräber, daß ich beschloß, keine Kinder in die Welt zu setzen. Wer konnte mir die Sicherheit geben, daß so etwas nie wieder passieren würde? Und im Falle eines Falles hatte ich ohnehin vor, eher meine Familie umzubringen, als sie den Qualen eines Lagers auszuliefern. Mit einem eigenen Kind wäre ein solcher Entschluß sehr viel schwieriger. Viele meiner Freundinnen dachten anders: «Warum soll das Gebären von Kindern nur ein Privileg des Unterdrückers sein?»

Jede zaghafte Annäherung an Deutsche wie meine Bekannte und ihren Vater wurde hier, an diesem Ort, wieder zunichte gemacht. Just als ich anfing, Deutsche ein bißchen differenzierter zu sehen, ja, einigen sogar ein bißchen zu vertrauen, da landete ich in Bergen-Belsen. Ein Psychoanalytiker würde es wahrscheinlich so interpretieren, daß ich diesen Schritt unbewußt getan hatte, um mein altes Feindbild nicht zerstören zu müssen.

Diese Gedenkstätte hatte offensichtlich nicht jeden Besucher so tief getroffen wie mich. Als ich vor einer Gedenktafel stand und sie las, schlenderte ein Mann zu mir, machte mich auf das herrliche Wetter aufmerksam und fragte, ob ich Zeit hätte, mit ihm Kaffee trinken zu gehen. Ich brauchte kein Wort zu sagen, meine Entrüstung strahlte so aus meinen Augen, daß er sich verlegen verdrückte. Er war wie die anderen Menschen, die dort herumwanderten, in Picknicklaune, so wie einige britische Soldaten, die das KZ-Gelände als ganz normalen Park benutzten. Wie kamen diese Menschen dazu, sich so gleichgültig in diesem «Horrorhof» aufzuhalten? Wegen dieser Nichtjuden im allgemeinen und dieser Deutschen im besonderen, standen wir von Kindesbeinen an unter einer kaum auszuhaltenden Existenzangst.

Als ich zum Ausgang ging, passierte ich das kleine Gebäude, in dem Fotos von der Judenverfolgung an den Wänden hingen. Ich war bemüht, nicht hinzuschauen, und sah doch hin. Ich entdeckte ein mir bekanntes Foto. Es zeigte alte Frauen, die völlig verängstigt neben den Viehwaggons auf ihren Koffern saßen; ich glaube, sie warteten im Getto auf den Abtransport ins KZ. Warum geschehen solche Sachen ausgerechnet uns? Warum habe ausgerechnet ich das Schicksal, in dieses Volk hineingeboren zu sein? Aber mich selbst deswegen zu bemitleiden oder gar zu hassen, das mache ich nicht länger mit. Denn genau das wollten die Antisemiten ja, und genau das tat die Generation unserer Eltern in Amerika und sonstwo. Andernfalls hätten sie nie versucht, ihre Herkunft zu verstecken. Ich umklammerte meine Halskette mit dem Davidstern und zog sie aus meiner Bluse heraus. Man soll es mir ansehen, daß ich Jüdin bin. Die Deutschen sollen merken, daß es uns sehr wohl noch gibt.

Ich fuhr durch die Straßen des Ortes. Alles sah so harmlos aus. Kaum zu glauben, was sich hier abgespielt hatte. War dies vielleicht die Ruhe vor dem nächsten Sturm?

In einem nahe gelegenen Dorf kehrte ich in einer Gaststätte ein. Ein Hunger- oder Durstgefühl verspürte ich nicht, nur das Bedürfnis, Menschen von hier in die Augen zu schauen. Als ich das Gasthaus betrat, wurde ich von dem Wirt und einer Kellnerin freundlich begrüßt. Klar, dachte ich, sie wollen mein Geld. Ich blickte sie eisig an, erwiderte kein Wort und setzte mich steif an einen Tisch. Wie viele jüdische Besucher der Gedenkstätte wohl hier einkehrten? Kannten die Wirtsleute schon solche Haßblicke wie die meinen? Ich bestellte eine Kleinigkeit, sprach mit der Kellnerin kein Wort, auch nicht, als sie mich fragte, ob es mir geschmeckt habe. Beim Weggehen hinterließ ich ihr aus Verachtung fünf Pfennige Trinkgeld. Auf der Heimfahrt ließ ich meine Aggressionen am Steuer aus. Ich raste über die Straßen, bedrängte Autos vor mir, überholte links und rechts und scherte scharf wieder ein, um denjenigen hinter mir einen Schreck einzujagen. Haben die Deutschen eigentlich nie gedacht, daß die Juden meiner Generation Rache an ihnen üben könnten? Ich an ihrer Stelle hätte Angst davor gehabt. Aber in dieser Form hatten wir unseren Haß noch nie ausgelebt. Ich überlegte, warum eigentlich nicht.

Als ich zurückkam, war ich der Familie meiner Bekannten gegenüber sehr wortkarg. Sie hatte sicherlich gemerkt, daß ich plötzlich offen einen Davidstern trug, aber keiner wagte, etwas zu fragen, nicht einmal der Vater. Die ganze folgende Woche träumte ich wieder von Konzentrationslagern. Erst einige Tage darauf verriet ich dem Vater, daß ich Bergen-Belsen besucht hatte. «Es wird lange, lange Zeit dauern, bis die Folgen des Dritten Reiches verschwunden sind – wenn überhaupt», sagte er. «Es war sicherlich eine emotionale Belastung für dich, die Gedenkstätte zu besuchen, aber es ist wichtig, daß solche Mahnmale hier stehen. Kein Deutscher soll das je vergessen.» Mein Gott, daß ein Deutscher so redet, dachte ich. Aber dieser Mann muß eine Ausnahme sein, sonst hätte es die Judenverfolgung im Dritten Reich nie gegeben.

Eines Sonntags fuhr ich ihn und seine Frau zu Bekannten nach Paderborn. Niemand in der Familie war motorisiert, und sie hatten diese Leute ewig nicht mehr besucht. Wir stiegen die Außentreppen des Gebäudes hoch, als der Vater meiner Bekannten auf einmal stehenblieb. «Schau dir das mal an!» sagte er empört und zeigte mit dem Finger auf die Treppe. An den Treppenabsätzen waren Kacheln mit Hakenkreuzen. Ich hatte es gar nicht bemerkt, aber ich bin ja auch kurzsichtig. Als wir im Wohnzimmer der Leute bei Kaffee und Kuchen saßen, fragte der Vater, wieso diese Kacheln da seien. Das Haus hatte im Dritten Reich einem deutschen Philologen gehört, der es so hatte dekorieren lassen. Niemand hatte es für nötig befunden, die Kacheln nach dem Krieg auszutauschen. Daß diese Hakenkreuze jemand stören oder gar beleidigen könnten, daran hatten sie gar nicht gedacht. Aber der Vater meiner Bekannten war genauso betroffen wie ich. Was hatten solche Menschen im Dritten Reich erlebt, daß das Hakenkreuzzeichen sie nicht weiter berührte?

Daß es hier viele alte Nazis gab, war mir klar. Aber gab es hier auch noch Juden? Aus Neugier ging ich zur Post und schaute im Telefonbuch der nächsten größeren Stadt unter «J» nach. Es gab tatsächlich eine jüdische Gemeinde! Wie war es möglich, daß hier noch Juden wohnten? Ich lebte wie die Mehrzahl der amerikanischen Juden in der Überzeugung, daß es in Deutschland keine Juden mehr gab.

Ich beschloß, dort anzurufen. Am anderen Ende meldete sich eine Frau. Ich erklärte ihr, daß ich zu Besuch aus Amerika hier sei, zum ersten Mal in der Diaspora und dementsprechend vereinsamt und verunsichert. Sie erklärte mir, wie man mit dem Auto hinkommt.

Am nächsten Tag fuhr ich zu dieser jüdischen Gemeinde. Eine alte Frau erwartete mich. Nach dem Vorstellen brachte sie mich zu ihrer Wohnung, und ich lernte auch ihren Mann kennen. Ich hatte nur noch anderthalb Wochen Zeit, bevor ich abfliegen mußte, aber ich verbrachte relativ viel Zeit bei ihnen. Sie verwöhnten mich wie Großeltern. Über den Holocaust haben wir nie geredet. Einmal blätterte ich durch den

Familienstammbaum des Mannes. Seine Familie schien Jahrhunderte in Deutschland gelebt zu haben. Der Stammbaum endete 1945. Alle Familienmitglieder außer ihm waren ermordet worden. Bei seiner Frau war es ein bißchen anders. Sie hatte noch eine Schwester in Israel, die sie öfters erwähnte. Ich fragte sie, warum sie nach der Emigration zurückgekommen waren. Der Mann hatte eigentlich nicht gewollt, aber seine Frau. Trotz allem – ihre Eltern waren während des Transportes ins Lager gestorben – liebte sie diese Stadt, in der sie, ihre Eltern, Großeltern und Urgroßeltern aufgewachsen waren. Mir war das unbegreiflich. Wie konnte sie dieses Land lieben? Wie konnte sie ein Gefühl von Heimat spüren? Ich dachte mir, daß die wahren Gründe für ihre Rückkehr Sprach- und Anpassungsschwierigkeiten in der Emigration gewesen sein mußten. Sie waren schließlich beide über 70. Dennoch konnte ich nicht begreifen, daß es Juden gibt, die dieses Land Heimat nennen.

Nach knapp acht Wochen in der Bundesrepublik wurde es langsam Zeit, in die USA zurückzukehren. Ich war verwirrter als vorher, denn das Leben lief nicht anders ab als in den USA. Woran soll man den Faschismus eigentlich erkennen? Es gab hier sogar Menschen, die ich mochte, wenn ich kurz vergaß, daß sie Deutsche waren. Als ich im Speisewagen des Zuges nach Amsterdam saß, kam ein uniformierter Mann herein und fragte mich, ob der Platz mir gegenüber frei sei. Er fing an, lustige Geschichten zu erzählen, und heiterte mich richtig auf. Nach einer Weile fragte ich, ob er der Zugbegleiter sei; der Kellner hatte ihn schließlich mit besonderem Respekt bedient. Er lachte herzlich und antwortete: «Nein, ich bin Offizier bei der Luftwaffe.» Auch ich amüsierte mich über meinen Fehler. Dann staunte ich. Wenn ich das vorher gewußt hätte – ein deutscher Offizier! Ich hätte ihn ganz anders behandelt. Es verunsicherte mich, daß ich ihn sogar sympathisch fand. Mein Feindbild fing schon wieder an zu wackeln.

Zurück in den USA, packte ich mein Auto voll und fuhr in die Südstaaten nach Chapel Hill, North Carolina, zur Universität. Eine bunte Horde von jungen Leuten traf gleichzeitig im Studentenheim ein. Die Mehrzahl stammte aus diesem Bundesstaat. Zunächst fühlte ich mich wie in «Vom Winde verweht» – unter lauter Rhet Butlers und Scarlett O'Haras. Es gab eine Minderheit von Nordstaatlern, wie ich, und zu meiner Überraschung zahlreiche ausländische Austauschstudenten, auch solche aus Deutschland, darunter ehemals deutsche Studenten, die in die USA eingewandert waren und jetzt einen amerikanischen Paß besaßen.

Kurz nach Semesterbeginn diskutierten wir in einem Seminar heftig über die amerikanische Verstrickung in den Vietnam-Krieg, der noch voll im Gange war. Die meisten der konservativen Südstaatler befürworteten den Krieg mit den gewöhnlichen Floskeln wie Freiheit verteidigen und so weiter. Nur ich und eine andere Studentin waren dagegen. Sie war Deutsche und sagte, sie äußere trotzdem ihre Meinung, weil sie nicht den gleichen Fehler wie ihre Eltern machen wolle, nämlich wortlos einer Katastrophe zuzuschauen. Anschließend kam sie zu mir. Normalerweise hätte ich sie als Verbündete angesehen und mich solidarisch mit ihr gefühlt, aber ich steckte immer noch zu tief in meinen Vorurteilen Deutschen gegenüber, so daß ich dazu nicht fähig war. Sie fragte mich, woher ich komme, denn ich «fiele in der Menge auf». Wir plauderten ein bißchen, und ich versuchte freundlich zu sein, bis sie mich ganz direkt fragte, ob ich Jüdin sei. Auf diese Frage war ich nicht vorbereitet. Wie kommt sie dazu, mich so etwas zu fragen? «Ja, ich bin Jüdin, eine von denen, die noch übrig ist», antwortete ich.

«Ich bin mit einem Juden verheiratet», sagte sie. Von meinem Verstand her war mir klar, daß ich von ihr und ihrem Mann erfahren könnte, wie sie diese Situation bewältigten; gefühlsmäßig lehnte ich aber einen Kontakt zu ihnen strikt ab. Wie kam ein Jude dazu, eine Deutsche zu heiraten? Im nachhinein betrachtet, war ich wahrscheinlich neidisch, daß es offensichtlich doch einige wenige Juden gab, die die Vergangenheit besser überwunden hatten als ich. Und ich wollte nicht wahrhaben, daß es offensichtlich eine ganze Anzahl Deutsche gab, die nicht meinen Vorurteilen entsprachen. In diesem Zwiespalt gewannen meine Gefühle die Oberhand, und ich mied eine Freundschaft mit den beiden.

Statt dessen nahm ich Kontakt zu dem «Studentenwohnheim-Nazi» auf. Henry war Jura-Student und kein Deutscher, er stammte aus dem Norden. Sein Zimmer hatte er mit Bildern der deutschen Nazi-Führer sowie dem amerikanischen Nazi-Boß geschmückt. Die englische Übersetzung von «Mein Kampf» stand im Buchregal, und über seinem Bett war eine Hakenkreuzfahne drapiert.

Henry wurde von allen meinen Bekannten gemieden wie ein Aussätziger. Von den Nordstaatlern, darunter zahlreiche Juden, wurde er aus verständlichen Gründen abgelehnt. Die Südstaatler verwiesen gerne auf ihn als ein Beispiel für nordstaatlichen Rassismus. Die einzigen, die mit ihm diskutierten oder, besser gesagt, mit ihm über Politik stritten, waren deutsche Studenten. Viele andere empörten sich darüber. «Man sollte annehmen, daß die Deutschen Abstand von diesem Nazi halten würden – und sei es auch nur aus Taktgefühl heraus», war häufig zu hören. Emotional dachte ich dies auch. Aber von der Vernunft her fand ich es richtig, mit solchen Leuten wie Henry zu diskutieren. Woher sollte man sonst wissen, was der Gegner denkt, wie er eigentlich ist? Denn auf das äußere Erscheinungsbild ist kein Verlaß, Rassisten haben keine besondere Haarfarbe. Und daß ausgerechnet Deutsche mit Henry diskutierten, fand ich sogar anerkennenswert; es war ganz offensichtlich, daß sie entgegengesetzter Meinung waren. Langsam war ich soweit, Deutsche und Nazis nicht mehr automatisch in einen Topf zu werfen, da waren offenbar doch mehr Ausnahmen als nur der Vater meiner Bekannten in Deutschland. Henry hatte auch meine Neugier geweckt. Warum begeisterten ihn die Nazis so sehr? Er war doch nicht einmal Deutscher. Es gab genügend amerikanische Rassisten, wie etwa die Ku-Klux-Klan-Mitglieder, mit denen er sich hätte identifizieren können.

Ich lernte ihn eines Tages kennen, als er im Flur stand. Nazi-Marschmusik tönte aus seinem Zimmer. Ich grüßte ihn und fragte, ob er diese Schallplatten aus Deutschland habe. «Nein, hier aus den Vereinigten Staaten», antwortete er. Dann zeigte er mir stolz seine «Nazi-Bude». Zahlreiche NS-Propagandaliteratur sowie Plakate, die nicht mehr an die Wände paßten, hatte er in einer Ecke gestapelt. Das ganze Zeug stammte aus den USA. Hinten drauf stand immer dieselbe Kontaktadresse, ein Postfach im Mittelwesten. Henry war nicht in der Lage zu erklären, warum die Nazis ihn wirklich so faszinierten. Die kleine amerikanische Nazipartei empfand er eher als langweilig, es gab keine schillernden Figuren als Führer, sie hatte keinerlei politischen Einfluß. Die amerikanischen Parteimitglieder idealisierten Hitler. Manche feierten jedes Jahr am 20. April seinen Geburtstag. Henry blieb mir ein Rätsel. Er sah gut aus und war intelligent. Was trieb ihn zu so einer rassistischen Ideologie? Ich konnte ihn nicht ernst nehmen. Aber wie viele Deutsche hatten seinerzeit die Nazis nicht ernst genommen?

Zu deutschen Austauschstudenten, die meistens ein Jahr hier blieben, hatte ich kaum Kontakt. Ab und zu saßen sie im Aufenthaltsraum des Studentenwohnheims und schauten die Nachrichten im Fernsehen. Als berichtet wurde, daß Franz Josef Strauß von zwei New Yorker Prostituierten überfallen und ausgeraubt worden war, machten mehrere Nordstaatler im Zimmer ihre Bemerkungen. «Was habt ihr denn für Politiker, die auf dem Straßenstrich spazierengehen?» lachte einer. Die Deutschen erwiderten kein Wort. «Vielleicht wollte der Strauß nicht bezahlen!» sagte ein anderer. Die deutschen Studenten ließen sich durch diese Provokation nicht irritieren. Sie blieben stumm und starrten auf den Bildschirm. Ohne eine Reaktion machte es den anderen dann keinen Spaß mehr, sie zu hänseln.

Ich hatte Germanistik belegt, und viele von den eingewanderten Deutschen saßen mit mir in den Seminaren. Ich fand es merkwürdig, daß Deutsche ausgerechnet hier Germanistik studieren wollten, da das Niveau in diesem Fachbereich im

Vergleich zu deutschen Universitäten nicht sonderlich hoch war. Auch mit diesen Kommilitonen hatte ich lediglich einen oberflächlichen Kontakt, der sich überwiegend auf Fachliches beschränkte.

Im Frühjahr 1971 jedoch ließ ich mich auf eine Art Freundschaft mit einer deutschen Kommilitonin ein. Ich hatte Silvia durch einen Bekannten kennengelernt, sie aber fast ein Jahr nicht mehr auf dem Campus gesehen. Eines Tages traf ich sie im Studentenzentrum wieder und erkannte sie weniger an ihrem Gesicht als an ihrem Dirndl. So eine süddeutsche Tracht genoß in den USA Seltenheitswert.

Silvia gehörte zur Generation deutscher Kriegskinder, genau wie Peter, und hatte ein ähnliches Schicksal. Sie stammte ursprünglich aus Breslau und hatte ihren Vater kaum gekannt; er war an der Ostfront gefallen. Als Silvia drei Jahre alt war, kapitulierte Deutschland, und ihre Mutter flüchtete mit ihr und zwei Geschwistern nach Westen. Sie erzählte mir die spannende Geschichte, wie sie den letzten Zug in den Westen erwischt hatten. Inzwischen habe ich diese Erzählung auch von anderen Flüchtlingen gehört. Dieser «letzte Zug» muß eine unvorstellbare Länge gehabt haben. Silvias Familie landete in Ansbach. Anfang der fünfziger Jahre heiratete ihre Mutter einen US-Soldaten, und 1955 siedelten sie nach Amerika über; der Stiefvater sprach kein Wort Deutsch, die Kinder kein Englisch. Zu dieser Zeit war Silvia 14 Jahre alt und hatte in der Schule Anpassungsschwierigkeiten. Hinzu kam, daß ihr Stiefvater sie ständig sexuell belästigte. Die Mutter wußte davon, hatte aber Angst, sich von ihrem Mann scheiden zu lassen. Ihr Aufenthaltsrecht in den USA wäre dann erloschen. Silvia wäre viel lieber in Deutschland geblieben, aber sie wurde nicht gefragt. Sie hatte auch nie die amerikanische Staatsbürgerschaft angenommen, obwohl sie mittlerweile mit einem Amerikaner verheiratet war und zwei Kinder von ihm hatte.

Während wir im Studentenzentrum saßen und zum ersten Mal miteinander plauderten, erzählte ich ihr von meinem kurzen Deutschlandaufenthalt und erwähnte nebenbei, daß ich nie Frauen gesehen hatte, die ein Dirndl trugen. «Es ist in Süddeutschland so üblich», erzählte sie.

«Und warum trägst du es hier, wo es wirklich nicht üblich ist?» fragte ich.

«Es erinnert mich an meine Heimat», sagte sie.

«Hast du das Dirndl hier in den USA gekauft?» fragte ich.

«Nein, ich habe es damals mitgebracht.»

«Wie lange warst du nicht mehr in Deutschland?» fragte ich.

«Seit 1955», antwortete sie.

«Wenn du deine Heimat so liebst, warum besuchst du sie nicht öfters oder ziehst wieder hin?» fragte ich.

«Das Leben in Deutschland ist viel schwieriger als hier», antwortete sie. «Wie findet man eine Wohnung in den Trümmern?»

«Was redest du?» fragte ich, «da sieht es doch genauso aus wie hier! Wie kannst du eine Heimat lieben, die du gar nicht mehr kennst?»

«Ihr Juden habt das über Jahrtausende gemacht», antwortete sie.

«Ja, aber unsere Heimat existierte nicht mehr, deine aber sehr wohl», antwortete ich.

Silvia war in bezug auf Deutschland voller Widersprüche. Einerseits identifizierte sie sich demonstrativ mit ihrer Herkunft, andererseits schämte sie sich ihretwegen – zumindest in meiner Gegenwart. Dennoch zeigte sie sich stark fasziniert von den Juden, eine Faszination, die ich immer häufiger bei Deutschen entdeckte. Sie beneidete mich, weil ich Jüdin bin, bewunderte unser Volk, weil es so gelitten hatte. Leiden und Durchhalten repräsentierten etwas Edles – besonders wenn jemand anderer betroffen war. Silvia verschlang jeden Bericht und jedes Buch von ehemaligen KZ-Insassen wie Krimis. Ich hatte angefangen, einige Bücher zu lesen, vermochte sie jedoch nicht zu beenden, weil sie zu großen Schmerz in mir auslösten. Silvia betrachtete mich als eine Art «Heldin», weil ich aus diesem Volke stamme. Die Tatsache, daß ich selbst nie hatte leiden müssen, spielte dabei keine Rolle.

Silvia wollte unbedingt das Theaterstück «Anatevka» mit mir sehen. Es handelt von Pogromen im Rußland der Jahrhundertwende. Während der ganzen Vorstellung schaute sie mehr auf mich als auf die Bühne. Am Ende fragte sie mich: «Was hast du dabei gefühlt?» Was für eine aufdringliche, voyeuristische Frage, dachte ich mir.

«Was soll ich dabei gefühlt haben?» fragte ich zurück.

«Ich fand den Humor in dieser tragischen Situation unpassend», kommentierte sie.

«Was heißt unpassend? Es ist genau der Humor, der das Leiden erträglicher macht. Ohne ihn wären sie im Getto verrückt geworden», sagte ich.

«Nein, Humor verharmlost die Tragik», sagte Silvia.

«Verharmlost ist das falsche Wort. Der Humor distanziert die Tragik von einem selbst, aber sie wird dadurch keineswegs geringer», sagte ich.

«Ich verstehe euren Humor nicht», sagte sie.

«Weil du unser Leiden nicht verstehst», antwortete ich.

«Ich kann aber euer Leiden mitfühlen», beharrte sie.

Diese judenfixierten Deutschen, die sich von unserem Leiden faszinieren ließen, stießen mich einerseits ab. Auf der anderen Seite jedoch fühlte ich mich in ihrer Gegenwart wie «die schöne Jüdin», die so exotisch war, weil sie während der Pogrome an ihren Haaren durch die Straßen geschleift worden war. Wegen meiner Abstammung sahen Silvia und ihresgleichen mich als etwas Besonderes an. So wollte ich insgeheim von allen Deutschen betrachtet werden, weil ich dann so etwas wie Macht über sie gewann. Das machte die Deutschen für mich ungefährlich, ich hatte die Situation in der Hand, und so vermochte ich auch Rache zu üben. Ich nutzte Silvias Gefühle, besonders ihre Bereitschaft zum Mitleiden, schamlos aus. Wenn sie mich besuchte, spielte ich oft Tonband-Kassetten mit den traurigsten Liedern aus dem Getto, um sie zu provozieren. Sie weinte fast rituellartig jedesmal dabei, und ich freute mich darüber. Wie alle Deutschen sollte sie gepeinigt werden für das, was sie uns angetan hatten. Einmal zeigte ich ihr das Buch «Der Gelbe Stern», das ich aus

Deutschland mitgebracht hatte und das mich als 12jährige so erschüttert hatte. Sie schaute sich die Fotos an, als ob sie sie zum ersten Mal sähe, und geriet außer sich, fing so hysterisch an zu weinen, daß ich merkte, daß ich dieses Mal zu weit gegangen war. Dennoch wurden meine Gewissensbisse ziemlich schnell von meinem Haß verdrängt.

Silvia versuchte bezüglich der Leiden in eine Art Konkurrenzkampf mit mir zu treten. Sie bemühte sich, mir einzureden, daß auch sie in ihrem Leben sehr gelitten hatte. Sobald sie über die Erlebnisse in ihrer Kindheit zu erzählen begann, fertigte ich sie schnell ab: «Ihr habt ja den Krieg begonnen. Ihr habt euer Leiden selbst verursacht.» Ich sprach ihr jegliches Leiden ab, weil ich überzeugt war, daß wir Juden in diesem Bereich das Monopol besaßen. Ich ließ nicht zu, daß jemand es wagte, mir meine Opferrolle streitig zu machen.

Eines Abends lud Silvia mich zum Essen ein. Sie hatte noch eine ältere Dame aus Deutschland eingeladen, die irgendwann in den fünfziger Jahren in die Staaten eingewandert war. Als die Kinder und Silvias Mann nach dem Essen verschwanden, fing die Alte über die Vertreibung aus «unseren Ostgebieten» zu jammern an. Silvia litt natürlich mit. Ich lenkte das Gespräch auf die Judenvernichtung, und die Frau wurde richtig böse und fragte: «Können Sie die Vergangenheit nicht vergessen?»

«Offensichtlich so wenig wie Sie», antwortete ich.

An den meisten Feiertagen besuchte ich meine Eltern im Norden, aber während meines letzten Jahres an der Universität in North Carolina zogen sie nach Houston, Texas. So blieb ich wegen der weiten Entfernung manchmal über die kürzeren Feiertage in Chapel Hill. Am Erntedankfest im Herbst 1971 luden Silvia und ihr Mann mich abermals zum Essen ein. Silvias Bruder und ihre Schwägerin kamen aus dem Norden zu Besuch. Die Schwägerin war ebenfalls Mitte der fünfziger Jahre mit ihren Eltern aus Deutschland ausgewandert. Sie wohnten in New York City. Da wir aus der gleichen Gegend kamen, quatschten wir darüber. Es stellte sich heraus, daß sie mit 15 ein Opfer des «Kraut-bashing» geworden war. Mich überkamen sehr gemischte Gefühle. Diese Opfer waren für mich nie richtige Personen, sondern eher diffuse Phantombilder gewesen. Während sie mir detailliert beschrieb, wie sie damals von Jüdinnen verprügelt worden war, dachte ich, sie hält auch mich für eine der Täterinnen.

Als sie aufhörte zu erzählen, sagte ich: «Ich habe damit nichts zu tun gehabt. Ich habe so etwas nie getan.» Gleichzeitig dachte ich jedoch: Du fandest die Idee damals gut und gerecht. Du bist dadurch wohl doch zur Mittäterin geworden.

Im Frühjahr 1972, einige Monate bevor ich meinen Magister machte, wurde die ehemalige KZ-Aufseherin Hermine Braunsteiner-Ryan in New York gefaßt. Eine alte Jüdin, die den Holocaust überlebt hatte, hatte sie in der U-Bahn wiedererkannt, war ihr nach Hause gefolgt, hatte Namen und Adresse notiert und die Polizei alarmiert. Daraufhin wurde Braunsteiner-Ryan verhaftet und sollte an Deutschland ausgeliefert werden. Ich war wie viele andere Juden über das Verhalten der Hermine Braunsteiner-Ryan entrüstet. Es war eine unbeschreibliche Frechheit von diesen alten Nazis, zu denken, sie könnten unbehelligt und munter sogar in einer so jüdischen Stadt wie New York leben. Sie hatten doch inzwischen ein nahezu judenfreies Deutschland, sollten sie also gefälligst dort bleiben! An dem Abend, an dem ich diese Nachricht hörte, besuchte Silvia mich unangemeldet. Mir war natürlich nicht danach, ausgerechnet jetzt jemanden aus Deutschland zu sehen. Ich war immer noch in Wut und behandelte sie, als ob sie die Festgenommene selbst wäre. Mein keimendes Differenzierungsvermögen in bezug auf Deutsche war verschwunden. Meine alten Vorurteile schlugen wieder durch. Silvia faselte etwas wie: «Vielleicht ist sie es ja gar nicht gewesen», denn die festgenommene Frau hatte vor der Polizei alles geleugnet.

«Diese alten Nazis leugnen immer alles», schrie ich. «Warum sind sie zu feige, zu ihrer Ideologie und ihren Taten zu stehen?» Ich geriet so außer mir, daß Silvia, die direkt vor mir stand, zurückwich, aus Angst, ich könnte gewalttätig werden. Als sie dies tat, wurde plötzlich der Wandspiegel hinter ihr frei. Er spiegelte ein Gesicht, das ich gar nicht kannte. So siehst du also aus, wenn du haßt, dachte ich. Mein Gott, auch ich kann wie eine KZ-Aufseherin aussehen. Ich erschrak vor meinem eigenen Anblick. In dieser Nacht fiel mein Entschluß, nach Deutschland zu übersiedeln, in der Hoffnung, endlich die Vergangenheit zu verstehen, zu verarbeiten.

Von Versöhnung konnte keine Rede sein. Als Jugendliche hatten wir häufig über diesen «christlichen Blankoscheck» gelacht. Warum sollten wir unseren Feinden vergeben? Damit sie uns wieder – mit gutem Gewissen – verfolgen können? Ich konnte nicht, wie viele Juden, so tun, als ob Deutschland nicht existierte. Egal, wo ich mich befand, ich zog Deutsche an und natürlich auch umgekehrt. Und ich konnte nicht weiter mit solch einem starken Haß leben, der gleichzeitig lähmt, schwächt und schmerzt, und schlimmer noch – mich auf das Niveau meines Feindes hinabdrückt. Wie man so etwas los wird, wußte ich nicht. Aber ich sah die einzige Überwindungsmöglichkeit darin, meinen Haß in das Land seines Ursprungs zu tragen.

Es war Frühsommer 1972, als ich in die Bundesrepublik übersiedeln wollte. Meine Eltern waren mit meiner Entscheidung natürlich ganz und gar nicht einverstanden. «Alle rannten von diesem Land weg, und du rennst hin», schüttelte mein Vater den Kopf.

«Warum bist du so meschugge und nicht wie alle anderen?» fragte meine Mutter.

«Ich muß mich finden», sagte ich.

«Suche dich hier», erwiderte mein Vater.

«Wenn ich sterbe und in den Himmel komme, wird Gott mich nicht fragen: ‹Warum warst du nicht Moses?› Er wird mich fragen: ‹Warum warst du nicht Jane›», zitierte ich einen jüdischen Spruch.

«Gott wird dich fragen, warum du nur mit meinem Geld Jane sein konntest», warf mein Vater trocken ein. Er wollte mir eine Stelle an der Universität vermitteln, an der er unterrichtete. Ich wollte unbedingt in die Unsicherheit nach Deutschland. Sie drohten, mich finanziell nicht mehr zu unterstützen.

«Wir wollen unser Geld nicht in so einem Land haben», sagte meine Mutter verbittert, «und unsere Tochter erst recht nicht.» Aber noch nicht einmal das schreckte mich ab. Über meine berufliche Zukunft dort hatte ich mir bisher nicht zu viele Gedanken gemacht. Wie konnte ich für die Zukunft planen, wenn ich so tief in der Vergangenheit steckte?

Vage hatte ich vor, an einer deutschen Universität zu promovieren. Und ich wollte unbedingt nach Berlin, in die Stadt, in der einige Brüder meines Großvaters gelebt hatten, bevor sie ins Konzentrationslager mußten.

Eine Bekannte von der Universität in North Carolina, eine Südstaatlerin aus Virginia namens Liz, kam für eine Zeitlang mit. Sie wollte endlich mal etwas anderes sehen als immer nur Baumwoll- und Tabakplantagen. Ich fand es gut, jemanden dabeizuhaben, der Deutschland gegenüber neutral und unbelastet war.

Erschöpft von der langen Reise, kamen wir endlich in Berlin an. Mit den Händen voller Gepäck standen wir fast alleine auf dem U-Bahnhof, um nach Krumme Lanke weiterzufahren und in der Nähe der Freien Universität eine Pension zu suchen. Liz war noch nie vorher mit einer U-Bahn gefahren. «Die Türen gehen automatisch auf», sagte ich ihr. Wir standen vor dem Zug und warteten, aber die Türen blieben zu. Der Abfertiger sagte durch das Mikrofon: «Zurückbleiben», und der Zug fuhr ohne uns ab.

«Wieso sind die Türen nicht aufgegangen?» fragte mich Liz.

«Ich weiß nicht, vielleicht ist es doch nicht so wie in New York.» Der nächste Zug kam, und wir bemerkten, daß die Leute die Türen mit der Hand aufzogen. Da kann man während der Fahrt hinausgeworfen werden, dachte ich. Während der Fahrt blieb ich in der Mitte des Wagens, weit weg von den Türen.

Wir quartierten uns in einem kleinen Hotel ein und begannen sofort, eine Wohnung zu suchen, was in Berlin gar nicht einfach ist, zumal wir niemanden kannten, um unter der Hand an eine Wohnung zu kommen. Wir blätterten die seitenlangen Zeitungsannoncen durch. Was heißt «Abstand»? Das Wort stand als Bedingung in fast jedem Angebot, und keine der Definitionen im Wörterbuch paßte sinngemäß. Nach einigen Telefonaten erfuhren wir, daß es eine Art Bestechungsgeld ist, selbstverständlich ohne Quittung, um an eine Wohnung heranzukommen. Liz war entsetzt, aber ich kannte diese Praxis aus New York. Tagelang telefonierten wir und hörten immer wieder dieselbe Frage: «Sind Sie Ausländerin?» Kaum hatten wir geantwortet, war das Gespräch zu Ende. Eine Absage nach der anderen. Das Wort «Ausländer» bekam für mich einen bitteren Nachgeschmack. Es ersetzte fast das Wort «Jude».

Nach ungefähr einer Woche hätten wir jede Miete inklusive Abstand und Kaution bezahlt, bloß um eine Bleibe zu bekommen. Dann sagte endlich jemand zu. Ein Mann vermietete kleine renovierte Wohnungen in einem Altbau in Berlin-Neukölln; wir waren die ersten, die dort einzogen. Der Vermieter und seine Mutter lebten in der Wohnung direkt über uns.

Nach und nach füllte sich das ganze Haus mit Nachbarinnen. Komisch, dachten wir, nur Frauen. Und nach und nach klebten handgeschriebene Schilder an den Wohnungstüren: «Viola massiert streng», «Nicole macht es, wie Sie es mögen», «Jederzeit, Petra bereit». Erstaunt liefen wir von Stockwerk zu Stockwerk und lasen die Angebote. Die Leiter des Bordells, in dem wir gelandet waren, waren der Vermieter und seine omihaft aussehende Mutter. In Amerika ist Prostitution illegal und läuft im Untergrund ab. Daß hier alles so offen stattfand, kam uns äußerst merkwürdig vor. Die ersten Wochen ärgerten wir uns jedoch noch nicht über unsere Wohnsituation. Die Nutten und ihre Kundschaft störten uns nicht, weil wir zu beschäftigt waren, uns Berlin anzuschauen, und zudem waren wir heilfroh, ein Dach über dem Kopf zu haben.

Die Stadt faszinierte mich, auch wenn meine Haßgefühle ständig unterschwellig präsent waren. Sie brachen nicht wild aus, weil ich von den vielen neuen Eindrücken zu erschöpft war. Eines Nachmittags ging ich sogar hinüber nach Ost-Berlin, um das alte Scheunenviertel zu suchen. In den zwanziger und dreißiger Jahren lebten dort viele verarmte Ostjuden, unter anderem auch meine Verwandten. Als ich bei der Grenzkontrolle Checkpoint-Charly meinen amerikanischen Paß zeigte, fragte einer der DDR-Beamten neugierig, ob ich Indianerin sei. Als ich verneinte, schien er enttäuscht zu sein. Meine wahre Identität gab ich nicht preis. Ich spazierte durch die Straßen und bemerkte den gravierenden Unterschied zu West-Berlin. Auch der Geruch war anders. Was war das? Es kam mir so bekannt vor. Natürlich – meine Geschwister und ich hatten ein Motorboot gehabt, und wir mußten das Benzin mit Öl mischen. Es war der Geruch von Zweitakt-Motoren.

Spuren der Vergangenheit waren kaum zu finden. Der Alexanderplatz war total zubetoniert, überall standen moderne Kaufhäuser, Geschäfte und Restaurants. Es gab zwar im Zentrum noch ziemlich viele Ruinen aus dem Krieg, aber das alte Judenviertel war für immer verschwunden. Und niemand außer mir schien es zu vermissen. Um meine Enttäuschung zu überspielen und um das Geld des Zwangsumtausches loszuwerden, ging ich in das Kaufhaus «Centrum» am Alex. Ich kaufte zwei einfache Trinkgläser, die hauchdünn waren und ein bißchen schief standen. Kaum war ich wieder im Westen, waren Sprünge drin.

Als meine Umgebung langsam zum Alltag wurde, kehrten meine alten Gefühle in bezug auf Deutschland wieder. Nachts plagten mich Alpträume – am häufigsten der mit der U-Bahn-Fahrt ins Konzentrationslager. Wenn ich alte Leute auf der Straße sah, mußte ich mich immer fragen, was sie wohl im Dritten Reich gemacht hatten.

Bei einem Bummel auf dem Kurfürstendamm entdeckte ich in den Schaufenstern mehrerer Schmuckgeschäfte Davidsterne. Meinen trug ich seit langem wieder unter dem Hemd. Wer kauft so etwas? wunderte ich mich. Es sind doch kaum noch Juden da. Wut stieg in mir hoch. Verkaufen diese Schweine etwa noch jüdisches Eigentum aus der Nazi-Zeit?

Ich war kurz davor, hineinzugehen und mich nach der Herkunft dieser Schmuckstücke zu erkundigen, aber ich überlegte, daß ich ohnehin nicht die Wahrheit zur Antwort bekommen würde.

Eines Nachmittags spazierten Liz und ich in der Kantstraße, als eine alte Frau vor uns ohnmächtig wurde und hinfiel. Normalerweise hätte ich ihr nicht geholfen. «Wie kannst du nur so abgebrüht sein?» warf mir Liz entsetzt vor.

«Mein Gott, in New York passiert so etwas an jeder Straßenecke. Wie weit käme ich, wenn ich jedesmal anhielte?» erwiderte ich verärgert.

«Du willst ihr nicht helfen, weil sie Deutsche ist», sagte Liz.

«Das spielt natürlich auch eine Rolle», sagte ich. Zu jener Zeit war es mir unbekannt, daß man hier in Deutschland verpflichtet ist zu helfen und daß unterlassene Hilfeleistung – zu Recht – strafbar ist.

Wir halfen der alten Frau, die sehr dankbar war. Ich redete mit ihr, während Liz einen Krankenwagen rief. Immer wieder entschuldigte sie sich, daß meine Jacke mit ihrem Blut beschmiert war. «Es ist schon gut», beruhigte ich sie, «mit kaltem Wasser wäscht es sich leicht wieder raus.»

«Woher wissen Sie das?» fragte sie trotz ihrer Schmerzen überrascht.

«Ich habe Bluterfahrung.» Sie lächelte mich komisch an, und ich dachte, jetzt sage ich ihr, daß ich Jüdin bin – und sie stirbt an einem Herzschlag. Ich sagte jedoch nichts, und der Krankenwagen kam und nahm sie mit. «Fühlst du dich besser, nachdem wir ihr geholfen haben?» fragte mich Liz.

«Ich fühle gar nichts», schnappte ich zurück. Ich fühlte aber doch etwas – ein tiefes Entsetzen darüber, daß ich so gefühllos sein konnte. Nicht allzuviel unterschied mich von meinen Feinden.

Es dauerte nicht lange, bis es uns doch auf die Nerven ging, in einem Bordell zu wohnen. Der Zuhälter-Vermieter hatte wohl irrtümlicherweise gedacht, wir würden aus finanzieller Not heraus mitmachen und er könnte auch uns für seinen Stall gewinnen. Daß ein Deutscher, der zudem noch Zuhälter war, es wagte sich vorzustellen, daß er Einfluß auf mich ausüben konnte, erweckte tiefsten Groll in mir. Ich werde es ihm zeigen, auch wenn es eine Weile dauert.

Da wir uns immer häufiger von den Freiern belästigt fühlten, begannen wir Terror zu machen. Manchmal stand ich mit einer Kamera am Fenster – wir wohnten im Erdgeschoß – und tat, als ob ich die draußen auf der Straße wartenden Kunden fotografierte. Die meisten erschraken, viele liefen weg und kamen nicht wieder. Die Nutten, die um ihr Geschäft bangten, bemühten sich, uns gegenüber sehr freundlich zu sein, um uns nicht noch mehr zu provozieren. Oft luden sie uns sogar zu Kaffee und Kuchen ein, und ich genoß es, wie sie um uns krochen.

Ich immatrikulierte mich für das Wintersemester 1972/73 an der Freien Universität im Fachbereich Germanistik. Einige Monate vor Semesterbeginn jobbte ich mit Liz bei der US-Armee in einer Snack-Bar. Dort saßen oft aufgeputzte deutsche Frauen herum, die mit amerikanischen Soldaten befreundet waren. Sie aßen Hamburger mit viel Ketchup darauf, redeten englisch im Army-Slang und träumten davon, durch eine Heirat nach Amerika zu gelangen. Ich mußte immer wieder an die Mütter von Peter und Silvia denken. Wirtschaftsemigranten, dachte ich verächtlich. Warum bleiben sie nicht hier, wo sie hingehören? Sicherlich spielte bei mir Neid eine Rolle. Die Kinder solcher deutschen Frauen, die in den USA geboren und aufgewachsen sind, haben in der Regel keine Assimilationsschwierigkeiten. Sie werden ohne weiteres als vollwertige Mitglieder der US-Gesellschaft akzeptiert. Meine Geschwister und ich hingegen gehörten schon zur zweiten Generation, die in den USA zur Welt kamen, und mußten uns die Assimilation immer noch erkämpfen.

In der Snack-Bar lernte ich den jüdischen Militärpolizisten John kennen. In Amerika hätte ich mit so jemandem nichts gemein gehabt. Meiner Meinung nach war er ein Schlägertyp. Er haßte die Deutschen ebenso wie ich, und wo er konnte, versuchte er ihnen gegenüber auch körperlich aggressiv zu sein. Sogar hier war er ein «Kraut-Basher». Seinen Haß stellte er nie in Frage, und darunter gelitten hatte er offensichtlich auch nicht. Dennoch stand ich emotional auf seiner Seite. Er brachte mich in ein israelisches Restaurant, in dem er oft verkehrte, obwohl er sonst kaum mit der Zivilbevölkerung in Berührung kam. Wir waren der Meinung, daß Deutsche in diesem Lokal nichts zu suchen hätten. Wenn John dort welche antraf, setzte er sich absichtlich in ihre Nähe, trug seinen Davidstern für alle sichtbar und schaute sie so lange mit finsteren Blicken an, bis sie das Lokal verließen. Was hatten sie überhaupt hier zu suchen?

Die Kombination unserer beider Persönlichkeiten bewirkte, daß wir unsere Bösartigkeit Deutschen gegenüber immer kreativer gestalteten. Um alle in dem Puff noch mehr zu verunsichern, warteten wir eines Abends, bis es ruhig war. Dann schlugen wir mit dicken Armee-Gürteln gegen die Wände und schrien und stöhnten ganz laut dazu. Nach einigem Zögern machte auch Liz mit. Diese Prozedur wiederholten wir mehrere Nächte lang. Fortan sahen uns die Prostituierten mit merkwürdigen Augen an.

Manchmal erschien John in seiner MP-Uniform. Eine der Prostituierten fand ihn total «geil» und wollte sogar kostenlos mit ihm schlafen. John war entrüstet, als ich ihm von diesem Sonderangebot erzählte. «Sie würde sich auch in eine SS-Uniform verlieben!» brüllte er durch das Haus.

Im September überfielen palästinensische Terroristen die israelische Olympia-Mannschaft in München. Die Araber hatte ich eigentlich vorher nie als meine Feinde betrachtet. Ich steckte emotional noch so sehr im Dritten Reich, daß ich mich in den letzten Jahren nur oberflächlich mit den israelisch-arabischen Problemen beschäftigt hatte. Unter den Juden, die John kannte, herrschte Krisenstimmung. Ständig warnte er mich, bei arabisch aussehenden Menschen aufzupassen. «Aber es gibt hier so viele, die arabisch aussehen», sagte ich verzweifelt. Es war mir alles zuviel, zu viele Feinde auf einmal. Langsam wurde ich paranoid. Wenn ich mit der

U-Bahn fuhr, sah ich in den alten Deutschen ehemalige Nazis und in den dunkleren Leuten arabische Terroristen.

John wohnte nicht in der Kaserne, sondern hatte ein Zimmer in einem Dauerhotel. Der Besitzer war deutscher Jude, und die Gäste waren jüdische und deutsche Studenten und Studentinnen sowie amerikanische Soldaten, weil die Kaserne in der Nähe lag. Kurz nach dem Überfall in München wurden in dem Dauerhotel Zimmer frei. John meinte, einige Nichtjuden seien ausgezogen, weil es zu gefährlich sei, unter Juden zu wohnen. Man fürchtete erneute Terroranschläge. Liz und ich nutzten die Gelegenheit, mieteten zwei Zimmer dort und kündigten sofort die Wohnung im Puff. Es war mir zu gefährlich, unter Nichtjuden zu wohnen.

Zu Recht befürchteten wir, daß wir die Kaution in Höhe von fast tausend Mark von den Puffbetreibern nicht zurückbekämen. Gerüchte kursierten im Haus, daß der Zuhälter-Vermieter pleite sei. Eine Nachbarin, die kurz vor uns ausgezogen war, hatte lediglich einen wertlosen Schuldschein erhalten. Wir ließen uns erst gar nicht darauf ein. Der Vermieter füllte uns einen Scheck aus, und ich ging damit umgehend zur Bank. Wie ich geahnt hatte, war er nicht gedeckt. Die Nacht durch schmiedeten John und ich Rachepläne. Am nächsten Tag kam er in voller Uniform und mit seiner Dienstwaffe. Wir marschierten zu dem Vermieter hoch. Als er die Tür einen Spalt aufmachte, schob John seinen Stiefel dazwischen. Der Mann stand bleich da, während John, den wertlosen Scheck in der Hand, ihn in gebrochenem Deutsch anschrie: «Nix Papier! Geld!» Mit so einer Reaktion hatte der erschrockene Typ nicht gerechnet, was wiederum mich überraschte. Was hatte er erwartet? Er stammelte und versuchte zu erklären, daß er das Geld nicht habe. John schob ihn grob beiseite, und wir drangen in die Wohnung ein. In keinem anderen Land hätte ich gewagt, mich so zu benehmen. Seine Mutter saß mit aufgerissenen Augen und kreideweiß in einem Sessel und jammerte händeringend irgend etwas Unverständliches. «So», kündigte ich im Feldwebelton an, «wir bleiben hier bei Ihrer Mutter, bis Sie uns das Geld bringen. Uns ist es scheißegal, wie Sie das schaffen. Das ist Ihr Problem. Vielleicht versuchen Sie's mal auf dem Strich.» Er rannte hysterisch durch das Haus, die Treppe rauf und runter, von Tür zu Tür, pumpte von der einen Nutte fünfzig, von der nächsten hundert Mark. Wir leisteten der Mutter Gesellschaft, während er sammelte. «Na, Omi, wo waren Sie im Dritten Reich?» fragte ich sarkastisch. John lehnte sich gegen die Wand, grinste und wirbelte seine Pistole um den Zeigefinger. Wir genossen die Situation, daß Deutsche vor uns Angst hatten und zitterten. Wenn wir weggehen, dachte ich, werden sie zumindest nicht sagen können, daß Juden feige sind und sich alles gefallen lassen. Liz gefiel diese Situation weniger. Sie war zwar mit uns gekommen, blieb aber als Unbeteiligte im Hintergrund.

Endlich kam der Vermieter zurück und überreichte uns ein Bündel Scheine und Kleingeld. Langsam und demonstrativ zählte ich jeden Schein und jeden Pfennig. «Es stimmt», stellte ich fest. Als wir das Haus verließen, guckten die Nutten uns durch ihre Türspalten erstaunt hinterher. Und wir fühlten uns wie Sieger.

Es war an einem Wochenende, als wir ins Hotel einzogen. Der Besitzer, der die Verfolgung überlebt hatte, freute sich, daß jetzt noch eine Jüdin bei ihm wohnte. Ich war weniger beeindruckt von ihm. In dem überfüllten, qualmigen Lokal im Erdgeschoß lernte ich ihn kennen. Er saß an einem Tisch, umgeben von einigen Leuten, überwiegend jungen Frauen, und prahlte mit lauter, quäkender Stimme mit seinen Millionengeschäften. Mein Gott, dachte ich erschrocken, merkt er denn nicht, wie gefährlich das ist? Er verhielt sich genau wie der typische «Geldjude».

Er konnte «die Deutschen» offensichtlich nicht leiden, obwohl er aus der Emigration hierher zurückgekommen war. Er behandelte die deutschen Gäste eindeutig anders als uns, sie wurden wegen allem möglichen angemeckert, während wir jüdischen Gäste machen durften, was wir wollten. Sicherlich waren die anderen neidisch, wenn sie es merkten. Ich genoß indes meinen Sonderstatus. Der Hotelbesitzer hatte zur Zeit meines Einzugs zufällig Besuch von einigen alten Freunden und machte uns miteinander bekannt. Es waren zwei ältere Männer und eine ältere Frau. «Woher stammen Sie?» fragte die Frau.

«Aus den USA», antwortete ich.

«Aus Amerika, interessant», sagte einer der Männer, «sprechen die amerikanischen Juden darüber, warum sie uns in der Nazizeit im Stich gelassen haben?»

«Ja, warum haben Ihre Eltern nichts getan, um uns zu retten?» fügte der andere hinzu.

Hätten sie mich mit einer Peitsche geschlagen, ich wäre nicht weniger erschrocken. Ich wußte nicht, inwieweit meine Eltern geholfen hatten, wenn überhaupt. Ich hatte nie darüber nachgedacht. Aber die vorwurfsvolle Art, in der diese Leute mich fragten, machte deutlich, daß sie dachten, meine Eltern hätten, wie wohl die meisten amerikanischen Juden, überhaupt nichts getan. Noch nie in meinem Leben hatte ich mich so geschämt und war so verunsichert gewesen wie jetzt. Wie konnte ich diesen ehemaligen KZ-Häftlingen in die Augen schauen? War es möglich, daß meine Eltern wirklich nicht versucht hatten, den europäischen Juden, ja ihren eigenen Verwandten, zu helfen? Hatten auch sie, wie die schweigende Mehrheit der Deutschen, das Dritte Reich ermöglicht? Dieser Gedanke war mir so unerträglich, daß ich log, und zwar mit so einer Vehemenz, daß ich diese Lüge über ein Jahrzehnt aufrechterhielt. Ich bog unsere Familiengeschichte ein bißchen um. Meinen Großonkel, den Bruder meines Großvaters aus dem Scheunenviertel, und seine Frau machte ich zu meinen Großeltern. Deren Kinder, die im Konzentrationslager umgekommen waren, verwandelte ich in die Geschwister meines Vaters. Mit der Familie meiner Mutter tat ich etwas Ähnliches. Ich fabrizierte eine Geschichte, in der sie alle nach dem November-Pogrom 1938 nach Amerika geflohen waren, wo ich dann auch geboren wurde. An meinem eigenen Lebenslauf brauchte ich nichts zu verändern; da ich nach dem Holocaust zur Welt gekommen war, konnte mir niemand etwas vorwerfen. Diese Lüge «wirkte», denn mir wurde nie wieder von der verfolgten Generation vorgeworfen, meine Eltern hätten nichts getan. Ich aber hatte vor, meinen Eltern bei meinem nächsten Besuch in Amerika genau dies vorzuwerfen.

Am Montag nach unserem Einzug fingen die Vorlesungen an der Universität an. Ich wollte einige Seminare belegen und dann einen Doktorvater suchen. Die ersten Wochen konnte ich mich nur schwer orientieren, die Struktur der deutschen Universitäten ist völlig anders als die der amerikanischen. Zudem hatte ich erhebliche Sprachschwierigkeiten. Die Studenten redeten für meine Deutschkenntnisse zu schnell, und mir fehlte es an Vokabular. Alle kamen mir hochintelligent vor, weil ich ihr Geschwafel noch nicht durchschaute.

Eines Morgens saß ich in einem Seminar und fühlte mich fiebrig. Da ich zu Hypochondrie neige, beruhigte ich mich, daß es nur Einbildung sei. Eine Stunde später fühlte ich mich jedoch wirklich krank, ging nach Hause und legte mich ins Bett. Ich dachte, mich hätte die Grippe erwischt. Es ging mir zunehmend schlechter, und spät abends wurde es John und Liz klar, daß ich ins Krankenhaus mußte. Ich weigerte mich, da ich nicht von deutschen Ärzten behandelt werden wollte, was John gut verstand. Er wollte mich ins US-Krankenhaus bringen. Dort nahm man jedoch nur Militärangehörige auf. Zudem war ich als Studentin Mitglied einer deutschen Krankenversicherung. Als ich spät nachts kaum noch atmen konnte, willigte ich endlich ein, in eine Klinik gebracht zu werden. Ich hatte eine Hirnhautentzündung. Als ich halb bewußtlos und mit fürchterlichen Kopfschmerzen auf der Isolierstation lag, dachte ich bei mir, dies sei die Strafe dafür, daß ich nach Deutschland gekommen war. Wenn ich sterben sollte oder behindert bliebe, geschehe es mir recht. Der Haß gegen dieses Land hat mich körperlich fertiggemacht. Wenn ich in den USA geblieben wäre, läge ich jetzt nicht hier.

Während der ersten Tage in der Klinik war ich so krank, daß ich nicht viel wahrnahm. Ich hörte deutsche Stimmen und bildete mir ein, es wären meine Großeltern. Wo bin ich eigentlich? Ach ja, in Deutschland, im Krankenhaus, ich sterbe. Ich bin den Mördern ausgeliefert, phantasierte ich. Das sind Nazis, die mich behandeln, die ständig meine Wirbelsäule punktieren, mit großen Nadeln in meinen Hauptnerven herumstechen. Ab und zu ging mir durch den Kopf, daß die Menschen im KZ sicherlich noch kränker gewesen waren – und trotzdem hatten manche überlebt. Dies war mein Fünkchen Hoffnung. Gleichzeitig steigerte sich mein Mißtrauen. Obwohl ich kaum noch Energie besaß, sagte ich eines Morgens einer Krankenschwester: «Ich will diese Ärzte nicht, ich will einen jüdischen Arzt.»

«Was? Wie?» stammelte sie verwirrt, «es ist aber der Professor persönlich, der Sie behandelt.»

«Es ist mir egal, ich will ihn nicht. Ich will einen jüdischen Arzt.» Perplex verließ sie das Zimmer.

Wenig später erschien der Professor. «Was habe ich gehört? Sie wollen andere Ärzte?» fragte er.

«Ich will einen jüdischen Arzt», sagte ich.

«Wir sind aber fachlich genausogut qualifiziert», sagte der Professor.

«Ich traue Ihnen nicht», erwiderte ich.

«Wieso nicht? Was haben wir Ihnen getan? Wir tun unser Bestes, Ihre Gesundheit wiederherzustellen», sagte er.

«Ihr Deutschen habt meine Gesundheit kaputtgemacht.»

«Seien Sie vernünftig. Wir haben hier die modernsten medizinischen Möglichkeiten in Europa. Sie sind bestens aufgehoben.» Ich drehte mich um, und der Professor verließ das Zimmer. Am Abend durfte ich kurz Besuch von John empfangen – durch Trennglas, mit Telefon. Er hegte sogar noch mehr Mißtrauen gegen die deutschen Ärzte als ich und versprach mir, wenn ich nicht heil herauskäme, würde er Terror machen.

Am nächsten Morgen erschien der Professor wieder, begleitet von zwei jüdischen Medizinstudenten. Später erfuhr ich, daß er viel Zeit investiert hatte, sie ausfindig zu machen. Zusammen erklärten sie mir nun den Verlauf der Hirnhautentzündung und die ziemlich unangenehmen Behandlungsmethoden.

Die beiden Studenten besuchten mich öfters und unterhielten sich mit mir. Das Hauptthema war stets die Gefahr weiterer arabischer Anschläge auf Juden hier in der Bundesrepublik. Ich versuchte dies zu verdrängen. Es war mir alles zuviel, die Konfrontation mit Deutschland, die Terroranschläge und jetzt diese schwere Krankheit.

Eines Morgens kam eine Krankenschwester herein und bestellte mir schöne Grüße und eine gute Besserung von den beiden Patientinnen im Nebenzimmer, die dort mit offener TB lagen. «Woher wissen sie von mir?» fragte ich.

«Sie hatten sich über die anderen Kranken auf der Station erkundigt.» Merkwürdig, ich hatte gar nicht an meine Nachbarinnen und Nachbarn hier gedacht.

«Sind das Deutsche?» fragte ich.

«Ja, natürlich!» antwortete die Krankenschwester.

«Wer liegt auf der anderen Seite von mir?»

«Ein Mann mit Typhus.»

«Hat er auch nach den anderen gefragt?»

«Nein. Er ist mit sich selbst beschäftigt.» Das war ich offenbar auch. Um so netter empfand ich das Verhalten der beiden Frauen. Fortan richteten wir uns über die Krankenschwestern Grüße aus und sprachen uns gegenseitig Mut zu.

Nach einigen Wochen kam einer der behandelnden Ärzte zu mir und setzte sich neben mich. Er war einer von vier Ärzten und Ärztinnen im Gefolge des Professors, war aber bisher nie allein gekommen. «Ihr Gesichtsausdruck scheint zu sagen, daß ich nicht mehr zu retten bin», sagte ich.

«Doch, doch, das Schlimmste haben Sie längst überstanden», beruhigte er mich. «Wie geht es Ihnen denn?»

«Wie es einem nach einer Hirnhautentzündung und völliger Isolation in einem fremden Land so geht», sagte ich.

«Deswegen wollte ich Sie besuchen», sagte er. «Wir können Ihre Eltern nicht erreichen. Ihre Freunde haben für uns bei ihnen angerufen, aber niemand hat abgenommen.»

«Gott sei Dank. Sie wären in totaler Hysterie hierhergerast. Sie sind irgendwo in Mexiko im Urlaub.»

«Was macht Ihr Vater?» fragte er.

«Er ist Maschinenbauingenieur.»

«Meiner war Arzt. Er hat in den dreißiger Jahren an der Charité gearbeitet. Kennen Sie das Krankenhaus?»

«Nur vom Namen her. Ich glaube, es liegt heute in Ostberlin», sagte ich.

«Vor der Hitler-Zeit war es weltberühmt. Die Mehrzahl der Ärzte und Professoren war Juden. ‹Jüdische Mafia› schimpfte mein Vater sie immer, weil er keine Chance hatte aufzusteigen.»

«Warum nicht?» fragte ich.

«Er behauptete, sie hätten ihn beruflich blockiert. Aber vielleicht war er nur neidisch auf ihre Leistungen.»

«Und was hat er dann gemacht?»

«Er wurde Nazi.»

«Verzweifelte Lösung.»

«Er wurde aber dort beruflich gefördert – als KZ-Arzt.»

Hörte ich richtig? Hier wollte wohl einer beichten und sein schlechtes Gewissen entlasten. Was erwartete er von mir? Versuchte er mich irgendwie zu testen oder zu verspotten? Vielleicht log er und wollte sich nur wichtig machen. «Wissen Ihre Kollegen das?»

«Nein, zumindest nicht von mir.»

«Warum erzählen Sie es dann mir?»

«Weil es mich so belastet.»

«Und Sie glauben, daß es ausgerechnet mir nichts ausmachen würde?»

Er stand auf, um zu gehen. «Keine Bange, ich erzähle es auch nicht weiter», sagte ich, weil er mir irgendwie leid tat.

Ich kam heil aus der Klinik heraus, aber es dauerte 13 Monate, bis ich mich völlig von der Krankheit erholt hatte. Eigentlich bin ich ein Jahr jünger, weil mir diese Zeit verlorenging. Meine Mutter, aus Mexiko zurück, rief mich an und wollte wissen, warum ich nicht normale Krankheiten bekommen könnte, es müsse immer etwas Exotisches sein. Mein Vater sagte: «Gott sei Dank hast du es in Europa gekriegt.» Da hatte er auch recht. Ich mußte keine Rechnungen bezahlen, absolut nichts, die Krankenkasse übernahm alles. In

Amerika hätte ich jahrelang abstottern müssen. Bei meinem Autounfall in North Carolina erhielt ich schon im Krankenwagen die Rechnung für die Fahrt ins Krankenhaus. Das Gesundheitswesen hier war in meinen Augen ein großer Pluspunkt für die Bundesrepublik.

Im Frühjahr 1973 besuchte ich ab und zu wieder Vorlesungen. Das tägliche Leben war indes immer noch recht anstrengend. Beim Einkaufen mußte ich öfters eine Pause einlegen, weil ich noch nicht die Kraft besaß, die Tüten zu tragen. Oft passierte es mir, daß wildfremde Menschen mir auf der Straße halfen, ohne daß ich sie darum gebeten hatte. Ich fand dies zwar sehr rührend, fragte mich jedoch immer wieder: Würden sie mir auch helfen, wenn sie wüßten, daß ich Jüdin bin?

Ich freundete mich mit einer jüdischen Studentin namens Vanessa an. Ihr Vater, der das KZ überlebt hatte, hatte seine erste Frau und die Kinder im Holocaust verloren. Ihre Mutter hatte sich die ganze Zeit verstecken können. Vanessa, die in meinem Alter war, war in der Bundesrepublik aufgewachsen. Ich konnte mir nur schwer vorstellen, wie man Kindheit und Jugend hier verbringen konnte. «Natürlich war es merkwürdig, ist es auch jetzt noch», sagte Vanessa. «Als Kind behandelten mich die Lehrer und Lehrerinnen wie zerbrechliches Porzellan. Keiner wußte, wie man mit Juden umgeht.»

«Hier bin ich zum ersten Mal etwas Besonderes. Ich genieße diesen Sonderstatus, weil ich ihn vorher nie kannte», gab ich zu.

«Und offensichtlich kannst du nicht einschätzen, wie gefährlich dieser Status ist und wie angreifbar er uns macht», fügte Vanessa hinzu, «in der Schule hat dieser Sonderstatus viel Neid unter den anderen Kindern geschürt. Und ich konnte nichts dagegen tun. Ich sehnte mich danach, wie die anderen behandelt zu werden.»

Unter den Juden, die hier lebten, gab es Probleme und Situationen, die mir fremd waren. Ein alter jüdischer Arzt steckte mir ständig Hundertmarkscheine zu, weil ich wie seine vergaste Tochter aussah. Zuerst hatte ich dieses «Leichengeld» nicht akzeptiert. Da ich es nicht angenommen hatte, erhielt ich es ein paar Tage später per Postanweisung. In New York wäre mir so etwas nie passiert, weil jede zweite aussieht wie ich.

Sogar nach den jüdischen Regeln zu leben, bereitete in der Bundesrepublik Schwierigkeiten. Koscheres Fleisch mußte in Amsterdam beschafft werden. Erst als sich die Türken in Berlin ansiedelten, wurde es einfacher, weil auch sie rituell schächten. Auch mit Partnerschaften und Ehen war es nicht einfach. «Wenn ich einen Juden heiraten will, ist meine Auswahl nicht groß. Viele suchen deshalb einen Ehepartner in Israel oder in den Vereinigten Staaten», sagte Vanessa.

Obwohl ich unter ganz anderen Bedingungen groß geworden war, fühlte ich eine starke Bindung zu Vanessa, ja überhaupt zu den hier lebenden Juden. Im ersten Jahr hatte ich fast ausschließlich zu Juden Kontakt, weil ich mich bei ihnen viel geborgener fühlte. Trotz der nationalen Unterschiede ähnelten wir uns – in den Ansichten, im Humor, in den Gewohnheiten und vor allem in den Ängsten. Zu dieser Zeit wurde mir erstmals bewußt, wie stark die gemeinsame 5000jährige Geschichte unsere Persönlichkeiten geprägt hatte. Um die Verfolgungen zu überstehen, war das Volk eng zusammengerückt, zum Überleben war man aufeinander angewiesen. Dieses Zusammenhalten, das auch Außenstehenden nicht entgeht, ist wahrscheinlich die von vielen Ignoranten so bezeichnete «jüdische Weltverschwörung».

Im Sommer 1973 flog ich in die USA, um mich noch einige Monate zu erholen. Was war aus meinem Haß geworden? Einerseits war ich noch zu schwach für extreme Gefühle, andererseits diente mein Aufenthalt in der Bundesrepublik dazu, meinen oberflächlichen Umgang mit Deutschen in einem gewissen Grad zu stabilisieren. Deshalb war ich auch seelisch in der Lage, einen deutschen Studenten, Günter, den ich im Flugzeug kennenlernte und der zum ersten Mal nach Amerika reiste, in meine Familie einzuladen. Zuerst blieben wir kurz bei meinem Bruder und meiner Schwägerin in New Jersey, dann fuhr er mit dem Fernbus durch den Süden, und ich flog nach Houston, wohin er einige Wochen später nachkam.

Eines Tages, kurz nach meiner Ankunft, erzählte ich meinen Eltern und Nancy von der Lüge über unsere Familiengeschichte und daß ich sie Günter gegenüber aufrechterhalten mußte. Er studierte ebenfalls an der Freien Universität, und obwohl die FU eine Massenuni ist, ist sie trotzdem «klein». Bisher hatte ich Günter zwar nichts über meine Herkunft gesagt, aber so eine Lüge muß man konsequent durchhalten. «Wieso hast du dieses Märchen verbreitet? Es ist viel exotischer, wenn deine Eltern aus Texas stammen. Daß sie aus Berlin kommen sollen, ist für die Leute in Berlin bestimmt langweilig», sagte Nancy.

Mein Vater schaute mich kopfschüttelnd an und fragte: «Was erwartest du von mir? Soll ich von jetzt an mit deutschem Akzent reden? Warum tust du so was?»

«Warum könnt ihr das nicht verstehen?» fragte ich zurück. «Was würdet ihr tun, wenn ehemalige verfolgte Juden oder deren Kinder euch vorwerfen würden, nicht genug für ihre Rettung getan zu haben?» fragte ich.

«Ich hätte die Wahrheit gesagt», antwortete mein Vater.

«Und sie wäre? Was habt ihr eigentlich getan, um den europäischen Juden zu helfen?»

Alle schwiegen, und die Atmosphäre war äußerst gespannt. «Es herrschte Krieg. Die Zeiten waren damals sehr schwierig», antwortete meine Mutter.

«Wenn man nur zurückblickt, verpaßt man die Zukunft», sagte mein Vater. Obwohl ich nicht weiter fragte, plagte mich immer mehr der Gedanke, daß sie vielleicht wirklich untätig gewesen waren, als unser Volk vernichtet wurde. Wie viele junge Deutsche standen mit derselben Frage vor ihren Eltern und erhielten die gleichen ausweichenden Antworten? Wie fühlten sie sich dabei? Aber ich wollte mich nicht mit den Deutschen meiner Generation vergleichen. Ich hielt sie alle noch für Mittäter.

Als Günter dann kam, lief alles normal. Er und Nancy, beide Kamera-Freaks, verglichen Ausrüstungen und Fotografietechniken. Meine Eltern spielten ihm kein Theater vor. Jedesmal jedoch, wenn Günter und ich vor meiner Mutter miteinander deutsch sprachen, sagte sie: «Sprecht englisch. Er ist nicht nach Amerika gekommen, um deutsch zu reden.» Günter fragte nie, ob wir Juden seien. Er hatte es aber sicherlich gemerkt, denn mein Großvater zum Beispiel sprach mit starkem jiddischen Akzent.

Abermals zur Enttäuschung meiner Eltern, kehrte ich im Herbst 1973 nach Berlin zurück, um mein Studium an der FU fortzusetzen. «Warum willst du unbedingt zurück?» fragte meine Mutter.

«Ich will dort promovieren», sagte ich.

«Das kannst du auch hier», meinte sie. Aber ich mußte zurück. Obwohl meine Freundin Liz inzwischen endgültig in die USA zurückgekehrt und John wieder in die Heimat versetzt worden war, trieb mich ein innerer Zwang nach Deutschland. Ich merkte, daß mein Deutschlandhaß in den USA noch schlimmer war als in Deutschland, weil ich erneut von meinem Milieu «angesteckt» wurde. Es war aus eben diesem Grund, daß ich überhaupt nach Deutschland wollte. Ich mußte alle Ursachen des Holocausts enträtseln, und ich war noch sehr weit davon entfernt. Und, so merkwürdig es auch klingen mag, ich fühlte mich nur in Deutschland als «richtige» Jüdin. Da ich dort etwas Besonderes war, konnte ich mich von der Menge abgrenzen, mein Anderssein distanzierter beobachten.

An der Freien Universität besuchte ich bei den Germanisten die Beratungsstelle, um zu erfahren, welche Voraussetzungen für die Promotion erforderlich waren. Ich betrat das Zimmer, und der Professor hinter dem Schreibtisch schien bei meinem Anliegen überrascht zu sein. Mit einem Hauch von Arroganz fragte er mich: «Sie wollen als Ausländerin in Germanistik promovieren? Wissen Sie, daß nicht einmal die meisten deutschen Studenten es bis zum Doktor schaffen?» Falls er mich hatte abschrecken wollen, hatte es nicht gewirkt. Arrogant wie ich war, empfand ich einen Vergleich zwischen mir und den deutschen Studenten unter meiner Würde. Der Professor blätterte meine Unterlagen durch und stellte fest: «Sie haben noch nicht einmal Latein gehabt!»

«Dafür habe ich Russisch und Deutsch als Fremdsprachen gehabt», antwortete ich.

«Das Große Latinum ist aber Pflicht für die Promotion», sagte er.

«Wieso denn das?» fragte ich.

«Nur mit Latein lernt man logisch denken», antwortete er.

«Das heißt, daß nur Christen die Fähigkeit besitzen, logisch zu denken?» fragte ich. Er schaute mich verblüfft an. «Wo ich herkomme», fuhr ich fort, «kann niemand Latein, sondern Hebräisch. Und ich möchte den meisten Juden nicht unterstellen, daß sie nicht logisch denken können.» Als ich das Zimmer verließ, fragte ich mich, ob er logisch genug denken konnte, um über seine eigenen Vorurteile zu reflektieren.

Ich wollte meine Doktorarbeit über das Thema des «Ewigen Juden in der deutschen Literatur» schreiben. Die christliche Version des Mythos vom Ewigen Juden lautet, daß dieser zum endlosen Wandern verdammt ist, weil er Jesus auf dessen Weg zur Kreuzigung von seiner Tür gewiesen hat. In der westlichen Literatur symbolisiert er unter anderem eine bestrafte Person ohne Heimat, ohne Ruhe, verdammt zu ewigem Leben. Für mich hingegen war der Ewige Jude eine erstaunliche Figur und symbolisierte die Geschichte des ganzen jüdischen Volkes – im positiven Sinn. Im Jahr 70 christlicher Zeitrechnung von den Römern aus der Heimat vertrieben, war das Volk – aus politischen und gesellschaftlichen Gründen, nicht aus göttlichem Ratschluß heraus – gezwungen, durch die ihnen feindlich gesinnte Welt zu ziehen. Dennoch hat es durchgehalten und überlebt.

Mit diesem Thema klopfte ich bei drei Professoren an. Keiner fühlte sich dafür zuständig. Bevor ich bei weiteren Professoren anfragte, diskutierte ich die Angelegenheit mit Vanessa. Sie vertrat die These, wir sollten als Juden besser nichtjüdische Themen bearbeiten, weil wir dazu mehr kritische Distanz hätten. Vielleicht hatte Vanessa recht. Ich identifizierte mich zu sehr mit diesem Thema, um es objektiv analysieren zu können. Seit Jahren las ich in meiner Freizeit fast ausschließlich über das Dritte Reich und den Holocaust. Vielleicht würde mir ein neutrales Thema besser anstehen. Und so wählte ich als Thema meiner Doktorarbeit «Die Industrialisierung in der deutschen Literatur im 19. Jahrhundert».

Es gab an der Freien Universität zahlreiche kommunistische Splittergruppen, die auf dem Campus ihre Stände hatten. Ich konnte sie nie auseinanderhalten. Für mich war es ein ungewohntes Bild, daß Kommunisten öffentlich aktiv sein durften. Der McCarthyismus hatte die amerikanischen Kommunisten in den Untergrund getrieben.

Über dem Mensa-Eingang hing ein buntes Transparent mit Parolen zur «Befreiung Palästinas vom zionistischen Imperialismus». Wo nahmen Deutsche das Recht her, Israel in dieser Frage zu kritisieren? Ihretwegen war Israel ja gegründet worden. Wir sind überhaupt durch das Dritte Reich zu «Super-Juden» geworden. Hätten wir eine so starke Identität mit unserem Volk entwickelt, wenn die Unterdrückung nicht so extrem gewesen wäre? Je mehr man uns durch die Geschichte hindurch zu vernichten versuchte, desto stärker beharrten wir darauf, Juden zu sein.

Durch Vanessa lernte ich mehrere israelische Studenten kennen. Nicht nur war ich erstaunt, daß so viele Israelis hier lebten, es überraschte mich auch, daß die Regierung Israels und die der Bundesrepublik gute diplomatische Beziehungen miteinander pflegten. Die antiisraelischen Sprüche an der Universität repräsentierten wohl nicht die offizielle Haltung der Bundesrepublik zu Israel. Die vielen Zitrusfrüchte aus Jaffa hatte ich beim Einkaufen in den Supermärkten bemerkt und fand es richtig, daß Deutschland auf verschiedensten Ebenen Wiedergutmachung betreibt. Ich hatte jedoch nie vermutet, daß unser «heiliges» Israel mit dem «Erzfeind» gar befreundet war, daß es Austauschprogramme gab, daß zahlreiche junge Deutsche jedes Jahr in Kibbuzim arbeiteten – und dies alles offiziell von der israelischen Regierung gefördert. Ich fühlte mich irgendwie «hintergangen». Wozu haßten wir die Deutschen, wenn das von Israel gewissermaßen unterwandert wurde?

Eine ganz besondere Art von Wiedergutmachung leisteten manche Deutsche, nämlich die Philosemiten. Mit ihnen kam ich nun immer häufiger in Kontakt. Die erste Begegnung dieser Art hatte ich nach meiner Krankheit mit der Freundin eines Geschäftsmannes, dem ich einmal in der Woche Sprachunterricht gab. Nachdem diese Frau erfahren hatte, daß ich Jüdin bin, lud sie mich gleich am nächsten Abend zum Essen ein; sie wollte unbedingt mit mir reden. Das klang alles sehr interessant, und am nächsten Abend war ich bei ihr. Sie hatte sich sehr viel Mühe gegeben. Es standen Blumen und Kerzen auf dem Tisch. Sie hatte sogar Lamm zubereitet, weil sie nicht wußte, ob ich Schweinefleisch aß. Als wir am Tisch saßen, redete sie fast ausschließlich über die Last, Deutsche zu sein. Sie war nur zwei Jahre älter als ich, aber sie fühlte sich dennoch für das gesamte Dritte Reich verantwortlich. Ich fand das auch richtig. Warum sollten nur die Kinder der Opfer unter Identitätskrisen leiden? Die Kinder der Mörder sollten eigentlich diejenigen sein, die litten. Die Frau war angeblich das Kind eines Täters. Sie gestand mir, daß ihr Vater Zahnarzt in einem KZ gewesen war.

Als ich wieder zu Hause war, rief ich sofort Vanessa an. «Hat es Zahnärzte im KZ gegeben?» fragte ich.

«Deswegen rufst du mich mitten in der Nacht an? Du hast wohl geträumt, daß du im KZ warst und Zahnschmerzen hattest?» fragte sie.

«Ich habe gerade eine Frau kennengelernt, die behauptet, ihr Vater sei KZ-Zahnarzt gewesen», sagte ich.

«Eine Jüdin?»

«Nein, eine Deutsche.»

«Ich weiß nicht, ob es dort Zahnärzte gegeben hat. Kann sein. Es gab ja schließlich Ärzte im Lager, sogar ein Orchester. Aber vielleicht wollte diese Frau dich nur beeindrukken», sagte Vanessa.

«Damit beeindrucken?»

«Es gibt Leute hier, die angeben, ihre Väter seien Nazigrößen gewesen, auch wenn sie in Wirklichkeit nur kleine Mitläufer waren.»

«Warum tun sie das?» fragte ich.

«Geltungsbedürfnis. Du scheinst noch nicht mitgekriegt zu haben, daß es hier für viele keine Schande ist, eine Nazivergangenheit zu haben.»

Ob die Geschichte mit jenem Vater wirklich stimmte, habe ich nie überprüft. Ein paar Jahre zuvor hatte die Frau einige Zeit in einer Nervenheilanstalt zugebracht, vielleicht phantasierte sie nur. Aber sie himmelte mich, die Jüdin, an, behandelte mich wie jemand ganz Besonderes und wollte offensichtlich ihren Beitrag zur Wiedergutmachung leisten. Da ich solche Aufmerksamkeit genoß, suchte ich – halb bewußt – Kontakt mit solchen Männern und Frauen. Ich wurde eingeladen und verwöhnt, wie ein exotisches Wesen behandelt. Diese Philosemiten machten das natürlich nicht aus reiner Nächstenliebe. Sie brauchten einen Alibi-Juden und erwarteten, daß sie bei mir ihr schlechtes Gewissen erleichtern konnten. Fast wie ein Priester im Beichtstuhl, hörte ich mir bei ausgiebigen Abendessen ein «Geständnis» nach dem anderen an. Manche ließen sich von KZ-Geschichten aufregen. Sie fragten mich, was Verwandte und Bekannte im Lager erlebt hatten, hörten gierig den grausigsten Details zu. Die meisten meiner KZ-Kenntnisse stammten zwar aus Büchern, ich tat aber so, als ob Zeugen es mir berichtet hätten. Manche Philosemiten wollten mit mir in ein ehemaliges KZ reisen, um mit mir gemeinsam zu «trauern». Dies jedoch überstieg die Grenzen meiner psychischen Belastbarkeit.

Klara, eine Kommilitonin, fand eine Wohnung in Kreuzberg, und zufällig wurde auch die Wohnung über ihr frei. Ich zog dort ein. Die Wohnung war typisch für Kreuzberg – im Hinterhaus, ein Zimmer, Küche, kein Bad, Toilette draußen im Flur eine halbe Treppe tiefer, Ofenheizung. Das Haus lag direkt an der Mauer. Jetzt wohnte ich nicht mehr unter Juden und Amerikanern, sondern ausschließlich unter Deutschen.

In dem Haus lebten mehrere ältere Menschen; sie waren für mich immer noch ein schwieriges Problem. Beim Anblick von grauhaarigen Deutschen ging mir ständig durch den Kopf: Was haben sie im Dritten Reich getan? Ich hätte jeglichen Kontakt zu ihnen gemieden, wenn sie nicht zu mir gekommen wären.

Es war Herbst 1974, und in Kreuzberg fing die Luft an nach Schwefel zu riechen. «Kommen Sie mit dem Ofen zurecht?» erkundigte sich eine alte Frau. Bisher hatte ich nur Zentralheizung gekannt. Mit Kohle und Kachelöfen fehlte mir die Erfahrung, und die Alte zeigte mir die Kunst des Heizens. Es gab zahlreiche Tricks, den Ofen in Gang zu kriegen. Die Alte schilderte mir, wie man während des Krieges, um Energie zu sparen, jedes Brikett einzeln in feuchtes Zeitungspapier eingewickelt hatte, bevor es aufs Feuer gelegt wurde. Bis zum Ende des Winters entwickelte ich mich zu einem Heizprofi. Und ich begann langsam, älteren Deutschen gegenüber nicht mehr so voller Vorurteile zu sein. Manchmal half ich sogar alten Menschen auf der Straße, indem ich ihre Einkaufstüten nach Hause trug. Nur so, aus Freundlichkeit.

Überhaupt lebte ich mich immer besser ein. Das Alltagsleben begann meine Haßgefühle zu überlagern. Langsam interessierte ich mich wirklich für die Situation in meiner Umgebung und in der Bundesrepublik, und ich las jetzt täglich deutsche Zeitungen. Klara hatte einen Fernseher, und ich schaute mit ihr jeden Abend die Nachrichten an. Das Leben schien sich bei mir ganz allmählich zu normalisieren. Die Gedanken an die Vergangenheit rückten immer weiter weg. Manchmal spazierte ich durch Straßen, in denen früher Sammelplätze für den Abtransport ins Lager gewesen waren, und ich konnte mir kaum vorstellen, daß so etwas Grausiges damals hier stattgefunden hatte, in diesen Straßen, in denen ich heute Sonderangebote kaufte, in denen ich heute Freunde besuchte. Sogar die Mauer wurde für mich zur Selbstverständlichkeit. Anfangs erinnerte sie mich an die Folgen des Faschismus, aber jetzt war sie einfach die Mauer. Sie war ja das erste, was ich erblickte, wenn ich am Morgen aus der Haustür trat. Die Tragik, die mit ihr verbunden war, berührte mich nicht. Für manche Leute im Haus, die Verwandte und Freunde drüben hatten, bedeutete die Mauer Trennung, einen Bruch mit der Vergangenheit. Ich aber kannte noch niemanden auf der anderen Seite.

Obwohl meine Gefühle sich im Alltag stabilisiert hatten, brachen sie bei besonderen Ereignissen wieder durch. Im Oktober 1974 stürzte sich der jüdische Historiker Josef Wulf aus dem vierten Stock seiner Wohnung in der Berliner Innenstadt. Obwohl ich ihn nicht persönlich gekannt hatte, nahm sein Tod mich mit. Er war einer der ersten Menschen, die sich kurz nach dem Zusammenbruch des Dritten Reichs wissenschaftlich mit ihm auseinandergesetzt hatten. Er hatte – genau wie ich – verzweifelt nach den Gründen des Holocausts gesucht. Hatte er Selbstmord begangen, weil die Antworten, die er gefunden hatte, zu schrecklich waren? Bisher lebte ich in der Illusion, daß diejenigen, die diese schlimme Verfolgung überlebt hatten, gegen Selbstmord immun seien. Sie hatten ja schließlich das Schrecklichste hinter sich. Aber niemand kam aus dem Lager heraus, wie er hineingegangen war. Viele trauten nie wieder anderen Menschen und blieben verbittert und isoliert. Nach Wulfs Selbstmord meinte Vanessa: «Die Deutschen haben wirklich den Krieg gewonnen. Wenigstens im Vergleich zu uns.»

Langsam distanzierte ich mich von den vielen Philosemiten. Ich blieb zwar immer noch empfänglich für ihre Aufmerksamkeit, aber ich merkte mit der Zeit, daß diese Art von Beziehungen mir absolut nichts brachte. Diese Leute waren für mich austauschbar, weil nicht ihre Persönlichkeit mich interessierte, sondern nur ihr schlechtes Gewissen. Ihnen ging es eigentlich nicht anders. Ich diente ihnen als Beweis, daß sie doch Menschen waren. Sie konnten anderen gegenüber behaupten: «Einige meiner besten Freunde sind Juden.» Aber ich mußte vor ihnen stets die «edle» Jüdin spielen, die keine Fehler machte oder menschliche Schwächen zeigte. Mit der Zeit wurde dies entschieden zu anstrengend. Von einer menschlichen Beziehung, von einer Vertrauensbasis konnte keine Rede sein. Dabei sehnte ich mich nach Freundschaft mit Nichtjuden.

Im Frühling 1974 lernte ich an der Universität einen jungen Studenten kennen, der mit mir ein Seminar belegte. Ich fand Rolf von Anfang an sympathisch; er war anders als die Deutschen, denen ich bisher begegnet war. Oder sah ich ihn nur anders, als ich «die Deutschen» sehen wollte? Vermutlich spielte es auch eine Rolle, daß er dunkles Haar und braune Augen hatte und nicht dem Idealbild der Nazis entsprach.

Er war in einem kleinen katholischen Ort im Rheinland aufgewachsen und hatte dort sehr unter dem Druck seiner Mitschüler zu leiden gehabt, weil er nicht dem «männlichen» Vorbild entsprach. Er war ein sensibler, weicher Typ, ein Intellektueller, der Sport haßte. Aus seiner Klasse war er der einzige, der nicht in der Bundeswehr gedient, sondern Zivildienst geleistet hatte. Ihm wurde von den anderen im Ort vorgeworfen, nicht patriotisch zu sein, was in einer solchen Gemeinschaft wie Hochverrat war. Im Gegensatz zu den anderen Mitschülern hatte er Identitätsschwierigkeiten, Deutscher zu sein. Jeden Sommer verbrachte er in Schweden und hatte vor, nach dem Universitätsabschluß dorthin auszuwandern. Meine Freundschaft zu ihm ließ mich ein bißchen von meinem Kollektivschuld-Standpunkt abrücken. «Was kannst du dafür? Du warst noch nicht mal geboren», sagte ich.

«Ich gehöre aber diesem Volk an», sagte er.

«Schon, und du tust, was du kannst. Du setzt dich mit der Vergangenheit auseinander. Du hast sogar den Wehrdienst verweigert. Was kann man mehr tun?» fragte ich.

«Trotzdem fühle ich mich schuldig.»

«Wie kann man als noch unbefruchtetes Ei schuldig sein?» fragte ich.

Rolf war der erste Deutsche, zu dem ich ein tiefes Vertrauen entwickelte. Aber offensichtlich beruhte das nicht auf Gegenseitigkeit. Er verriet mir zwar vieles über sich, doch ich sollte an meinem 28. Geburtstag erfahren, daß er nur einen Bruchteil seiner Persönlichkeit preisgegeben hatte. Ich hatte für jenen Abend einige Leute eingeladen. Den ganzen Tag über arbeitete ich wie immer in der Uni-Bibliothek an meiner Dissertation. Als ich nach Hause kam, war Rolf schon in meiner Wohnung gewesen und hatte mehrere Tüten hinterlassen. Dann entdeckte ich einen Brief, in dem er mir mitteilte, daß er leider an diesem Abend nicht kommen könne, weil etwas dazwischengekommen sei. Ich solle aber in zwei Tagen bei ihm vorbeikommen. Ich war sehr beleidigt, daß er «irgend etwas» hatte «dazwischenkommen» lassen.

Am nächsten Tag hatte ich mehrere Termine, die ich nicht absagen konnte, aber am späten Nachmittag ging ich – einen Tag früher als er vorgeschlagen hatte – voller Zorn bei ihm vorbei. Als ich die Treppe hinaufging, merkte ich, bevor ich überhaupt seine Tür erreicht hatte, daß sein Namensschild fehlte. Während ich klingelte und klopfte, öffnete ein türkisches Mädchen von gegenüber die Tür und schaute mich entsetzt an. Dann tauchte auch dessen Schwester auf und guckte genauso entgeistert. Ich fragte, ob sie Rolf gesehen hätten. Sie sprachen erst miteinander auf türkisch, bevor sie mir auf deutsch «nein» sagten. Ich kritzelte schnell einen Zettel, daß er mich am Abend um halb neun anrufen solle, und schob die Notiz durch den Briefschlitz. Als ich zu Hause war, erzählte ich Klara diese merkwürdigen Vorgänge. Auch sie fand das alles unheimlich, und wir vereinbarten, falls er bis neun Uhr nicht anrief, gemeinsam in seine Wohnung zu gehen. Ich konnte ihn nicht anrufen, da er kein Telefon hatte.

Wir schauten uns die Nachrichten an, obwohl ich mich kaum konzentrieren konnte. Da waren Bilder aus Stockholm. Deutsche Terroristen hatten die deutsche Botschaft in Schweden überfallen. Nach der Tagesschau saß ich nervös neben dem Telefon, und um halb neun läutete es. Nur war es nicht Rolf, sondern sein Vater. Rolfs Nachbarn hätten am Abend zuvor seine Leiche gefunden. Die Polizei suche mich, da der Abschiedsbrief an mich gerichtet sei. Klara fuhr mich zum zuständigen Polizeirevier. Der Beamte, der gerade Feierabend machen wollte und dementsprechend schlecht gelaunt war, überreichte mir nicht nur den Brief, sondern auch ein Geburtstagsgeschenk von Rolf.

Er hatte geplant, daß ich seine Leiche als erste finden sollte. Er hatte seine Wohnungstür einen Spalt offengelassen, weil ich mit dem klemmenden Schloß immer Schwierigkeiten hatte. Die Nachbarn hatten das zufällig bemerkt und Verdacht geschöpft. Sie gingen in die Wohnung und fanden ihn tot auf der Couch. Ich war nicht nur entsetzt, sondern auch wütend, weil er mir so etwas angetan hatte. Das hatte ich also davon, daß ich einem Deutschen vertraut hatte. Ich fühlte mich irgendwie hintergangen. Unabhängig davon traf mich Rolfs Selbstmord zutiefst. Er hatte mir die Gründe für seine Entscheidung, die mir nicht ganz neu waren und mit mir nichts zu tun hatten, in seinem Abschiedsbrief erläutert. Offensichtlich hatte ich aber die Tiefe seines Leides falsch eingeschätzt. Später gestand ich mir ein: Mein Fehler war gewesen, daß ich mir überhaupt nicht vorstellen konnte, daß ein Deutscher die Fähigkeit besaß, derartige psychische Schmerzen zu empfinden. Bei der Nachricht von seinem Tod erlitt seine Mutter einen Nervenzusammenbruch und mußte ins Krankenhaus. Sein Vater, der unter einem schweren Schock stand, kam nach Berlin, um mit mir die Formalitäten zu erledigen. Er tat mir unendlich leid. Sein Gesicht war von dieser Tragödie schwer gezeichnet. Er hatte seinen Sohn nie verstanden und dessen Selbstmord erst recht nicht. Als ich Rolf an der Universität abmeldete, nahm ich bei einigen Bekannten eine Betroffenheit wahr, die ich von Deutschen nicht erwartet hätte. Beim Immatrikulationsbüro stand eine lange Schlange zur Rückmeldung für das nächste Semester an. Da das Warten Stunden gedauert hätte, ging ich zögernd an die Spitze und fragte, ob ich vor ihnen hinein dürfte. Ich müsse nur einen Totenschein abgeben. Hinten fingen die Leute zu protestieren an. Ein Student in meiner Nähe drehte sich zu den anderen um und erklärte mein Anliegen. Alle waren dann damit einverstanden. Eine Studentin kam zu mir und brachte mir eine Tasse Kaffee.

Mitte der siebziger Jahre war es unter den Berliner Studenten Mode, eine Psychotherapie zu machen. Auch ich interessierte mich dafür, in der Hoffnung, mehr darüber zu erfahren, weshalb ich in meinem Verhalten von den meisten amerikanischen Juden abwich. Wie kann jemand «normal» sein, der freiwillig in Deutschland lebt? schrieb mir in ihrem letzten Brief eine Bekannte. Zudem litt ich seit Rolfs Tod an schweren Schlafstörungen und träumte den alten Alptraum wieder, ich würde mit der U-Bahn nach Dachau gebracht. Das hatte zur Folge, daß ich eine U-Bahn-Phobie entwickelte. Bei jeder Fahrt wurde ich nervös, weil ich mich im Wagen gefangen und ausgeliefert fühlte. Einmal, bei einer Fahrausweisüberprüfung, schaute der Kontrolleur mehrmals meine Monatskarte an, weil ich mich so «verdächtig» verhielt. «Warum sind Sie so ängstlich, wenn Sie nicht schwarzfahren?» fragte er verblüfft.

«Ich leide an Klaustrophobie.»

Mit der U-Bahn zu fahren, wurde für mich zu einer derartigen Qual, daß ich anfing, Kotztüten bei mir zu tragen, für den Fall, daß mir schlecht wurde. Oft ging ich lange Strecken zu Fuß, um nicht unter der Erde eingesperrt zu sein.

Die Vielfalt der Therapieangebote überforderte einen Laien, der sie nicht einzuschätzen vermochte. Manche Psycho-Ärzte waren auf Jahre hinaus ausgebucht, manche behandelten nur bestimmte Fälle, manche nahmen jeden Patienten, der zur Tür hereinkam. Es war nicht einfach, den passenden Therapeuten zu finden. Und dieses florierende Geschäft mit der Psyche begünstigte auch die Chancen für unseriöse Therapeuten, deren Zahl im Vergleich zu den seriösen sicherlich klein war; der Schaden jedoch, den sie anrichteten, war dafür um so größer.

Im Sommer 1975 lernte ich Brigitte, eine Deutsche, näher kennen, die sich schon seit einigen Jahren in therapeutischer Behandlung befand. Ihr ganzes Leben lang hatte sie sich gesellschaftlichen Zwängen unterworfen, mit dem Resultat, daß sie mit einem Mann verheiratet war, den sie nicht liebte, und ein Kind hatte, das sie nicht wollte. Seit sie in Behandlung war, bestand ihr Lebensinhalt aus der Therapie und ihrem Therapeuten.

Eines Tages lud sie mich zum Essen ein, und auch das Tischgespräch wurde – wie immer bei ihr – zur Therapie. Ich wagte es, die Methoden ihres Therapeuten anzuzweifeln. Da lief ihr Gesicht knallrot an, und sie wurde so jähzornig, daß sie anfing, das Geschirr in ihrer Nähe zu zerschmettern. Wie käme ich dazu, den «Unfehlbaren» in Frage zu stellen? Sie tobte und wütete, warf mich hinaus und schmiß mir ein halbes Hähnchen hinterher. Tage später rief sie reuevoll mit der Entschuldigung an: «Der Anfall galt eigentlich nicht dir, sondern meiner Mutter.»

«Soll ich ihr das halbe Hähnchen zuschicken?» fragte ich.

Wie eine religiöse Fanatikerin widmete sie ihre ganze Zeit und Energie dieser Therapie und akzeptierte völlig kritiklos alles, was der Therapeut ihr sagte und von ihr verlangte. Da er nicht bei Kassen zugelassen war, verschuldete sie sich bis ins Unermeßliche, um die Behandlung bezahlen zu können. Der Therapeut meinte, nur wer wirklich eine Therapie wolle, sei auch bereit, große finanzielle Opfer auf sich zu nehmen. Zu der Behandlung gehörte auch eine Gruppenbeschäftigungstherapie, in der alle Patienten und Patientinnen – natürlich gegen das übliche Therapiehonorar – das Haus des Therapeuten ausbauen und pflegen durften.

Durch den wachsenden Schuldenberg geriet sie in eine verzweifelte Lage. Sie und ihr Mann, der ebenfalls bei diesem Therapeuten in Behandlung war, konnten mehrere Monate keine Miete bezahlen. Überall versuchte Brigitte Geld zu leihen. Ihre Mutter schickte ihr Geld – Brigitte gab es für die Therapie aus, statt Schulden zu begleichen. Eines Tages war ich dann an der Reihe. «Kannst du mir Geld pumpen?» fragte sie, «ich zahle es dir bald zurück. Ich bin nur im Moment pleite.»

«Ich studiere und jobbe lediglich in einer Sprachschule», erwiderte ich, «woher soll ich das Geld nehmen?»

«Du kannst deinen Vater anpumpen», schlug sie vor.

«Ich soll meinen Vater anpumpen, damit du deine Therapie bezahlen kannst?» fragte ich. Ich staunte über ihre Unverfrorenheit. Ich pumpte meinen Vater nicht einmal für mich an.

«Warum nicht? Er hat doch genug Geld.»

«Woher weißt du das?» fragte ich. Ich wußte nicht einmal selbst, ob und wieviel Geld meine Eltern besaßen. So etwas hatten wir zu Hause nie diskutiert.

«Ihr habt alle viel Geld», sagte sie, «sei also nicht so geizig.»

Nie zuvor hatten wir über Juden gesprochen, aber jetzt merkte ich, daß sie aus Verzweiflung heraus ihren antisemitischen Vorurteilen freien Lauf ließ. Mir platzte der Kragen. «Ich lasse mich nicht zum Geldjuden machen», entrüstete ich mich. Mit diesem Spruch setzte ich sie matt.

Es war mir völlig unbegreiflich, warum diese Frau und viele andere so etwas mit sich machen ließen, denn sie waren nicht dumm. Der Therapeut muß wohl der Führerersatz sein, dachte ich mir. Anders konnte ich mir das nicht erklären. Aber wozu brauchen sie einen Führer? Weshalb sind solche Leute nicht fähig, selbständig zu denken? Genauso wie Brigitte stellte ich mir die Scharen deutscher Frauen und Männer vor, die sich in ihrer Naivität oder Dummheit von den Nazis hatten verführen lassen.

Einige Zeit später las ich übrigens in der Zeitung, daß der Staatsanwalt gegen diesen Therapeuten wegen Betrugs und anderer Delikte ermittelte. Ich geriet jedenfalls nicht in die Gefahr, einem «Psycho-Helden» ausgeliefert zu werden. Im Gegenteil, ich war stets viel zu nüchtern und mißtrauisch anderen gegenüber. In meiner Jugend lief ich keinen Rock-Stars hysterisch schreiend hinterher. Daß ich als junger Mensch vom Massenhaß gegen Deutsche mitgerissen wurde, war schon ein anderes Phänomen. Es war nicht konkret oder personifiziert, sondern immer unterschwellig vorhanden. Und es hatte lange gedauert, bis ich überhaupt wußte, daß dieses Gefühl Haß hieß.

Auf der Suche nach einem wirklich geeigneten Therapeuten lernte ich einen jüdischen Studenten kennen. Er war eine Zeitlang bei einem nichtjüdischen Therapeuten in Behandlung gewesen, der die besonderen Probleme von Minderheiten überhaupt nicht begriff. Er therapierte nach einer Kochbuchpsychologie, ohne die gesellschaftlichen Bedingungen von Randgruppen zu berücksichtigen oder überhaupt zu erkennen. Außerdem gab es genug Psycho-Ärzte mit Vorurteilen, und so eine Behandlung beruht schließlich auf Vertrauen. Der jüdische Kommilitone gab mir Namen und Adresse eines Therapeuten, der sich dagegen auf «unsere» Probleme spezialisiert und mehrere Jahre in New York verbracht hatte.

Bei Dr. Ludwig war man verpflichtet, zusätzlich zur Einzeltherapie einmal in der Woche an einer Gruppentherapie teilzunehmen. Und da es sich um eine sogenannte offene Gruppe handelte – die Besetzung wechselte oft –, durften die Patienten und Patientinnen außerhalb der Therapiestunde absolut nichts miteinander zu tun haben. Diese Regelung sollte verhindern, daß sich «Gegengruppen» innerhalb der Gruppe bildeten.

Als ich zum ersten Mal zur Gruppensitzung erschien, saßen schon einige Teilnehmer im Zimmer. Meine Augen trafen die eines Mannes, mit dem ich mich spontan verbunden fühlte, ich wußte nicht, warum. Wir lächelten uns an, und ich setzte mich neben ihn. Bevor die Gruppentherapie anfing, durften wir auch hier nicht miteinander kommunizieren. Und so saßen wir alle herum, starrten uns gegenseitig schweigend an und warteten, bis die anderen eintrudelten. Langsam füllte sich das Zimmer mit ungefähr 30 Menschen. Mir wurde es unbehaglich, weil ich Menschenmengen nicht mag.

Am Anfang der Sitzung war die Atmosphäre gespannt. Niemand wagte ein Wort zu sagen. Langsam fing jemand an, seine Probleme darzulegen. Pause. Jemand anderer kommentierte. Pause. Dr. Ludwig analysierte. So lief das Woche für Woche. Eine Frau heulte und erzählte von den sexuellen Problemen, die sie mit ihrem Freund hatte. Ein Mann berichtete verzweifelt, daß er keine passende Frau finden konnte. Einer hatte Schwierigkeiten mit dem Vermieter, der nächste mit seinem Kanarienvogel. Ein Mann, der lange abwesend gewesen war, schilderte in allen Einzelheiten den Grund seines Fehlens. Mein Gott, dachte ich, wie diese Leute sich ihre Probleme selbst schaffen. Und überhaupt, wen interessiert das alles? Ich teilte mich der Runde kaum mit. Wozu sollte ich mich vor wildfremden Menschen preisgeben? Der Mann neben mir, den ich so spontan mochte, sagte auch sehr wenig.

Eines Tages fragte ich ihn während der Sitzung, warum er hier sei. Was hatte er für Probleme? Er war als Kind mit seinen Eltern ins KZ gekommen. Als ungarische Juden waren sie relativ spät deportiert worden, und seine Familie gehörte zu den glücklichen, die freigekauft werden konnten. Jüdische Organisationen hatten versucht, so viele Juden wie möglich gegen Dollar-Devisen zu retten. Zum Ende des Krieges ließen sich die Nazis schließlich begrenzt auf dieses Geschäft ein, weil sie Geld für Waffen und Transportmittel brauchten. Während der Verhandlungen wurden diese zum Verkauf ausgewählten Juden in einem abgetrennten Teil von Bergen-Belsen gefangengehalten. Sie hatten keine Informationen über das Vorhaben der Nazis und waren im Glauben, auch sie seien Todgeweihte.

Die Aufseher hatten mit ihnen «gespielt». Sie waren nackt in die Duschen geschickt worden, und alle hatten gefürchtet, nun vergast zu werden. Starr vor Schreck hatten sie unendlich lange in der Duschkabine warten müssen. Da war aber nichts gekommen. Kein Geruch von Gas. Dann auf einmal sprühte echtes Wasser aus den Duschköpfen. Fast jeden Tag wurden sie mit solchen Tricks terrorisiert. Auch Kleinigkeiten wurden im KZ zu Tragödien. So war der Mann eines Tages hingefallen, und seine Brille war kaputtgegangen. Er sah immer weniger gut, weil dort kein Ersatz zu bekommen war.

Nach dem Tauschgeschäft wurden sie in die Schweiz gebracht und durften dort bleiben, bis der Krieg und das Nachkriegschaos zu Ende waren. Seine Familie hatte jedoch nicht in der Schweiz bleiben dürfen und war in die Bundesrepublik gezogen. Das war für seine Mutter eine gewaltige Belastung gewesen – wieder zum «Tatort» zurückkehren zu müssen, wieder täglich die Sprache der Mörder hören zu müssen. Nach kurzer Zeit brachte sie sich um.

Während der Mann seine Geschichte erzählte, gafften die anderen in der Gruppe nur. Da flammte mein verdrängter Haß wieder auf. Diese Deutschen hier mit ihren Problemchen und Luxusneurosen! Angesichts eines solchen Schicksals blieben sie sprachlos, sogar diejenigen, die sonst immer irgendwelche Kommentare abgaben. Nur der Mann und ich sprachen miteinander über Verfolgung und Angst. Es stellte sich heraus, daß wir die einzigen Juden in der Gruppe waren; es war also kein Zufall, daß ausgerechnet wir füreinander eine Sensibilität entwickelt hatten. Warum man seinesgleichen aus einer Menge herausspüren kann, vermag ich nicht zu erklären. Ich habe dies häufig von homosexuellen Männern gehört, daß sie sich gegenseitig schon aus der Ferne erkennen können. Vermutlich entwickelt man nach langer Unterdrükkung und Verfolgung unbewußt Solidaritätssignale. Nach einer Weile stellte jemand in der Runde fest, daß wir, die beiden Juden, im Gegensatz zu den anderen eine Vertrauensbasis zueinander entwickelt hatten. Der Mann reagierte darauf außergewöhnlich heftig: «Das ist uns im Lauf der Geschichte oft vorgeworfen worden, daß wir eine Art Verschwörung hätten.» Niemand antwortete. Sie wissen also nicht, wie sie mit uns umgehen sollen, dachte ich. Sie wissen noch nicht einmal, wie sie mit ihren eigenen Trivialitäten zurechtkommen sollen. Meine Einstellung zu den anderen war arrogant, aber ich vermochte die meisten und ihre Probleme einfach nicht ernst zu nehmen. Wenn man als Volk ständig ums Überleben kämpft, lernt man von Kindesbeinen an, Wichtiges von Unwichtigem zu unterscheiden. Hier waren nur wenige imstande, dies nicht nur zu trennen, sondern überhaupt zu erkennen. Vermutlich war das für sie das größte Problem.

Während meiner Besuche in den USA stellte ich bei mir eine deutliche Veränderung fest. In den ersten Tagen kam mir alles so vertraut vor – die endlosen Highways mit den zahllosen Schnellimbiß-Restaurants, der Klang meiner Muttersprache, die Straßen, in denen ich aufgewachsen war. Aber nach einigen Tagen bemerkte ich, daß ich manche Dinge, die früher für mich selbstverständlich gewesen waren, mit anderen Augen sah. Ich fing an, die USA mit Deutschland zu vergleichen. Ich ging zum Beispiel mit meiner Mutter in den Supermarkt einkaufen. An der Kasse stand neben der Kassiererin noch jemand, der für die Kunden die Waren in braune Papiertüten packte. Wie völlig unpraktisch diese Tüten sind, dachte ich. Früher war mir diese «Fehlkonstruktion» nie aufgefallen. Wie Millionen anderer Amerikaner hatte ich mir die Tüten irgendwie unter die Arme geklemmt und nach Hause geschleppt. Eine Freundin fragte mich beim Essen überrascht: «Wie hältst du denn deine Gabel?» Ich stutzte, dann merkte ich, daß ich mir während der Zeit in der Bundesrepublik die viel praktischere europäische Art der Besteckhandhabung angewöhnt hatte. Als die Telefonrechnung ins Haus flatterte, wurde mir zum ersten Mal richtig bewußt, daß der Datenschutz in den USA nicht so genau genommen wird wie in der Bundesrepublik. Jedes Ferngespräch wird detailliert aufgelistet, so daß jeder beim Fernmeldeamt und sonstwo nachschauen kann, wer mit wem wann und wie lange telefoniert hat. Und daß man fünfmal überlegt, bevor man zum Arzt oder Zahnarzt geht, weil man in den Staaten alles selbst bezahlen muß. Daran konnte ich mich nicht wieder gewöhnen.

Zudem merkte ich, daß der allgemeine Deutschlandhaß mich kaum mehr mitriß. Im Gegenteil. Mit jedem Jahr wurde Berlin mehr zu meiner Heimat. Diese Besuche in Amerika waren für mich immer häufiger eine Art Spießrutenlaufen. Jedesmal schafften es meine Verwandten und Bekannten, mir ein schlechtes Gewissen einzureden, weil ich in Deutschland wohnte. Die Mutter einer Freundin fragte mich verblüfft, als sie meine Halskette bemerkte: «Sie tragen einen Davidstern? Ich dachte, Sie wohnen in Deutschland!»

«Bin ich dadurch weniger jüdisch geworden?» fragte ich verärgert zurück. Mein Vater warf mir vor, ich töte durch mein Verhalten meine Mutter, und meine Mutter hielt mir vor, ich ermorde durch mein Verhalten meinen Vater. Im Herbst 1976, als ich meine Eltern in Houston besuchte, entrüsteten sie sich, weil ich immer noch in Deutschland weilte. «Wann beendest du deinen Urlaub in Europa?» wollte mein Vater wissen.

Meine Mutter fragte verzweifelt: «Wie muß ich als Mutter versagt haben, daß du in Deutschland wohnst? War es bei uns denn so schlimm, daß du zu den Mördern rennen mußtest?»

«Es hat nichts damit zu tun», sagte ich.

«Wohnst du in Deutschland, um uns zu bestrafen?» fragte sie.

«Vielleicht wohnst du in Deutschland, um dich selbst zu bestrafen», meinte mein Vater.

«So ein Quatsch», erwiderte ich.

«Kannst du uns nicht erklären, weshalb du in Deutschland lebst?» verlangte meine Mutter.

«Damit ich völlig sicher bin, daß ihr mich nie besucht», schrie ich sie an.

«Wir werden dich enterben.»

«Tut das», sagte ich.

Kurz danach fragte mich eine Bekannte, wie man sich unter so vielen Antisemiten fühle. Zu meinem eigenen Erstaunen fing ich an, die Bundesrepublik zu verteidigen. Schließlich lebte ich nicht in Nazi-Deutschland. Und ich fühlte mich durch solche Sprüche beleidigt.

Meine Schwester mußte zu dieser Zeit mehrere Referate für die Universität vorbereiten; wegen Liebeskummer schaffte sie es jedoch nicht. Ich half ihr und schrieb für sie einen Aufsatz zum Thema «Gründe gegen die Todesstrafe». Ich argumentierte unter anderem mit den nicht auszuschließenden Justizirrtümern, ja sogar Justizverbrechen, und belegte dies mit dem Fall des Ehepaars Rosenberg Anfang der fünfziger Jahre. Während der McCarthyismus-Hysterie wurde ihnen vorgeworfen, die Pläne für die Atombombe an die Sowjetunion weitergegeben zu haben. Sogar Albert Einstein hatte darauf verwiesen, daß diese Informationen schon längst in jedem Physikbuch standen und jedermann zugänglich waren. Die Rosenbergs wurden trotzdem – im Sinn des damaligen Zeitgeistes – hingerichtet. Nancy las das Referat und weigerte sich, die Rosenbergs als Beispiel zu benutzen. «Alle werden mir dann hinterher in der Diskussion vorwerfen, ich hätte den Fall nur benutzt, weil ich Jüdin bin.» Die Rosenbergs waren zufällig auch Juden, aber was hat das damit zu tun? Ich tauschte das Beispiel gegen einen unschuldig hingerichteten Schwarzen aus. Davon gab es ja auch genügend.

Mit gemischten Gefühlen kehrte ich Ende November 1976 nach Deutschland zurück, betrübt, daß keiner verstand, warum es mich nach Deutschland zog. Aber dies lag auch zum Teil an mir. Ich konnte nicht darüber reden. Wieso kommen die anderen amerikanischen Juden besser mit ihrem Haß zurecht als ich? Warum zerriß er mich scheinbar mehr als die anderen? Ich mußte nach Deutschland auswandern, um damit fertig zu werden. Und dafür traf mich jetzt der Haß meiner eigenen Leute. Manchmal war es so schlimm, daß ich richtig erleichtert war, wieder in Deutschland zu sein.

Als ich im Winter 1977 wieder in der Therapiegruppe erschien, erkundigten sich einige nach meinem Besuch in Amerika. Die Fragen waren sehr gezielt, obwohl ich kaum mit ihnen über mich geredet hatte. Ich vermutete, daß sie in meiner Abwesenheit meinen «Fall» diskutiert hatten. Je mehr ich den Fragen der anderen auswich, desto eindringlicher bohrten sie. Besonders der Therapeut. Der einzige, der schweigend dort saß, war der Mann, den ich mochte. Mich erschreckte diese Situation, zumal da ich mir selbst über meine Beziehung zu Deutschland noch nicht im klaren war. Und was interessierte diese fremden Leute überhaupt meine Geschichte? Was ging sie sie an? Am Ende der Sitzung verließ ich entnervt die Gruppe und kam nie wieder.

Die Einzeltherapie, die ich zu dieser Zeit ebenfalls abbrach, hatte mir weit mehr geholfen als die Gruppe. Der Therapeut hatte mir die historischen Wurzeln meiner Ängste zu erklären vermocht. Die übertriebene Furcht vor Krankheiten zum Beispiel, die viele Juden haben, stammt aus der Getto-Situation unserer Vorfahren. Wer dort krank wurde, wo es weder genügend Lebensmittel, noch Medikamente gab, war tatsächlich verloren. Durch das Verstehen, wie solche Ängste und andere Gefühle im Laufe der Geschichte zustande gekommen waren und an die Kinder weitergegeben wurden, konnte ich meine gegenwärtige Situation immer besser einschätzen.

Mir war ebenfalls durch die Gespräche mit dem Therapeuten klargeworden, wie antisemitisch die Philosemiten in Wirklichkeit sind. Sie betrachten uns als etwas Besonderes, nicht als Gleichgestellte, deswegen mußte ich in ihrer Anwesenheit immer die erhabene, leidende «Auserwählte» spielen. Wer ein «guter» Jude ist, kann auch ein «böser» Jude sein. Das «positive» Verhalten dieser Philosemiten kann und wird in bestimmten Situationen ins Gegenteil umkippen. Wenn ich Gleichberechtigung will, darf ich mich nicht als etwas Besonderes sehen und das auch nicht von anderen verlangen. Mit dieser Einsicht gewappnet, mußte ich gegen meine eigenen Vorurteile ankämpfen. Ich hatte «die Deutschen» eigentlich nie als Gleichgestellte betrachtet, sondern mich ihnen immer überlegen gefühlt. Und da kaum jemand in diesem Land imstande war, unbefangen mit Juden umzugehen – und ich genausowenig mit Deutschen –, fühlte ich mich immer wieder in meinem Sonderstatus bestätigt.

Kurz nachdem ich die Therapie abgebrochen hatte, las ich in der Zeitung, daß der damalige Hamburger Justizsenator Ulrich Klug einen NS-Verbrecher vorzeitig aus der Haft entlassen hatte, weil dieser schon 15 Jahre gesessen hatte und alt und gebrechlich geworden war. Mein Blut geriet in Wallung. Wie kam Klug dazu? Es brach eine heftige Protestwelle gegen ihn aus. Zornig und gleichzeitig neugierig, zwang ich mich, seine Erklärung zu lesen. Klug berief sich auf das Gleichheitsprinzip. Fast jeder Verbrecher, der zu lebenslänglicher Haft verurteilt wird, kommt nach dieser Zeit aus humanitären Gründen wieder frei, besonders wenn er haftunfähig geworden ist. Was ist der Unterschied zwischen einem Mord und zigtausenden? Lange dachte ich darüber nach. Schließlich mußte ich Ulrich Klug recht geben. Wie mißt man, welcher Mord schlimmer ist? Welcher Mörder schlimmer gemordet hat? Ist ein Nazi-Täter böser als ein anderer Täter, weil er mehr Menschen ermordet hat? Dann würde man lediglich von der Zahl ausgehen und nicht von dem Verbrechen selbst. Und was hätte ich persönlich davon, wenn dieser alte Nazi weiter in Haft blieb? Soll ich auf sein Niveau hinabsteigen? Und wenn vor dem Gesetz kein Gleichheitsprinzip herrscht, wo dann? Nicht nur in Hamburg wurden Stimmen laut, die Klugs Rücktritt forderten. Er stand alleine da – obwohl er im Sinn des Grundgesetzes recht hatte – und war einem ungeheueren Druck ausgesetzt. Ich hatte noch nie zuvor Briefe an Personen des öffentlichen Lebens geschrieben, aber bei ihm tat ich es. Ich teilte Klug mit, wie schwierig es für mich als Jüdin sei, nicht auch gegen seine Entscheidung zu protestieren, aber aus Vernunftgründen stünde ich hinter ihm. Viele, die jetzt gegen ihn demonstrierten, wären sicherlich froh gewesen, wenn jemand im Dritten Reich das Gleichheitsprinzip so konsequent verteidigt hätte, wie er es nun tat. Kurz darauf erhielt ich einen Brief von ihm, daß er über mein Schreiben besonders glücklich gewesen sei; er würdige die Schwierigkeit meiner Entscheidung. Da war also jemand, der meine Situation nachvollziehen konnte.

Mit dem Mann aus der Therapiegruppe blieb ich in Kontakt. Nachdem er von seiner ersten Israel-Reise zurückgekehrt war, rief er mich an: «Stell dir vor, es gibt dort jüdische Prostituierte!» Da war auch ich platt – jüdische Prostituierte! So ungewöhnlich das für uns auch war, ich betrachtete diese Entwicklung als positiv. In einem eigenen Land konnte man sich schließlich verhalten, wie man wollte, ohne das ganze Volk zu blamieren. Das war eine Freiheit, die man woanders als Minderheit nicht hatte. Langsam normalisierte sich das Leben der Juden, und sie wurden wie jedes andere Volk, nicht schlechter, nicht besser, mit allen möglichen gesellschaftlichen Schattierungen.

Nach drei Jahren in dem Kreuzberger Hinterhof hatte ich meine schwer zu heizende Wohnung satt. Ich hatte es satt, um sechs Uhr morgens aufstehen zu müssen und die Kohlen aus dem Keller in den vierten Stock zu schleppen. Ich hatte es satt, den Ofen ständig in Gang halten zu müssen, die Wohnung und meine Lungen voll feinem Braunkohlenstaub zu haben. Während dieser Zeit begann ich mich nach Zentralheizung zu sehnen. Aber eine entsprechende Wohnung in Berlin zu finden – noch dazu als ausländische Studentin – war äußerst schwierig. Durch eine Kommilitonin erfuhr ich, daß in der Wohnung eines Studenten ein Zimmer frei geworden war; ich stellte mich bei ihm vor. Wir mochten uns spontan, was mich erleichterte, weil ich Philosemiten mittlerweile fürchtete. Max, so hieß er, schien «neutral» zu sein – so weit das in diesem Land geht. Ich zog bald bei ihm ein.

Max stammte aus einer sehr konservativen Familie in Süddeutschland und bezeichnete sich selbst als Linken. Zu meiner Überraschung standen in seinem Bücherregal viele Bücher über die Judenverfolgung im Dritten Reich. Dennoch hatte er bisher keine Juden gekannt. Wir sprachen manchmal über das

Thema Juden; das ging mehr von ihm aus als von mir, und es irritierte mich zunehmend. Ich wollte nicht nur meine Familienlüge nicht länger verbreiten, ich wollte dieses Thema nur noch mit Juden diskutieren, weil ich Nichtjuden immer noch unterstellte, unserem Leiden und unserer Geschichte ein falsches Interesse entgegenzubringen. Mit der Zeit wurde ich Max gegenüber abweisend. Meiner Beobachtung nach war er von Juden allzu fasziniert. Der Gedanke, daß er in seiner linken Stammkneipe prahlte, eine Jüdin wohne jetzt bei ihm, ließ mich nicht los.

Eines Tages traf ich eine Bekannte von Max, und sie fragte mich: «Ist Max Halbjude?»

«Wie kommst du auf so was?» fragte ich.

«Er erzählt neuerdings überall, daß er Halbjude sei», sagte sie. Ich war empört darüber, daß er es offenbar «geil» fand, Jude zu sein, und versuchte, sich bei seinen Bekannten einen Hauch von Exotik zu geben. Wie viele «echte» Juden hatten ihre Identität aus Angst vor gesellschaftlichen Konsequenzen verheimlicht? Welch einen Preis hatten Millionen bezahlen müssen, weil sie Juden waren? Und nun ging ein Nichtjude mit der falschen Rolle hausieren. Hatte er wenigstens einmal in seinem Leben diese «Auschwitz-Augen» gesehen? Gleichzeitig fragte ich mich, warum er sich nur als «Halbjude» ausgab. Schien ihm das sicherer? «Volljude» zu sein, wäre wohl doch zu gefährlich. Ich stellte Max zwar nie zur Rede, aber ich wurde sehr kühl. Meine Ablehnung frustrierte ihn, aber die Situation spitzte sich nicht zu, weil er ein Typ war, der alles runterschluckte, um viel später seinen Aggressionen wegen Kleinigkeiten freien Lauf zu lassen. Außerdem wurde er durch die erfreuliche Tatsache abgelenkt, daß er und seine Freunde kurz nach meinem Einzug eine große Wohnung fanden. Sie hatten schon lange eine Wohngemeinschaft gründen wollen.

Max und die anderen wollten, daß ich mit ihnen zusammenziehe, obwohl ich eigentlich lieber die alte Wohnung für mich allein übernommen hätte. Ich ließ mich vielleicht zu schnell überreden. Einerseits waren die Leute für mich wildfremd, und ich merkte, wie wenig ich letztlich die vielen Spielarten des deutschen Philosemitismus auf Anhieb zu durchschauen vermochte. Andererseits wollte ich auf jeden Fall die Erfahrung machen, in einer deutschen Wohngemeinschaft zu leben.

Laut Mietvertrag zogen wir zu viert ein, laut WG-Ordnung waren wir sechs und tatsächlich acht, da sich noch zwei «Gäste» einnisteten. Zudem hatten wir einen Hund, zwei Vögel und meinen Hamster namens Julius. Einige Tage nach unserem Einzug lud einer der Gäste drei Leute aus Westdeutschland, die er zufällig in einer Kneipe kennengelernt hatte, zum Übernachten ein. Einige von uns waren über dieses Vorgehen empört. Schon fingen die Gäste an, Gäste zu haben. Als ich diesen Gast auf sein Verhalten der Gemeinschaft gegenüber ansprach, meinte er, wir sollten eine Regel aufstellen, nach der Gäste nur mit Zustimmung der anderen Mitglieder hier übernachten durften; dann könne er sich beim nächsten Mal auf diese Regel berufen. «Warum kannst du es ihnen nicht einfach so sagen, ohne Regel? Und übrigens – wenn wir solch eine Regel hätten, würdest du auch nicht hier wohnen, weil die meisten dagegen wären», sagte ich. Er blieb stumm.

Er war evangelischer Pfarrer und wartete auf seine Dienstwohnung und Gemeinde. Als er diese endlich bekam, zog er aus, ohne die Rechnung, die er der Gemeinschaft schuldete, zu begleichen. Und das, obwohl er der einzige von uns war, der eine Stelle hatte, während wir alle noch studierten. Ich rief ihn an und fragte ihn, ob seine Freunde auszunutzen eine speziell christliche Tugend sei. So etwas kannte ich nämlich nicht. Er stotterte, die Angelegenheit war ihm äußerst peinlich. Klar – als christlicher Pfarrer von einer Jüdin beim Betrug ertappt zu werden ... Laut Vorurteil hätte es eigentlich umgekehrt sein müssen. Er erzählte, er käme in den nächsten Tagen mit dem Geld vorbei. Ich glaubte ihm kein Wort, und wie ich erwartet hatte, erschien er auch nie. Ich spielte mit dem Gedanken, sonntags in seine Kirche zu gehen und seine Schulden aus dem Klingelbeutel zu nehmen.

Wir hatten überhaupt Probleme mit Schmarotzern. Es gab Freunde, besonders von Max, die fast jeden Tag, wenn wir zu Mittag aßen, «zufällig» vorbeikamen. Man kochte für acht Leute, und 15 saßen am Tisch. Wenn wir dagegen protestierten, rechtfertigte Max das Verhalten seiner Bekannten mit dem Standardspruch: «Das sind unsere Genossen.» Er versuchte es so darzustellen, daß wir als Geizhälse dastanden, die «Mitesser» jedoch keineswegs als Schmarotzer. In Wirklichkeit aber waren es Leute, deren Freundschaft Max – auf unsere Kosten – zu kaufen versuchte. Als er sein Zimmer renovierte, versprachen sie ihm, dabei zu helfen. Als es soweit war, stand er mit den Farbeimern allein da.

Fast jedes Wochenende erschienen irgendwelche Gäste aus Westdeutschland, meist unangemeldet. Sie wurden überwiegend von einer Frau geschickt, die zwar ein Zimmer bei uns hatte, aber häufig in Westdeutschland war. Wenn ihre «Genossen zum Pennen» ankamen, verteidigten einige immer das Verhalten der Frau, darunter Christa, die noch nie in ihrem Leben Berlin verlassen hatte, in einer «heilen Welt» aufgewachsen und dementsprechend naiv war. Sie wollte nicht wahrhaben, daß es Schmarotzer oder überhaupt bösartige Menschen gibt.

Kaum ein Dauerbesucher zahlte freiwillig etwas in unsere Haushaltskasse. Was dachten sich diese Leute dabei, andere so auszunutzen? Außer mir regten sich noch zwei Mitglieder unserer WG darüber auf; doch sie unternahmen nichts und resignierten langsam. Ich dagegen wurde immer wütender. Über Geld redet man nicht, als Christ nicht und als Linker schon gar nicht. Ich (als Jüdin) aber schon, obwohl auch ich immer erst meine Hemmungen überwinden mußte. Es war mir unbegreiflich, wie man den Anspruch erheben konnte, Sozialist beziehungsweise Kommunist zu sein, und gleichzeitig das asoziale Verhalten anderer nicht nur billigte, sondern auch noch förderte.

Ich begann, von diesen Dauergästen die anteiligen Unterhaltskosten einzutreiben. Die Schmarotzer ärgerten sich über mich, weil sie nicht mehr alles umsonst bekamen. Und auch ich war jedesmal in Rage, weil ich so etwas machen mußte und mich dadurch in die typische Rolle gedrängt fühlte. Die anderen, die auch stinksauer waren, ständig ausgenutzt zu werden, überließen mir diese undankbare Aufgabe, weil sie selber sich nicht trauten. Selbst die Mitbewohner, die die Dauergäste angeblich nicht als Schmarotzer empfanden, sackten ihren Anteil am eingetriebenen Geld schnell und wortlos ein.

Vermutlich reagierte ich den Schmarotzern gegenüber öfters zu heftig. Ich verabscheute sie aber nicht nur, ich war auch neidisch auf sie. Die Freiheit zu besitzen, sich so asozial zu verhalten und dabei immer noch gesellschaftlich akzeptiert zu sein – das war schon was. Wenn ich so gewesen wäre, hätten die anderen mich als jüdischen Parasiten beschimpft (oder es zumindest heimlich gedacht), und die Juden hätten mir vorgeworfen, daß ich das ganze Volk blamiere. Ich befand mich so oder so in einer gesellschaftlichen Zwangsjacke – und die Schmarotzer eben nicht.

Es dauerte nicht lange, bis sich in der WG Cliquen gebildet hatten. Ich blieb aus mehreren Gründen eine Außenseiterin, vor allem, weil ich zu keinem der Mitbewohner und Mitbewohnerinnen eine Vertrauensbasis hatte. Der Kontakt blieb oberflächlich, weil ich niemanden an mich heranließ. Max' Philosemitismus war auch vor dem Umkippen, genau wie der Therapeut es bei solchen Leuten vorausgesagt hatte. Als wir einzogen, bot Max mir großzügig eines der größten Zimmer an und nahm selbst ein kleineres. Als ich ihn jedoch nicht von seinem schlechten Gewissen befreite und auch nicht seine Alibi-Jüdin spielte, fing er plötzlich an, mich wegen Kleinigkeiten anzugreifen. «Wozu zum Teufel brauchst du so ein großes Zimmer? Du hast ja kaum Möbel.»

«Willst du mit mir tauschen?» schlug ich vor.

«Nein, ich habe mein Zimmer gerade renoviert.»

In der Gruppe hatte jeder eine andere Vorstellung von einer Wohngemeinschaft. Die Mehrzahl aber wollte, daß wir wie siamesische Achtlinge fast alles zusammen machten. Die meisten studierten sogar in demselben technischen Fachbereich.

Beinahe jeden Abend hockten sie in Studentenkneipen. Aus Gruppenzwang begleitete ich sie zu Beginn, dann jedoch nicht mehr. Sie fragten mich trotzdem jedesmal, ob ich mitwollte. Dann schlief auch das ein. Abgesehen davon, daß ich keinen Alkohol trinke und nicht rauche, empfand ich es auch sonst als Zeitverschwendung. Ich hatte eine Doktorarbeit zu schreiben. Warum sollte ich die Nächte hindurch in qualmigen Lokalen herumsitzen und mit Leuten quasseln, mit denen ich ohnehin zusammenwohnte? Die wenigen Freundschaften und Bekanntschaften, die ich pflegte, waren die mit dem Mann aus der Therapiegruppe und einigen Leuten aus meinem Fachbereich. Aber die meiste Zeit saß ich hinter meinen Büchern. Die WG-Leute verstanden das nicht. Sie betrachteten ihr Studium viel lockerer, als ich es tat. Max hatte schon 16 Semester hinter sich, und kein Abschluß war in Sicht. Sie strebten schließlich «nur» ein Diplom an. Mit eiserner Disziplin saß ich am Schreibtisch, während sie durch die Kneipen bummelten, in Urlaub fuhren oder Ausflüge machten. Ganz selten war ich dabei. Natürlich beneidete ich sie, denn ich war ja aufgrund meiner Rolle gezwungen, besser zu sein als die anderen. Und das verursachte natürlich Streß. Es tröstete mich nur wenig, daß ich am Ende dieser Qual mit einem Doktortitel belohnt würde, weil ich andererseits wußte, daß ich mein Leben lang gegen Vorurteile und gesellschaftliche Ächtung kämpfen mußte.

Je länger wir zusammenlebten, desto deutlicher merkte ich, wie unterschiedlich wir waren. Welten trennten meine Erlebnisse, Erfahrungen und Erziehung von denen der anderen. Sie verstanden, beziehungsweise kannten mich überhaupt nicht, und umgekehrt. Woher denn auch?

Sogar in den tagtäglichen Kleinigkeiten machte sich der Unterschied bemerkbar. Zum Erstaunen der anderen hatte ich nur geringe Koch- und Nähkenntnisse; so etwas «Unwichtiges» wurde für uns Kinder erledigt, damit wir uns gänzlich unseren Schularbeiten widmen konnten. Max brachte mir Nähen bei, wie er es in der Bundeswehr gelernt hatte. Zwei der Studentinnen zeigten mir liebevoll einige Kochkünste. Einmal stritten sie sich so heftig über das Vorbereiten eines jugoslawischen Gerichts, daß beide wutentbrannt die Küche verließen. Als ich dort ratlos mit allen Zutaten herumstand, kam mir jemand zu Hilfe, und wir änderten es in ein italienisches Gericht ab.

Auch mein Humor war anders als der ihre. Bei uns zu Hause wurde jüdischer Humor gepflegt. Wir waren ironisch und konnten ernste oder tragische Situationen durch Humor ins Lächerliche ziehen. Und wir lachten über uns selbst. Eines Tages erzählte mir meine Mutter, den Tränen nahe, wie sehr ich die Familie durch meinen Deutschlandaufenthalt zerstöre, und endete mit der Floskel: «Blut ist dicker als Wasser.» Bei meiner Antwort: «Milchshakes sind dicker als Blut» mußte sie lachen, weil es so absurd war. Humor spielte in meinem Leben, wie bei den meisten Juden, immer eine wichtige Rolle als Waffe zum Überleben. Er machte das Leben viel erträglicher. Humor hatte für meine deutschen Mitbewohner einen völlig anderen Sinn und einen anderen Stellenwert in ihrem Leben. Ihren Humor verstand ich nicht. Wir schauten uns zusammen einen Slapstick-Film an, in dem ein Schauspieler fünfmal hintereinander die Treppe hinunterfiel. Jedesmal lachten meine Mitbewohner. «Warum findet ihr das so lustig?» fragte ich.

«Weil es lustig *ist*», antwortete Max.

Im Frühjahr 1977 war die Frauenbewegung voll im Gange, und zwei Studentinnen unserer WG engagierten sich stark. Das Wort «frauenfeindlich» wurde manchmal zu einem Leitmotiv tagelanger Diskussionen. Eine der Frauen entdeckte erstmals, daß sie zu einer unterdrückten Gruppe gehörte, und sie war ganz begeistert davon. Es war damals «in», unterdrückt zu sein. Sie war verblüfft, daß ich mich weigerte, in der Frauenbewegung mitzumachen. «Warum soll ich?»

«Willst du nicht das Recht haben, über deinen eigenen Körper bestimmen zu dürfen?» fragte sie mich.

«Natürlich. Ich will nicht mehr von euch geschändet oder getötet werden», sagte ich, «ich habe andere Probleme, die ihr verursacht habt. Die Antisemiten stammen aus euren

Bäuchen. Die Mörder meines Volkes wurden von euch deutschen Frauen geboren und erzogen. Was verbindet uns da?» Sie war nie mit solchen Argumentationen konfrontiert worden, und ich beneidete sie um ihre Naivität. Sie meinte, ich müsse mich mit der weiblichen Hälfte der Menschheit identifizieren. Ich sah meine Probleme und Rechte als Angehörige einer von der Vernichtung bedrohten ethnischen Minderheit nicht durch die deutsche Frauenbewegung vertreten. Die Probleme, die Christa ansprach, beunruhigten mich nicht. Meine Eltern hatten dafür gesorgt, daß ihre Kinder, gleich welchen Geschlechts, eine qualifizierte Ausbildung bekamen, um unabhängig zu sein. Nancy und ich wurden nicht anders behandelt als Roger. Am Hebel der Macht saß, wie immer in solchen Dingen, unsere Mutter. Sogar in der Heiratsurkunde meiner Eltern steht eine lange Liste von Pflichten, die mein Vater laut der Gesetze Israels meiner Mutter gegenüber zu leisten hat. Meine Mutter hingegen muß nur eine «jüdische Mutter» sein. Denn nur die Frau kann *jüdische* Kinder zur Welt bringen, egal, wer der Vater ist. Ein jüdischer Mann allein hat keine Möglichkeit, das «auserwählte Volk» fortzupflanzen. Wenn er mit einer Nichtjüdin Kinder zeugt, so sind sie keine anerkannten Juden und haben keinen Anspruch auf die israelische Staatsbürgerschaft. Die Männer müssen in die Synagoge gehen und Gott dienen, weil sie keine Juden gebären können. Die Frauen hingegen brauchen dies nicht zu tun. Natürlich existieren auch unter Juden Spannungen zwischen den Geschlechtern. Es gibt Macho-Männer, die darauf beharren, daß unserem Gott zu dienen ein Männer-Privileg sei, obwohl dies vom Ursprung her nicht stimmt.

Die Macht der jüdischen Frau, der wirklichen Stammhalterin des Volkes, wird von den meisten Außenseitern unterschätzt. Und nach dem Holocaust waren wir, wie in den meisten jüdischen Familien, auf einen Kampf gegen eine feindliche Umwelt vorbereitet worden, nicht auf einen Kampf gegeneinander.

Christa verstand das alles nicht. Sie hatte nie zuvor mit Juden zu tun gehabt; sie lebte in der Illusion, sie sei in ein

Vakuum hineingeboren worden, völlig unbelastet von der Vergangenheit. «Was hat das mit mir zu tun?» fragte sie mich einmal, als wir über das Dritte Reich redeten. Sie hatte sich nie ernsthaft mit dem deutschen Faschismus auseinandergesetzt. Ihre Probleme waren «Frauenprobleme». Mein Problem war, daß ich die Schwierigkeiten anderer nicht ernst nehmen konnte oder wollte, wenn sie nicht lebensbedrohlich waren wie beispielsweise beim Ausländerhaß. Vielleicht war dies Arroganz meinerseits; oder die Schwierigkeit, nach dem Holocaust Maßstäbe zu finden. So wie ich nach der Hirnhautentzündung die Leute belächelt hatte, die nur an Erkältungen gelitten hatten, so verhielt ich mich nun der Frauenbewegung gegenüber. Weshalb jammern diese Frauen? dachte ich mir. Sollen sie ihre prügelnden, besoffenen Ehemänner verlassen, die sie bedrohen. Wie können wir aber den Rassisten entkommen, die unsere Existenz vernichten wollen?

Obwohl zwischen mir und den anderen Gemeinschaftsmitgliedern das Vertrauen fehlte, erlebte ich durchaus Positives in der Gruppe. Die zahlreichen politischen Diskussionen, die stattfanden, halfen mir, langsam die Zeit vor meiner Einreise in die Bundesrepublik zu begreifen. Als «Seiteneinsteigerin» fehlte mir die Kontinuität der Ereignisse der sechziger und frühen siebziger Jahre. Begriffe und Namen wie APO, Notstandsgesetze, Benno Ohnesorg oder Heinrich Albertz waren mir fremd. Nur über das Dritte Reich wußte ich weit besser Bescheid als die anderen Mitbewohner.

Mein Interesse an der Bundesrepublik hatte sich in Kreuzberg zu entwickeln begonnen und wurde allmählich größer. Die damalige Situation hätte auch nicht brisanter sein können, um mir die Gegenwart drastisch vor Augen zu führen. Im Sommer 1977 nahmen nicht nur die Terroranschläge der Rote-Armee-Fraktion zu, sondern auch die Nervosität des Staates. Ich erfuhr von immer mehr Fällen, in denen Leute mit einem Berufsverbot belegt wurden, weil sie irgendwann in ihrem Leben etwas mit einer kommunistischen Partei zu tun gehabt hatten. Ich spürte eine ähnliche Atmosphäre wie in meiner Kindheit während des McCarthyismus.

Als im Herbst Hanns Martin Schleyer entführt wurde, spitzte sich die Situation zu. Mehrere Wohngemeinschaften wurden polizeilich durchsucht, «Sympathisanten» verhört. Bei uns gab es keinen Anlaß für eine Razzia. Die zwei aus unserer Gruppe, die Möchtegern-Terroristen waren, blieben Gott sei Dank nur Maulhelden. Bei den Diskussionen ärgerte ich mich jedesmal, wenn jemand behauptete, die Bundesrepublik gliche dem Dritten Reich. Wie konnten sie es wagen, den Faschismus derart zu verharmlosen? Sicherlich waren einige bürgerliche Rechte zu Unrecht eingeschränkt worden, und dagegen hatten wir auch demonstriert. Aber der Vergleich der Bundesrepublik mit Nazi-Deutschland entlarvte eine nicht ungefährliche politische Naivität. Und er beleidigte auch die KZ-Opfer. Jedesmal, wenn Bekannte sich mit Nazi-Verfolgten verglichen, mußte ich denken, sie haben nie diese «Auschwitz-Augen» gesehen, sonst würden sie nicht etwas derart Unsinniges behaupten.

In der Anfangsphase seiner Entführung tat mir Schleyer nicht sonderlich leid. Ich glaubte nicht, daß sein Leben ernsthaft in Gefahr war, und wenn schon, er war ja schließlich ein Nazi gewesen. Aber als die RAF in Abständen Fotos von ihm an die Medien schickte, war die Veränderung seines Gesichtsausdrucks deutlich wahrzunehmen. Nicht nur hatte er von Mal zu Mal abgenommen, sondern in seinen Augen war Furcht, ja Schrecken zu sehen. Wir saßen in einer Gruppe im Gemeinschaftsraum vor dem Fernseher, als das letzte Foto von ihm gezeigt wurde. Seine Frau und sein Sohn plädierten an den damaligen Bundeskanzler Schmidt, auf die Forderungen der Terroristen einzugehen. Einige aus der Gruppe, die neben mir saßen, meinten: «Laßt ihn sterben, das Kapitalistenschwein.» Ich sagte nichts, aber ich dachte: Wie würde ich mich fühlen, wenn das mein Vater wäre? Wie schrecklich muß dies für seine Familie sein. Beim Anblick seines verzweifelten Sohnes spürte ich Mitleid. Absolut nichts rechtfertigte es, einem Menschen so etwas Grausames anzutun. In diesem deutschen Herbst wurde mir klar, wie sehr ich, nicht nur vom Verstand her, sondern auch emotional, das Gleichheitsprinzip verinnerlicht hatte. Jeder hat ein Recht auf Leben, auch Leute, die ich nicht mochte, auch jeder Deutsche.

In Berlin studierten viele Palästinenser; sie verteilten häufig in der Universität Flugblätter, in denen sie ihre politische und gesellschaftliche Lage im Nahen Osten schilderten. Normalerweise las ich keines der zahlreichen Flugblätter, die mir von allerlei politischen Gruppierungen in die Hand gedrückt wurden, benutzte höchstens die Rückseiten als Schmierpapier. Aber die Terroranschläge in Europa gegen Juden und israelische Einrichtungen nahmen seit Mitte der siebziger Jahre dramatisch zu. Es war höchste Zeit, daß ich mich mit diesem Konflikt auseinandersetzte, denn – ob ich wollte oder nicht – es hatte auch mit mir zu tun.

Im Vorraum der Mensa hatte eine Gruppe palästinensischer Studenten einen Info-Stand aufgebaut. Zögernd ging ich hinüber und schaute mir die Hefte und Broschüren an. Die dahinterstehenden Palästinenser und Palästinenserinnen mit ihren kunstvoll um den Hals gewickelten rotweiß karierten Tüchern lächelten mir freundlich zu. Ich nickte zurück. Wenn sie wüßten, daß ich Jüdin bin!

Eine ganze Woche verbrachte ich fast ausschließlich mit dem Lesen dieser Schriften. In den endlosen Wohngemeinschaftsdiskussionen war das Gespräch – zumindest in meiner Gegenwart – nie auf die Situation der Palästinenser gekommen. Und ich hatte auch kein Bedürfnis, dies zu besprechen, weil es eine Sache zwischen mir und den Palästinensern war. Zudem hätte ich, für den Fall, daß sie Israel kritisierten, nicht genau gewußt, ob dies nun verkappter Antisemitismus war oder nicht.

Daß die Israelis nicht völlig unschuldig sein konnten, ahnte ich schon lange wegen manch antiarabischer Äußerungen, die ich nicht nur in dem Vorbereitungskibbuz, sondern auch während der letzten Jahre in der Bundesrepublik von einigen israelischen Studenten gehört hatte. Woher nehmen wir Juden das Recht, rassistisch zu sein, nach all dem, was unserem Volk angetan worden war? Und die Palästinenser sind schließlich so etwas wie unsere Verwandten.

Ich ging erneut zum Info-Stand und fragte die Palästinenser nach ihrem Leben in den Lagern. Ich mußte unbedingt persönliche Erlebnisse hören, um mir ein Bild machen zu können. Eine Geschichte glich der anderen, handelte von Demütigungen und Anpöbelungen durch die israelischen Besatzungssoldaten. Das kann nicht wahr sein, sie übertreiben, versuchte ich mich zu beruhigen. Ich war nicht bereit, mich mit einer Täterrolle zu identifizieren. Das hatte ich in meinem Leben nie gemußt, allein schon die Vorstellung verstieß gegen meine Moral als Jüdin. Kurz danach, als ich mich mit einigen jüdischen Bekannten traf, sprach ich das Thema Palästinenser an. Die Positionen waren sehr gespalten. Einige waren der Ansicht, die Palästinenser seien nichts als Terroristen, die anderen, zu denen auch ich gehörte, betrachteten die Situation differenzierter. Einer aus dieser «Fraktion» machte eine Bemerkung, die heftige Proteste auslöste und auch mich erschreckte: «Es gibt auch unter den Juden Menschen mit faschistischen Denkstrukturen, ‹Fascho-Juden›.» Klar, wie lächerlich von mir zu denken, daß ich davor geschützt war, Faschistin zu sein, nur weil ich Jüdin bin! Diskriminierung und Intoleranz gab es auch unter uns, aber niemand hatte das je in Zusammenhang mit dem Begriff Faschismus gebracht. Warum eigentlich nicht? Als «Daueropfer» hatten wir es uns leichtgemacht, das Verhalten und Denken anderer zu kritisieren. Wir versäumten dadurch, uns selbst kritisch zu sehen, und liefen Gefahr, genauso zu sein wie unsere Feinde.

An der Uni traf ich mich weiter mit Palästinensern, um unseren «Familienzwist» zu besprechen. Es gab mehrere Fanatiker unter ihnen, wie auch unter uns. Mit ihnen konnte ich nicht reden. Doch manchmal beneidete ich diese Fanatiker. Für sie war es leicht, alles schwarzweiß zu malen, in gut und böse, recht und unrecht aufteilen zu können. Sie kannten keine Selbstzweifel, standen immer auf der «richtigen» Seite.

Ein Palästinenserlager im Südlibanon brauchte dringend Medikamente. Ich wurde gefragt, ob ich mithelfen würde, Medikamente zu beschaffen. Zu gut war noch meine Erinnerung an meinen Kampf mit der Hirnhautentzündung, wenn ich damals keine Medikamente bekommen hätte...! «Ja, ich mache mit. Aber ich sammle nur für Medikamente, nicht für Waffen», stellte ich zur Bedingung. Wir liefen von Arzt zu Arzt, von Krankenschwester zu Krankenschwester und bettelten um Proben und Reste. Eine Bekannte fauchte mich an: «Bist du bescheuert? Die Hälfte der Palästinenser wird wieder gesund und wieder gegen uns kämpfen!»

«Aber die andere Hälfte wird wieder gesund und uns danken», antwortete ich.

Einige Kommilitonen, die in der SEW (Westberliner SED) waren, prahlten, daß in der DDR kein Antisemitismus existiere. Das kam mir wirklich traumhaft vor. Auch ich wollte gerne glauben, daß es so ein Deutschland gab, überhaupt so ein Land auf der Erde. Gerade zu dieser Zeit, 1977, lernte ich zum ersten Mal in Ost-Berlin Juden kennen. Eine Bekannte von mir, die an der New Yorker Universität promovierte, verbrachte ein Forschungsjahr in West-Berlin. Sie schrieb ihre Doktorarbeit über die Judenemanzipation im 19. Jahrhundert, dargestellt in der deutschen Literatur, und mußte häufig in die DDR, um die dortigen Archive zu benutzen. Am Alexanderplatz wartete sie in einem Reisebüro, um ein Dauervisum zu beantragen, und schaute zufällig in den DDR-Paß der Frau vor ihr. Der Name war ihr aus der Forschung bekannt. «Kennen Sie Professor Feldmann?» fragte sie die Frau, die sich überrascht umdrehte.

«Ich glaube schon, er ist mein Mann.» Es stellte sich heraus, daß sie Juden waren. Frau Feldmann gab meiner Bekannten ihre Adresse. Sie konnte sie jedoch nie besuchen, weil sie kurz darauf vorzeitig in die USA zurückmußte. Dafür besuchte ich die Familie.

Von Anfang an verstand ich mich mit Professor Feldmann und seiner Frau ausgezeichnet. Sie waren wie Pflegeeltern zu mir. Abermals verband mich mit anderen Juden diese Vertrautheit, diese Zugehörigkeit zur selben Schicksalsgemeinschaft, das Bewußtsein, daß wir aufeinander angewiesen sind. Im Gegensatz zu meinen eigenen Eltern jedoch redeten wir sehr oft über die Nazi-Zeit. Über die Lage der Juden in der DDR befragte ich sie jedoch nie. Nicht nur wollte ich in der Illusion leben, daß der Antisemitismus hinter der Mauer aufhörte, ich wollte vor allem von Betroffenen noch mehr über den Holocaust erfahren. Und obwohl das Thema vorher bei älteren Juden immer tabu gewesen war, fragte ich die Feldmanns ganz offen, wie sie die Verfolgung überlebt hatten. Die Frau war mit ihren Eltern und Geschwistern durch mehrere Länder geflüchtet. Jedesmal, wenn sie dachten, sie wären weit genug weg, marschierten die Deutschen hinterher. Ihre Familie geriet während der Flucht auseinander. Sie landete in England. Der Professor und seine Familie waren früh genug aus Deutschland geflüchtet. In England lernte er seine Frau kennen.

1942 erschien in englischen Zeitungen die Meldung, daß die Nazis die Juden in Lagern ausrotteten. Professor Feldmann schnitt den Artikel aus der Zeitung aus, bevor seine Frau ihn lesen konnte. Monate später fand sie zufällig die gut versteckte Hiobsbotschaft. Jetzt wußte auch sie es. Aber mit Rücksicht auf ihren Mann, der sich so liebevoll bemüht hatte, alle Schreckensnachrichten von ihr fernzuhalten, verriet sie ihm nichts. Wie hatten sich meine Eltern bei solchen Nachrichten gefühlt? Solche Artikel hatten sicherlich auch in den New Yorker Zeitungen gestanden. Hatten sie gehofft, dies wäre Kriegspropaganda gegen die Deutschen? Hatten sie ein schlechtes Gewissen, daß sie in den USA in Sicherheit waren?

Ermuntert durch die Offenheit der Feldmanns, fing ich an, andere Juden zu fragen, wie sie überlebt hatten. Bisher war nur ich gefragt worden, wo meine Eltern während der großen Verfolgung gewesen waren, und aus Feigheit hatte ich meine Familien-Lüge immer noch eisern aufrechterhalten. Die Schicksale waren natürlich so unterschiedlich wie die Menschen, die ich fragte. Warum sind sie nach all dem, was passiert war, zurückgekommen? Einer sagte mir: «Warum sollen wir es den Mördern leichtmachen? Wenn wir hier leben, ist das der Beweis, daß wir gewonnen haben.»

Eine Frau erklärte mir: «Ich wurde von Deutschen verfolgt, aber ich wurde auch von Deutschen gerettet.» Es gab also doch Deutsche, die Juden geholfen hatten, und zwar mehr, als ich ahnte. Indes erging es mir immer noch so, daß jedesmal, wenn man das Dritte Reich erwähnte, mein alter Haß gegen die Deutschen wieder aufflammte. Meine fast fünfjährigen – auch durchaus positiven – Erfahrungen hierzulande waren beim Auftauchen dieses Themas im Nu zunichte gemacht. Warum hegte ich immer noch einen Groll, sogar wenn sich junge Deutsche mit uns solidarisierten?

In der Universitätsbibliothek an der FU lernte ich flüchtig eine Studentin kennen, die einen großen Davidstern um den Hals trug. Irgendwie konnte ich mir nicht vorstellen, daß sie Jüdin sei, nicht zuletzt deshalb, weil wir unsere Sterne meistens unter dem Hemd trugen und selten öffentlich zur Schau stellten. Eines Tages fragte ich sie ganz direkt, warum sie ihn trüge. Als Touristin hatte sie ihn in einem Laden in Israel gesehen, ihn «hübsch» gefunden und gekauft. Sie trage ihn nur so, als Schmuck. Ich konnte meine Wut kaum zurückhalten, weil ich es als Beleidigung empfand, den Davidstern so zu degradieren. «Weißt du, daß unsere Leute für diesen Stern über die Jahrtausende verfolgt und ermordet wurden? Für uns ist das kein hübsches Schmuckstück, sondern ein Symbol. Warum trägst du nicht ein Hakenkreuz, nur so, als Schmuck?» Nicht nur hatte sie so einen Angriff nicht erwartet, sie war ihm auch nicht gewachsen. Sie stammelte irgend etwas, daß die Leute in Israel, bei denen sie gewohnt hatte, nichts dagegen gehabt hätten. «Ich aber schon.» Fortan grüßte ich sie kaum, wenn ich sie sah. Aber ich bemerkte, daß sie den Stern nicht mehr trug. Später grübelte ich öfters darüber nach. Vielleicht solidarisierte sie sich mit uns und trug deswegen den Davidstern. Vielleicht hatte sie unter meinem Druck ihre Begründung nur ungeschickt formuliert. Vielleicht würde sie mir bei der nächsten Verfolgung helfen, obwohl ich sie wegen meiner Vorurteile gegen Deutsche sicher sehr verletzt hatte. Oder war sie eine dieser Philosemiten?

Eines Nachmittags besuchte eine Frau jemanden in unserer Wohngemeinschaft. An ihrem rechten Ohr trug sie einen kleinen Davidstern. Vermutlich hatten die anderen ihr erzählt, daß ich Jüdin sei; jedenfalls kam sie zu mir ins Zimmer, um sich vorzustellen. Ihr Vater war Jude, ihre Mutter nicht. Dennoch nannte sie sich Halbjüdin. «Diese Nazi-Kategorien, wer Jude ist und wer nicht, erkenne ich nicht an», fauchte ich, «wenn deine Mutter keine Jüdin ist, dann bist du es auch nicht.» Ich hatte sie verletzt, und das wollte ich auch. Obwohl ich sonst keine traditionelle Jüdin bin – ich glaube nicht einmal an Gott –, blieb ich bei diesem Gesetz Israels unnachgiebig. Ich dachte mir, in guten Zeiten wie jetzt, wenn es «modisch» ist, Jude zu sein, bekennen sie sich dazu, bei schlimmen Verfolgungen jedoch verstecken sie sich hinter ihren arischen Müttern und lassen den jüdischen Vater im Stich. Nur wir sind immer Volljuden, egal was passiert. Erst Jahre später setzte ich mich mit der schweren Identitätskrise der Halbjuden auseinander und mußte meine Vorurteile gegen sie revidieren.

Ende 1977 lernte ich eine amerikanische Jüdin kennen, die mich sehr an mich erinnerte, als ich zum ersten Mal nach Berlin kam. An Sharon konnte ich meinen «Fortschritt» beziehungsweise «Nicht-Fortschritt» messen. Sharon war anderthalb Jahre zuvor nach Berlin gekommen und studierte ebenfalls an der FU.

Wegen ihres Deutschlandhasses war sie Kommilitonen gegenüber sehr aggressiv. Auf dem Campus zum Beispiel fragte eine Studentin sie ganz begeistert, wie sie ihr Haar so toll hinkriege. Sharon, die von Natur aus wildes, welliges Haar hat, empfand dies als Beleidigung, weil sie kein «arisches» Haar hat. In ihrer deutschen Wohngemeinschaft diskutierte sie das Thema «Juden» mit ihren Mitbewohnern ebensowenig wie ich in meiner WG. Sharon ging jedoch mit ihrem Judesein hausieren, um regelrecht Privilegien von den Mitbewohnern zu erpressen, und schaffte sich so eine Sonderstellung. «Diese Leute schulden es uns wegen des Holocausts», pflegte sie zu sagen. Sie wurde zum Beispiel vom Putzdienst befreit, weil es ihr nicht zuzumuten gewesen wäre, deutschen Dreck wegzumachen. Aus einem schlechten Gewissen heraus schluckten ihre Mitbewohner, wie Sharon mit ihnen umsprang. Sie behandelte sie menschenverachtend, und niemand wagte sie zu kritisieren. Sharon probierte ständig aus, wie weit sie als Jüdin gehen konnte.

Obwohl Sharon nicht zugeben wollte, daß es das Phänomen «gestapogeil» gab, war sie sehr wohl davon betroffen, wenn auch «nur» im psychischen Sinne. Sie war mit einem deutschen Studenten liiert, den sie lediglich *this German guy* nannte. «Alle hier sind Deutsche. Wie heißt er denn?» wollte ich wissen. Beiläufig, kaum hörbar, erwähnte sie seinen Namen, sprach jedoch weiterhin nur von *this German guy*. Ich lernte ihn nie kennen, denn sie trennte ihren überwiegend jüdischen Bekanntenkreis von ihm ab, genau wie ich es damals mit Peter getan hatte. Ein Bekannter von mir hatte die beiden jedoch zufällig getroffen. Sharon behandelte *this German guy* von oben herab. Wenn er seinen Mund aufmachte, ließ sie ihn nie ausreden, sondern blaffte ihn umgehend an: «Halt die Klappe und quaßle nicht schon wieder so dummes Zeug.»

Eines Abends saßen Sharon und ich in einer überfüllten Studentenkneipe. Zwei Frauen zogen uns in ein Gespräch. Nach einer Weile erzählten sie uns etwas von Jesus und merkten, wie Sharon und ich uns gegenseitig anschauten und schmunzelten. «Wenn ihr fest an Jesus glaubt, wird die Welt viel mehr an Bedeutung gewinnen», versuchte die eine uns einzureden. Schon wieder so ein Missionierungsversuch, meine Seele zu retten. Das letzte Mal, als Christen versucht hatten, mich zu bekehren, hatte ich noch in Kreuzberg gelebt. Zwei ältere Frauen hatten an meine Wohnungstür geklopft und gefragt, ob ich an diesem Tag schon an Jesus gedacht hätte und ob sie mit mir über ihn reden dürften. Ich hatte ihnen klipp und klar gesagt, daß ich Jüdin sei, und gedacht, diese Tatsache müsse ausreichen, sie mir vom Hals zu halten. Statt dessen hatten sie mich mit großen Augen angestarrt. «Sie gehören zu Gottes auserwähltem Volk!»

«Das mag sein», hatte ich kurz angebunden erwidert, «würden Sie dann bitte auf Ihrem Weg nach unten meine

Mülltüten mitnehmen?» Empört hatten sie sich umgedreht und waren eiligst die Treppe hinuntergelaufen – ohne meine Mülltüten. Und jetzt sprühen uns schon wieder irgendwelche Christinnen ihren Glauben ins Gesicht. Wenn ich allein gewesen wäre, hätte ich sie mit dem Spruch abgewimmelt, daß mich dies alles nicht interessiere. Sharon aber fing an, die beiden, die relativ jung waren, anzupöbeln. «Wen denkt ihr vor euch zu haben?» Sie warf ihnen vor, daß ihr Glaube für das Leiden unseres Volkes verantwortlich sei. Sharon widerlegte jedes schwache Argument, welches die beiden vorbrachten. Sie konnten sich nicht verteidigen – wie auch, das Christentum ist eben antisemitisch – und fingen zu weinen an. Die Atmosphäre war unangenehm. Leute an anderen Tischen drehten sich um und schauten in unsere Richtung. Jetzt wußte vermutlich das ganze Lokal, daß wir Jüdinnen waren, und Sharons Theater war nicht sehr schmeichelhaft für das Volk. Gerade als wir aufstanden, um zu gehen, hieb Sharon noch einmal ganz laut auf die beiden ein: «Zu den Schwulen sagt man, wir tolerieren euch, wenn ihr uns nicht belästigt. Dasselbe gilt für euch missionierende Christen.» Sharons extremes Verhalten machte mir plötzlich klar, wie sehr mein eigener Deutschlandhaß sich inzwischen relativiert hatte. Ihr Ziel war nicht das Streben nach einer Normalisierung oder gar Gleichberechtigung, sondern nach Überlegenheit. Manchmal dachte ich mir, vielleicht geht sie soweit, einen Deutschen umzubringen, nur um zu sehen, ob deutsche Richter es wagen, sie deswegen zu verurteilen. Mir waren zu Anfang auch solche Gedanken durch den Kopf gegangen. Damals hätte ich auf Freispruch plädiert – nun aber auf lebenslänglich wie bei jedem anderen auch.

1978 wurde mir richtig bewußt, wie deutsch ich mittlerweile geworden war. Ich fing sogar an, auf deutsch zu träumen. Und zwar keine Träume von Nazis oder KZs, sondern ganz banale Geschichten, in denen ganz normale Leute Deutsch redeten. Jeden Samstagabend um Viertel vor zehn sah ich, wie viele Millionen andere Bundesbürger, den fallenden Lottokugeln zu, in der Hoffnung, daß ich sechs Richtige hätte. Ebenso begann ich, mich für und gegen alles zu versichern. Für den Fall, daß die Bude abbrennen sollte, schloß ich eine Hausratversicherung ab, obwohl ich kaum etwas besaß. Meine Habseligkeiten bestanden aus einem Schreibtisch, einer Schreibmaschine, einer Matratze auf dem Boden, einigen Büchern und Regalen und einer zwölfsaitigen Gitarre. Mehr wollte ich nicht. Besitztum macht zu immobil. Ich wollte mich hier nicht durch Sachen binden. Für alle Fälle schloß ich auch eine Haftpflichtversicherung ab. Wer weiß, was alles passieren könnte. Vielleicht beißt mein Hamster jemanden, der gerade sein Examen macht und durch die Verletzung schreibunfähig wird. Rechtsschutz kam natürlich dazu. Ich wollte mir die Möglichkeit offenhalten, alle zu verklagen. Wer käme in Amerika auf die Idee, sich von Kopf bis Fuß zu versichern?

Je deutscher ich wurde, desto mehr sank meine Toleranzschwelle in bezug auf Ordnung und Sauberkeit. Ich ärgerte mich über falsch geparkte Autos und die Straßen voller Hundekot. Wenn der Putzplan in unserer WG nicht eingehalten wurde, meckerte ich genau wie alle anderen. Und dies war sehr oft der Fall, denn die Zustände in der Wohngemeinschaft wurden immer chaotischer, und die Geschwindigkeit des Gästewechsels erhöhte sich immer mehr. Ich wurde mit der Zeit sogar so deutsch, daß ich mich strikt weigerte, «jüdische Drecksarbeit» zu verrichten, nämlich die WG-Finanzen weiter in Ordnung zu halten. Sollten es doch die Nichtjuden machen und sehen, wie undankbar und unangenehm diese Aufgabe in Wirklichkeit ist. Eben deswegen hatten die Christen uns Juden seit dem Mittelalter solche Aufgaben aufgezwungen. «Christliche» Arbeit zu verrichten, war den Juden verboten gewesen. Innerlich amüsierte ich mich nun über die Unfähigkeit der anderen, wenn es um das Geldeintreiben ging. Sie merkten jetzt zum ersten Mal, daß die WG-Finanzen bisher nur meinetwegen gestimmt hatten. Jetzt mußten sie «Geldgeier» spielen, obwohl einige immer wieder versuchten, mir die Rolle abermals in die Schuhe zu schieben.

Eines Tages kam eine Mitbewohnerin zu mir. «Friedrich hat schon drei Monate die Miete nicht bezahlt», sagte sie.

«Hast du ihn darauf angesprochen?» fragte ich.

«Nein, es ist mir ein bißchen peinlich», gab sie zu.

«Es ist allerdings peinlich, nämlich für ihn, weil er von der Gemeinschaft schnorrt, und für dich, weil du es den anderen erst nach drei Monaten sagst», meinte ich. Ich weigerte mich stur, das Geld von ihm zu holen, und es blieb ihr nichts anderes übrig, als es selbst zu versuchen. Und dies tat sie beim Essen – in Anwesenheit aller. Sie sagte ganz schüchtern: «Friedrich, du hast seit drei Monaten vergessen, die Miete zu überweisen.» Vergessen, dachte ich, das ist ein Hohn!

«Laut deutschem Mietrecht ist das ein Kündigungsgrund», fügte ich ganz beamtenhaft hinzu. Er schaute uns ganz erstaunt an: «Was! Ich habe drei Monate die Miete nicht bezahlt?» Mein Gott, wie kann jemand so etwas tun und dann so unverschämt den Unschuldigen spielen?

Wenn es nicht so äußerst schwierig gewesen wäre, in Berlin eine preiswerte Wohnung zu bekommen, ich wäre schon längst ausgezogen. Ich lebte jetzt überwiegend von einem Forschungsstipendium, und die Wohnungen, die in Berlin zu haben waren, waren für mich unerschwingliche Luxuswohnungen.

Als mein Blinddarm herausgenommen werden mußte, kam mich jeden Tag jemand aus der Gruppe im Krankenhaus besuchen und berichtete über die Schmarotzer. Ein Gast hatte sogar die Kasse geplündert, das gesamte Haushaltsgeld war weg. Aus der jetzigen Distanz amüsiert mich das alles. Ich war schon immer dafür gewesen, daß solche «Gäste» verschwanden, und jetzt merkte ich, wie sehr einige andere unter diesen Zuständen litten, zumal da sie nun selbst die Finanzen verwalten mußten.

Ich verbrachte viel Zeit in Ost-Berlin, in der «antisemitismusfreien Zone» Deutschlands. Die DDR beschäftigte sich sehr mit dem Schicksal der Juden, auch wenn sie den Staat Israel nicht offiziell anerkannte. Überall in den Buchläden gab es Regale mit Werken über die Judenthematik, mit Gedichtbänden aus den osteuropäischen Gettos und den Konzentrationslagern. Eine Freundin schenkte mir sogar ein in der DDR veröffentlichtes Kinderbuch in jiddischer Sprache, «Das kleine Zicklein». Als ich mit diesem Buch über die Grenze ging, blätterte der DDR-Grenzbeamte es bei der Kontrolle durch. «Das ist wirklich ein schönes Buch», kommentierte er ganz freundlich, als er es mir zurückgab.

Mein Verhältnis zur DDR war und blieb sehr zwiespältig. Klar, die Gründer dieses Staates waren Antifaschisten gewesen. Viele, die jetzt an der Macht waren, hatten versucht, meinem Volk im Dritten Reich zu helfen. Und ich hatte gelernt, wenn dir jemand hilft, achte und schätze es, weil es wahrhaftig nicht selbstverständlich ist. Mit der Zeit aber schwand zwangsläufig meine Illusion, daß es ein Deutschland ohne Judenfeindlichkeit gibt. Jüdische Freunde erzählten mir von antisemitischen Bemerkungen, die man manchmal in der DDR unter der Bevölkerung hört. «Glaubst du, nur die Bundesbürger hatten damals ‹Sieg heil› geschrien?» fragte mich eine Frau. Ab und zu hatte ich rassistische Äußerungen von ehemaligen DDR-Bürgern im Westen gehört. Ich hatte indes gedacht, die DDR ließe eben solche Leute ausreisen, um sie loszuwerden.

Eine Delegation amerikanischer Gewerkschaftler besuchte Kollegen in West- und Ost-Berlin. Einige von ihnen waren Juden. Als sie sich in Ost-Berlin aufhielten, erzählte ihnen ein DDR-Funktionär, daß es dort keinen Antisemitismus gäbe. «Sie meinen wohl offiziell», sagte einer der US-Gewerkschaftler.

«Nein, überhaupt», behauptete der DDR-Funktionär und ließ sich nicht weiter auf eine Diskussion ein, «weil es so etwas bei uns einfach nicht gibt».

Als die amerikanische Delegation wieder in West-Berlin war, fragte mich einer danach, weil er von der offiziellen Haltung der DDR enttäuscht war. Wie kann Antisemitismus oder jegliche Art von Rassismus in der Welt überwunden werden, wenn dessen Existenz geleugnet wird?

Langsam lief mein Leben immer normaler ab, weil ich nicht mehr ständig über das Dritte Reich und den Holocaust nachdachte. Wenn ich Filme oder Bücher darüber las oder mit anderen Juden über die Verfolgung sprach, flammte mein alter Haß jedoch wieder auf. Manchmal dauerte es dann Wochen, bis meine Aggressionen Deutschen gegenüber wieder abklangen. Und nicht nur das, ich war in bezug auf dieses Thema am Ende meiner psychischen Kräfte. Weshalb der Holocaust ausgerechnet in Deutschland passiert war, konnte ich nie völlig enträtseln. Mittlerweile wollte ich alles vergessen. Es gibt ja schließlich eine Gegenwart und eine Zukunft. Das ewige Wühlen in der Vergangenheit hatte mir nur bis zu einem bestimmten Grad geholfen, meine Situation zu verstehen. Aber von einem gewissen Punkt an drehte ich mich nur noch im Kreis. Um hier weiterleben zu können – und dies wollte ich mindestens so lange, bis meine Doktorarbeit fertig war –, mußte ich solchen Situationen ausweichen.

Aber gegen Ende der siebziger Jahre war es nicht ganz einfach, in der Bundesrepublik dieses Thema einfach zu verdrängen, ganz im Gegenteil. Die Bundesrepublik schien das Thema erst richtig zu «entdecken», als ich es vergessen wollte. Das Fernsehen strahlte immer mehr Reportagen und Filme aus. Ich schaltete dann meistens um und schaute mir statt dessen sogar Fußballspiele an. Oder ich verließ das Zimmer, wenn andere sich diese Programme anschauen wollten. Nicht einmal meine Mitbewohner fragten, weshalb ich wegging. Vermutlich spürten sie, daß sie nicht fragen durften.

Sharon hingegen stürzte sich auf dieses Thema, wie ich es früher getan hatte. An der Universität gab es im Rahmen eines Seminars einige Filme aus dem Dritten Reich zu sehen, mit anschließender Diskussion. Ich ging nicht hin, aber Sharon schaute sich «Der ewige Jude» an. Hinterher drehte sich das Gespräch um die Definition von Häßlichkeit. Ein Student behauptete, daß nur körperlich häßliche Juden dargestellt wurden, um den Film judenfeindlicher zu machen. Sharon erwiderte empört, daß diese Leute nicht häßlich, sondern bloß verarmt und ausgehungert seien und deswegen dem bürgerlichen Bild von Schönheit nicht entsprächen. Die Diskussion zwischen den beiden verlief sehr heftig. Es äußerte sich sonst niemand. Sharon, die die einzige Jüdin in dem Kreis war, fühlte sich dem Antisemitismus dieses Kommilitonen ausgeliefert. Hinterher, als der Raum sich leerte, kam der Professor, der die ganze Zeit nichts gesagt hatte, zu ihr und fragte: «Es war nicht so schlimm für Sie, oder?» Sharon war so entsetzt über diesen Vorgang, daß ich mir Bilder aus dem Film besorgen mußte, um mir die häßlichen Juden selbst anzuschauen und ihr mein Urteil dazu zu sagen. Ich vertrat danach auch Sharons Meinung und schlug vor, sie solle diesen Vorfall und den Namen des Professors der Jüdischen Gemeinde melden, was sie auch tat. Damals war ich, wie auch Sharon, fest davon überzeugt, daß die Situation antisemitisch war. Heute bin ich mir nicht mehr so sicher. Vielleicht war es eine Mischung von Unempfindlichkeit und Dummheit seitens des Professors und dieses Studenten – und Überempfindlichkeit unsererseits.

Auch wenn ich versuchte, das Thema «Drittes Reich» zu meiden, gab es zwangsläufig Anlässe, die mich automatisch daran erinnerten. Die Besuche bei den Ausländerbehörden gehörten eindeutig dazu. Meine fünfjährige Aufenthaltserlaubnis lief 1978 ab, und ich mußte erneut den leidigen Gang zu den Ausländerbehörden in der Puttkamerstraße antreten. Wir Ausländer nannten sie immer die «Kaputtkamerstraße», weil diese Prozedur für viele wirklich ein Alptraum war. Morgens um sieben fingen die Behörden an, Eintrittsnummern zu verteilen. Nur eine bestimmte Zahl wurde pro Tag reingelassen, und um fünf Uhr morgens standen die Leute schon Schlange. Mit der ersten U-Bahn fuhr ich hin und wartete mit den anderen anderthalb Stunden draußen in der bitteren Kälte. Ich gehörte zu den Glücklichen, die für diesen Tag eine Nummer erhielten.

Um in die höheren Etagen dieses alten, dunklen Baus zu gelangen, standen zwei Paternoster zur Verfügung. Offensichtlich war ich nicht die einzige Ausländerin, die noch nie solch ein technisches Wunderwerk gesehen hatte. Wir starrten die Dinger an. Beamte, mit Händen voller Akten, sprangen rein und raus. Damit soll ich nach oben fahren? Sie halten noch nicht einmal an! Ich stieg, wie viele andere, den ganzen Weg zu Fuß die Treppe hoch.

Der Wartesaal ähnelte vom Aussehen her einer Tanzhalle, mit Bänken an den Wänden und einer riesigen Fläche für Anstehende in der Mitte. Die Namen der Wartenden wurden über einen krächzenden Lautsprecher ausgerufen. Manchmal wurde ein Name mehrmals gerufen, weil niemand aufstand. Einmal kam anschließend eine Beamtin wutentbrannt in den

Saal und wiederholte ungeduldig den Namen. Niemand rührte sich. Schließlich buchstabierte sie den Namen und jemand stand auf. «Warum sind Sie nicht sofort gekommen?» fragte sie vorwurfsvoll.

«Weil Sie meinen Namen total falsch ausgesprochen haben und ich nicht wußte, daß Sie mich meinten.»

Die Atmosphäre war sehr bedrückend. Wird die Aufenthaltserlaubnis verlängert? Und wenn, für wie lange? Man fühlte sich den Beamten völlig ausgeliefert. Die Nervosität war ansteckend, obwohl man kaum miteinander redete. In den Toiletten waren häufig Leute, die sich wegen dieser Anspannung übergeben mußten. Und sie waren meist gezwungen, Waschbecken zu benutzen, weil es für die Hunderte von Wartenden lediglich zwei Toiletten gab: eine für Frauen und eine für Männer. Die übrigen Kabinen waren für das Personal reserviert. Auf der einzigen Damentoilette gab es noch nicht einmal eine Klobrille. Die Behandlung war schlicht und einfach menschenunwürdig.

Ich hatte Glück, weil ich Deutsch sprach und einen US-Paß besaß. Die Beamten behandelten mich anständig, und meine Aufenthaltserlaubnis wurde noch einmal um fünf Jahre verlängert. Aber was war mit den übrigen «Kanaken»? Und wie hätten diese Beamten mich vor 40 Jahren behandelt?

Am 9. November 1978 jährte sich zum 40. Mal der Tag der sogenannten Reichskristallnacht, des Novemberpogroms, wie wir ihn nennen. Ein großer offizieller Fackelzug durch die Innenstadt war geplant, und einige Bekannte fragten mich, ob ich mitkäme. Ich entschloß mich, nicht mitzugehen. Was würde mir das bringen? Unter anderem betrachtete ich manche Leute, unter ihnen Persönlichkeiten des öffentlichen Lebens, die mitmarschierten, als Heuchler, und ich wollte ihre Scheinsolidarität beziehungsweise ihren Philosemitismus deshalb nicht anerkennen. Hauptsache war, sich bei einem solchen Anlaß zu zeigen, das war wirklich «in». Ich fühlte mich durch diese Demonstration zu einer Art Versöhnung gezwungen, auf die ich mich nicht einlassen wollte. Wo waren die älteren unter den Demonstranten damals gewesen, als die Juden ihre Solidarität wirklich gebraucht hätten? Jetzt, wo keine Gefahr mehr bestand, jetzt, nachdem die schreckliche Verfolgung vorbei war, jetzt krochen sie aus ihren Löchern und zeigten uns eine Art Solidarität, mit der ich nichts anfangen konnte. Warum solidarisierten sie sich nicht gegen die heutige Ausländerfeindlichkeit, wenn ihre Motive wirklich humanitär waren? In der Wohngemeinschaft hatte offensichtlich niemand sonst dieses Ereignis zur Kenntnis genommen, oder besser gesagt, mir nicht davon berichtet. An diesem Abend blieb ich mit Absicht allein in meinem Zimmer, abgeschirmt von der Außenwelt, und las einen Krimi.

Anfang Dezember 1978 traf ich auf meinen «eineiigen Zwillingsbruder». Durch einen gemeinsamen Bekannten erfuhren wir voneinander. «Ich kenne einen amerikanischen Juden, der gerade deutscher Staatsbürger geworden ist», sagte er mir. «Er heißt David. Willst du ihn kennenlernen?» Ich hatte gemischte Gefühle. Ich spürte sogar einen Anflug von Groll, da ich mich an meine exotische Rolle hier gewöhnt hatte. Jeder, der ein ähnliches Schicksal hatte, stahl mir gewissermaßen die Show. Und daß dieser amerikanische Jude sogar Deutscher geworden war, das ging einen drastischen Schritt weiter als bei mir. Mit Vorbehalt ließ ich mir seine Telefonnummer geben.

Eine ganze Woche lang überlegte ich, ob ich Kontakt zu David aufnehmen sollte oder nicht. Vielleicht war er so ein Typ wie Sharon, die hierhergekommen war, um an ihren Vorurteilen festzuhalten. Ich versuchte fortan, solche Leute zu meiden, weil meine Einstellung Deutschen gegenüber noch nicht stabil genug war, so daß Menschen wie Sharon Rückschläge bei mir verursachten. Oder vielleicht gehörte David zu jenen Juden, die haßgeladen nach Deutschland kamen und deren Gefühle dann schnell ins Gegenteil umkippten. Nachdem sie festgestellt hatten, daß sie auf der Straße nicht von Horden «Sieg heil» schreiender Deutscher erschlagen wurden, betrachteten sie Deutschland daraufhin kritiklos, ja euphorisch positiv. Diese Art von Leuten kannte ich zwar nicht persönlich, ich hatte jedoch über andere Juden von solchen «hysterischen» Fällen gehört. Vielleicht war David aber auch in seiner Entwicklung viel weiter als ich, was mir natürlich helfen konnte. Schon damals, in North Carolina, hatte ich mir bei der deutschen Studentin und ihrem jüdischen Ehemann durch meine Sturheit und meine Ängste eine solche Chance verbaut. Ich entschloß mich also, David doch anzurufen.

Wir vereinbarten ein Treffen bei mir in der Wohngemeinschaft, und er versprach, mir kleine «Plastikdredln», hier bekannt als Kreisel, zum kommenden Chanukkafest mitzubringen. Er erschien einen Tag zu früh und brachte Kerzen statt Dredln mit. Ich war aber nicht zu Hause, und man erzählte mir, daß er dagewesen sei. «Wie sieht er aus?»

«Du kennst ihn noch gar nicht?»

«Nein, ich habe ihn noch nie gesehen.»

«Wieso triffst du ihn dann? Nur, weil er auch Jude ist?» fragten sie mich.

«Nur? Das ist gut. Ja, nur deswegen», sagte ich.

Noch einmal verabredeten wir uns, dieses Mal in einem Studentencafé bei mir um die Ecke. Er wollte ein Monokel als Kennzeichen tragen. Ich trank einen Kaffee nach dem anderen, bis endlich ein aufgelöster Typ hereinstürzte. David arbeitete in der Gerichtsmedizin, und sein Monokel war gerade bei der letzten Untersuchung in die Leiche gefallen. Aber jetzt war er endlich da.

Als 18jähriger war er hierher ins «feindliche Territorium» gekommen, ebenfalls gegen die heftigen Proteste seiner Eltern. Er hatte in der Bundesrepublik studiert, bis er 1973 zur Armee eingezogen worden war. In New Jersey hatte er seine militärische Grundausbildung absolviert und war anschließend nach Vietnam geschickt worden. Kaum vier Monate im Dschungel, war er während eines Vietcongangriffs die Treppe des US-Quartiers hinuntergefallen. Aus einer Platzwunde im Gesicht blutend, war er am Boden liegengeblieben. Am Ende des Gefechts hatte er sich gedacht: Du bist ganz schön blöd, wenn du jetzt aufstehst. Egal, ob man dich einen feigen Juden nennt, Hauptsache, du bist noch am Leben, um dir diese Beleidigung anzuhören. Er war von den Sanitätern mit den anderen Verwundeten eingesammelt und nach Deutschland zur Erholung geflogen worden, genau in das Land, in das er ohnehin wollte. Seine restliche Militärzeit hatte er hier abgedient. Nach seiner Entlassung war er geblieben und hatte eine Stelle gefunden.

David lebte hier schon fast doppelt so lange wie ich. Er konnte die Sprache erheblich fließender, kannte sich bei Behörden und im alltäglichen Leben viel besser aus, und er vermochte die Deutschen zu differenzieren. In meiner Entwicklung stand ich irgendwo zwischen Sharon, die in jedem Deutschen einen Nazi sah, und David.

Nach kurzer Zeit waren David und ich unzertrennlich. Endlose Stunden verbrachten wir in seiner Wohnung, die wie eine Baustelle aussah, weil er seit Jahren am Renovieren war. Hinter einem Wandschrank hatte er sich ein Versteck eingebaut, mit Matratze, Lebensmittelvorräten und einem kleinen Fernseher. «Warum bist du deutscher Staatsbürger geworden, wenn du vor Verfolgung Angst hast?» fragte ich ihn.

«Ich habe keine unmittelbare Angst. Ich hätte in jedem anderen Land so ein kleines Versteck gebaut, für alle Fälle. Und übrigens sind Rassismus und Antisemitismus in der Welt weit verbreitet. Ich sage dir da nichts Neues.» Nein, er erzählte mir wirklich nichts Neues. Nur, in unserem extremen Deutschlandhaß vereinfachten die meisten von uns amerikanischen Juden ihr Feindbild. Der Bösewicht Nr. 1 hieß Deutschland, die restlichen Antisemiten wurden verdrängt, oder noch schlimmer: verharmlost. Durch meine Freundschaft zu David rückte mein Bild von der «Besonderheit» des deutschen Rassismus endgültig in ein anderes Licht.

«Was meinst du, wie die amerikanischen Soldaten asiatischer Herkunft in Vietnam behandelt worden sind? Es wurde oft gemunkelt, daß sie vielleicht mit dem Feind kollaborierten. Und ihre Eltern sind immer noch nicht für die Internierung während des Zweiten Weltkrieges entschädigt worden», sagte David. Von den Konzentrationslagern in Kalifornien für Amerikaner japanischer Abstammung hatte ich erst im

College durch eine Bürgerrechtsorganisation erfahren. In der Schule war uns so etwas verschwiegen worden.

Nach dem überraschenden japanischen Angriff 1941 auf Pearl Harbor hatte die US-Regierung befürchtet, daß die in den USA lebenden Japaner (oder Menschen dieser Abstammung) als Spione tätig sein könnten. Alle wurden abgeholt und bis zum Ende des Krieges interniert. Ihr Besitztum wurde beschlagnahmt. Als ich zum ersten Mal davon erfuhr, wollte ich es nicht wahrhaben. Natürlich wußte ich, daß die USA nicht so liberal waren, wie sie immer sein wollten – es gab schließlich bis 1964 gesetzliche Rassendiskriminierung –, aber so etwas wie Konzentrationslager im sonnigen Kalifornien! Ich entschuldigte dies damals mit der Tatsache, daß Krieg gewesen war und die Insassen schließlich nicht ermordet worden waren. So rechtfertigte sich auch seinerzeit die US-Regierung. Um so schrecklicher kam es mir jetzt vor. Ein Land mit einer derart demokratischen Verfassung wie die USA war noch nicht einmal in der Lage, ihre Minderheiten zu schützen. Im Gegenteil, sie schadeten ihnen. Amerikanische Staatsbürger wurden ganz legal interniert und entrechtet, und ihr einziges «Verbrechen» war ihre Herkunft. Wie könnte ich diese Tatsache je rechtfertigen? Etwa weil es eine andere Minderheit traf und nicht meine?

Mit David konnte ich über alles reden, weil er eine Nüchternheit besaß, um die ich ihn nur beneiden konnte. Da er die notwendige Distanz zum Thema «deutsch-jüdische Beziehungen» hatte, leugnete er nicht die Existenz solcher Phänomene wie «gestapogeil», so merkwürdig und tabuisiert sie auch waren. Seit über zehn Jahren hatte ich diese Dinge mit niemandem diskutiert, weil die meisten solche Gefühle nie preisgaben. Damals, auf dem College, war ich zu unreif gewesen, mich ernsthaft damit auseinanderzusetzen. Hier in Deutschland wurde ich viel öfters damit konfrontiert – aber meist unterschwellig. Die Mehrzahl der Philosemiten, die ich kennenlernte, war «judengeil», auch wenn es nicht immer einen sexuellen Hintergrund hatte. Die Gründe für diese Gefühle waren mir weiterhin rätselhaft. Vielleicht sind solche starken Gefühle, wie alle außer Proportion geratenen Gefühle, dergestalt, daß sie zwangsläufig in Haßliebe umkippen.

Ich klagte David wegen der Zustände in der Wohngemeinschaft mein Leid, besonders wegen der ewigen Schmarotzer. Er ermunterte mich, nicht mehr das «passive Opferverhalten» an den Tag zu legen, sondern mich zu wehren. Ich wagte, was ich mir als Jüdin zuvor nie erlaubt hätte: Ich weigerte mich, mehr als meine tatsächlichen Kosten zu übernehmen. Als ich aufgehört hatte, die Unkosten der Dauergäste einzutreiben, hatte ich trotzdem weiterhin pflichtbewußt meinen Anteil an den Gesamtkosten gezahlt. Bloß nicht auffallen, mit Geld stets überkorrekt sein, so war es mir immer eingetrichtert worden. Jetzt war Schluß damit. Mir standen auch Freiheiten zu, nicht nur der Mehrheit. Und eine dieser Freiheiten war die Freiheit, sich nicht ausnutzen zu lassen. Mit einer mathematischen Genauigkeit, die ich in der Schule nie gehabt hatte, rechnete ich alles aus. Da ich nicht länger für die Schmarotzer bezahlte, wurden die anderen stärker zur Kasse gebeten, aber das war deren Sache. Sie duldeten sie schließlich. Ob jemand mich deswegen für geizig hielt, war mir inzwischen egal.

Langsam mußte ich einsehen, daß ich nicht alle Gäste pauschal verurteilen durfte. Unter den Schmarotzern gab es auch anständige Menschen. Anfang 1979 entwickelte sich zwischen einer von ihnen, Ulrike, und mir eine tiefe Freundschaft. Äußerlich gesehen, verkörperte sie alles, was ich an Deutschen haßte. Sie war blond, hatte blaue Augen und trug Make-up, um ihrer hellen Haut Farbe zu geben. Jahre zuvor wäre ich für so eine Freundschaft nicht reif genug gewesen.

Ulrike unterschied sich von den übrigen Gästen. Zunächst platzte sie nicht unangemeldet und rücksichtslos herein, sondern fragte Wochen im voraus an, ob sie bei uns übernachten dürfe. Als sie eines Abends das erste Mal aus Westdeutschland kam, stellte sie sich auch bei mir vor. Ich war zurückhaltend, nickte nur und sagte meinen Namen.

Als ich am nächsten Morgen ziemlich früh in die Küche kam, war das Frühstück erstaunlicherweise schon vorbereitet. Frische Brötchen lagen in dem vergammelten Korb, der

Kaffee lief durch den Filter, und eine Vase voller bunter Blumen schmückte den Tisch. Ulrike saß ganz allein in der Küche und strickte. «Hast du das alles gemacht?» fragte ich.

«Ja.»

«Das finde ich toll. Noch nie hat ein Gast das gemacht. Und wir haben hier mehr Gäste als der Bahnhof Zoo», sagte ich.

Nachdem wir eine Weile miteinander geredet hatten, sagte sie spontan: «Ich finde dich wirklich nett. Eine der Bewohnerinnen hat mich gestern abend gewarnt, du wärest nicht sehr umgänglich.»

Ich lächelte. «Ich finde einfach nicht den Draht zu den anderen. Ich bin gelegentlich intolerant, besonders der Person gegenüber, die dich gewarnt hat, weil ich sie so naiv finde. In ihrem ganzen Leben hat sie nichts Schreckliches durchgemacht und kann sich das auch bei anderen nicht vorstellen. Sie hat nie gelitten, nie vor dem Abgrund gestanden.»

Ulrike hatte hingegen wirklich eine Menge mitgemacht. Obwohl sie kaum 30 war, hatte sie schon mehrere schwere Krebsoperationen hinter sich und hoffte, die Krankheit endlich überwunden zu haben. Vielleicht war es dieser Kampf ums Überleben, der uns nahebrachte. Man hat eine andere Einstellung zum Leben, wenn es um das eigene Dasein geht. Ulrike hielt sich nicht mit Trivialitäten auf. Eines Nachmittags stürmte Max wütend durch die Wohnung. Er hatte Kochdienst, und beim Einkaufen war vergessen worden, eine Salatgurke mitzubringen. Ulrike sagte ganz trocken: «Mein Gott, hast du Probleme. Ich gehe schnell die Gurke kaufen, bevor du auf der Intensivstation landest.»

Ohne es zu wissen, hielt sie auch mir einen Spiegel vor. In den letzten Jahren hatte ich dazu geneigt, mich immer mehr über Nichtigkeiten aufzuregen. Ging es mir vielleicht zu gut, daß ich mir diesen Luxus leisten konnte? Mit aller emotionalen Gewalt versuchte ich die alltäglichen Ärgernisse wieder in die richtige Relation zu rücken. Wenn Kleinigkeiten mich aufregten, dachte ich an den Spruch meines Großvaters: «Sei nicht so hart, das Leben ist schwer genug.» Mein Vater pflegte uns in solchen Situationen zu sagen: «Wenn dies das Schlimmste ist, was dir im Leben passiert, sei froh.» Eben diese Einstellung hatte Ulrike, und das schätzte ich an ihr.

Sie blieb mehrere Wochen bei uns. Die anderen belächelten sie ein wenig, weil sie gläubige Christin war. Unter den damaligen Studenten in Berlin war es eher Mode, als Anarchist zu gelten. Auch unser ehemaliger «WG-Pfarrer» gab sich als solcher aus; er sei angeblich nur unter dem Druck seines Vaters Theologe geworden, behauptete er.

Durch Ulrike erfuhr ich, daß es andere, wirkliche Christen gibt. Sie erzählte mir von dem Widerstand der evangelischen Kirche im Dritten Reich. Während die offiziellen Kirchen den Antisemitismus, wie so oft in ihrer Geschichte, toleriert hatten, hatte die Bekennende Kirche gegen Hitlers Machenschaften protestiert und auch Widerstand geleistet. Viele ihrer Führer waren im KZ gelandet. Da Ulrike meine jüdische Herkunft als selbstverständlich akzeptierte und nie versuchte, mich zu bekehren, achtete ich auch ihren Glauben. Und sie war die erste Deutsche, bei der ich dachte: In einer Progromsituation hilft sie mir, ohne Wenn und Aber. Ich konnte mich auf sie verlassen.

Die Fernsehserie «Holocaust» wurde 1979, ein Jahr nachdem sie in den USA gelaufen war, in der Bundesrepublik ausgestrahlt. Wochen im voraus kündigte die Boulevard-Presse das Ereignis an. Zuerst wollte ich sie mir nicht anschauen. Warum sollte ich mich unnötig aufregen? Und was konnte sie mir Neues vermitteln? Sharon, die sie sehen wollte – jedoch nicht allein –, überredete mich schließlich.

Wir vereinbarten, den Film bei mir in der Wohngemeinschaft anzuschauen. Dort stand der Fernseher im Gemeinschaftsraum, aber ich hoffte, daß uns niemand stören würde, weil die Mitbewohner um diese Zeit normalerweise in der Kneipe hockten. Außerdem konnte ich mir nicht vorstellen, daß sie sich dafür interessierten. Sharon und ich machten es uns bequem und unterhielten uns, bevor «Holocaust» anfing. Auf einmal strömte die gesamte Gruppe ins Zimmer und setzte sich ebenfalls vor den Fernseher. Wieso das auf einmal? Wir fühlten uns gestört, irritiert, als ob eine Menschenmenge bei unserer Vergewaltigung zuschaute. Würden sie uns bei jeder Gelegenheit anschauen, um zu sehen, wie wir reagierten? Oder würden sie dumme Kommentare abgeben? Keins von beiden war der Fall. Ich fand den Film nicht nur kitschig, sondern auch gefährlich. Die Juden wurden, wie so oft bei diesem Thema, als «edle Opfer» dargestellt. Sie machten keine Fehler, besaßen keinerlei menschliche Schwächen, sie wurden im Gegenteil als etwas «Besonderes» dargestellt. Genau so ein Judenbild hatten viele Philosemiten von uns; und wehe, wenn sie entdeckten, daß auch wir nicht unfehlbar sind. Durch solche Filme wird unsere Gleichberechtigung, unsere Gleichbehandlung empfindlich erschwert.

Am nächsten Morgen sagte einer der Mitbewohner zu mir: «Für einen Deutschen ist es kompliziert, mit Juden umzugehen.» Ich ging auf seine Bemerkung nicht ein, obwohl ich spürte, daß er unbedingt darüber reden wollte. Ich wollte es, konnte es aber nicht. Ich konnte dieses Thema einfach nicht mehr verkraften.

Als ich an diesem Tag an einem Zeitungskiosk vorbeilief, sprang mir die Schlagzeile eines Boulevard-Blattes in die Augen: «Ganz Deutschland weint um die Juden.» Ich konnte es nicht erklären, aber ich empfand das unerträglich geschmacklos. Der Journalist hatte sicher nicht an die Gefühle der Betroffenen gedacht, als so etwas aus seiner Feder floß.

Die «Holocaust»-Serie lief eine ganze Woche, und jeden Abend war unser Fernsehraum vollbesetzt. Nach einer KZ-Szene sagte jemand: «Es ist gut, daß dieser Film abends läuft, so daß Jugendliche nicht allein damit konfrontiert werden.»

Wütend fauchte ich ihn an: «Warum nicht? Wir mußten uns von Kindesbeinen an damit auseinandersetzen.» Alle schauten mich verlegen an. Wahrscheinlich hatten sie, wie gewöhnlich, nicht darüber nachgedacht. Trotzdem war ich zu meinem großen Erstaunen nach «Holocaust» Deutschen gegenüber weniger aggressiv, als ich es früher bei solchen

Ereignissen gewesen war. Natürlich ließ mich das Thema nicht kalt. Ich war jedoch emotional viel kontrollierter als früher.

Ein Gastdozent hielt eines Abends an der Universität einen Vortrag über Literatur im Dritten Reich. Sein Vortrag wimmelte von widersprüchlichen Behauptungen, aber die Zuhörer waren äußerst höflich (oder sie hatten es nicht bemerkt). In der anschließenden Diskussion wagte nur ich einige seiner wirren Thesen zu hinterfragen. Seine Antworten blieben aber vage. Andere fingen an, über die Verfolgung im allgemeinen zu sprechen, und irgendwie wurden die Palästinenser erwähnt. Zu diesem Thema machte der Dozent mehrere rassistische Bemerkungen, als ob diese Volksgruppe keine Menschen wären. Sobald ich mich von dem Schock dieser Diskriminierung erholt hatte, attackierte ich ihn. «Woher nehmen Sie das Recht, derart rassistisch zu sein? Ist es Ihnen nicht klar, daß solches Denken zu Pogromen geführt hat?»

«Wie kommen Sie dazu, Terroristen zu verteidigen?» schlug er zurück.

«Ich verteidige keine Terroristen, sondern kämpfe gegen Vorurteile wie die Ihren.»

Wir stritten uns so heftig, daß es nichts mehr mit einer Diskussion zu tun hatte. Keiner der Zuhörer griff ein, aber die Stimmung war eindeutig gegen mich. Als ich später Sharon von diesem Dozenten berichtete, erzählte sie mir: «Das hätte ich dir vorher sagen können, daß er so ist. Er ist einer von diesen sogenannten ‹Halbjuden› und versucht ständig zu beweisen, daß er dazugehört.»

Diesen Mann hätte ich schnell wieder vergessen, wenn mein Doktorvater ihn nicht als Zweitgutachter für meine Dissertation vorgeschlagen hätte. Ich erzählte ihm von diesem Vorfall. «Meinst du, er erinnert sich an dich?» fragte er mich.

«Wahrscheinlich, wenn er mich sieht. Aber meinen Namen kennt er vermutlich nicht.» Mein Doktorvater schrieb ihm einen Brief. Sie waren gute Kollegen, und der Dozent sagte zu, die Arbeit als zweiter zu begutachten. Trotzdem hatte ich ein ungutes Gefühl dabei, und es sollte sich bald herausstellen, daß meine Ahnung richtig war.

Mein Doktorvater, der gerade für ein Forschungssemester ins Ausland reisen wollte, plante für mich den offiziellen Abgabetermin und benachrichtigte den Kollegen. Die Arbeit war von beiden natürlich schon längst gelesen worden. Mein Doktorvater, der sein Gutachten bereits geschrieben hatte, fuhr weg, und einige Wochen später, kurz vor dem Abgabetermin, schrieb der Dozent mir einen Brief. Er meinte plötzlich, ich müsse noch einige Kapitel dazuschreiben, in denen ich die Literatur aus England, Frankreich, Italien usw. zum gleichen Thema analysieren solle. Es war klar, daß er mich mit seinem Vorschlag, der noch einige Jahre Arbeit bedeutete, reinlegen wollte. Ich geriet in Hysterie, benachrichtigte meinen Doktorvater und schickte ihm eine Kopie des Briefes. Er konnte sich dieses unprofessionelle Verhalten nicht erklären, und noch weniger konnte er begreifen, daß ein Jude so mit einem anderen umging. Mein Doktorvater riet mir, möglichst rasch einen neuen Zweitgutachter zu finden, so daß ich meine Dissertation zum geplanten Termin abgeben konnte. Es war aber eine Woche vor Ostern, und ich mußte die Arbeit in der Woche nach den Feiertagen abliefern. Die meisten Professoren waren nicht mehr erreichbar. In Panik rannte ich von einem Büro zum anderen, klopfte hier und dort, bis ich endlich jemanden fand, der noch anwesend war. Er erklärte sich auch bereit, die Arbeit zu begutachten.

Gänzlich erschöpft von diesem Drama, fuhr ich für eine Woche in Urlaub. David arrangierte alles, weil ich zu erledigt war, um überhaupt noch irgend etwas zu planen. Er hatte einen Freund, dessen Eltern ein Hotel in Kevelar besaßen, und ich konnte ohne weiteres über Ostern dorthin fahren. Eine Freundin begleitete mich, und als wir dort ankamen, war das Städtchen voller Nonnen und Priester. Kevelar war mir kein Begriff, und ich wußte also nicht, daß es ein Wallfahrtsort ist, an dem Maria, die Mutter Jesu, erschienen sein soll. Vermutlich wäre ich sonst nicht dorthin gefahren. Aber nun war ich da. Überall in den Geschäften gab es Kreuze, betende Hände und Heiligenbilder zu kaufen. Ich schickte David eine Postkarte mit Jesus am Kreuz hängend. «Du Miststück, warum schickst du mich zu so einem Ort! Wußtest du das vorher?» Ich versuchte, nicht an das Leid zu denken, das uns die Christen als angebliche Gottesmörder angetan hatten – und erholte mich.

Ich hatte auch Zeit, darüber nachzudenken, daß ich für das fanatische Verhalten solcher Menschen wie dem Dozenten mitverantwortlich war. Er war Kind eines jüdischen Vaters und mußte seine Kindheit zum Teil im Warschauer Getto verbringen. Durch die Rassengesetze der Nationalsozialisten wurde er als «Halbjude» eingestuft, von den Juden jedoch als Nichtjude betrachtet. Mein Gott, was für eine Situation das für ihn gewesen sein mußte. Solche Zwangslagen entstanden, weil Leute wie ich stur auf den Mutterrechtsprivilegien beharrten. Bisher hatte ich gedacht, diese «Halbies» schwankten je nach Verfolgungslage: heute freundlich, bin ich Jude – morgen Pogrom, bin ich keiner. Aber daß sie auch in solch tragische Zwickmühlen gerieten, das begriff ich erst jetzt.

Zur selben Zeit erlebte ich eine ähnlich schwierige Situation in meiner eigenen Familie. Meine Schwägerin Liane, damals Christin, erwartete gerade ein Kind von meinem Bruder. Klarer Fall, das Kind wird kein Jude sein. Die Versuche vieler jüdischer Väter in den siebziger Jahren, die Anerkennung ihrer Kinder als Juden zu erkämpfen, schlugen fehl, besonders blockiert durch die Orthodoxen. Das Privileg blieb nur der Jüdin vorbehalten. Mein Bruder hatte sehr darunter gelitten. Er hatte die gleiche Herkunft wie seine beiden Schwestern, warum sollte sein Kind dann nicht zum jüdischen Volk gehören dürfen? Meine Haltung war sehr zwiespältig. Obwohl ich meinen Bruder sehr liebte und es mir weh tat, wenn er litt, war ich in dieser Hinsicht wie ein weiblicher Macho. Es ist äußerst schwierig, Privilegien, die man als selbstverständlich erachtet, aufzugeben.

Im Frühsommer 1979 siedelte ein DDR-Bürger nach West-Berlin über, der sich als politischer Häftling sowie als Halbjude ausgab. Einige Monate zuvor hatte ein Nachrichtenmagazin eine mehrseitige Reportage über ihn gebracht. Durch eine Bekannte lernte ich Olaf kennen, der immer noch im Sammellager Marienfelde wohnte. David bot ihm sein Gästezimmer an, da wir ja gelernt hatten, daß wir zusammenhalten müssen. Nach meiner letzten Erfahrung mit dem Dozenten und gemeinsamen Überlegungen über die «Halbies» und ihre Situation schlossen wir auch sie in unseren Kreis ein.

Olaf hatte kaum Sachen aus der DDR herüberbringen dürfen und richtete sich deshalb bei David richtig häuslich ein. Ohne eine Spur von Dankbarkeit ging er mit Davids Sachen um, als ob sie ihm selbst gehörten. Er stellte Einkaufslisten mit erwünschten Waren auf. David blieb trotzdem großzügig, wenn auch nur aus Pflichtbewußtsein.

Nach einigen Wochen rief David mich an und wollte mit mir in einem Café reden, nicht in seiner Wohnung. Als wir uns dort trafen, war er allein. «Wollte Olaf nicht mit?» fragte ich.

«Eben deswegen wollte ich dich hier treffen. Der Typ ist nicht einmal halbecht», sagte David.

«Wie meinst du das?» fragte ich verwirrt.

«Es kann nicht stimmen, daß er überhaupt ein Bruchteil Jude ist.»

David war nicht leicht aus der Fassung zu bringen, aber Olaf hatte es wohl geschafft.

«Wie hast du das herausgekriegt?» fragte ich.

«Erstens ist er nicht mal beschnitten», sagte er.

«Ich kannte einen Jungen in der Schule, der auch nicht beschnitten wurde, weil seine Eltern Angst hatten, er könnte dadurch als Jude auffallen», erwiderte ich.

«Das gibt es», sagte David zögernd, «aber er kennt sich überhaupt nicht in den Regeln des jüdischen Lebens aus. Die Feinheiten, die Nuancen fehlen bei ihm. Vor ein paar Tagen blätterte er in einem hebräischen Buch, fing jedoch von vorne, statt von hinten an. Er wußte noch nicht mal, daß Hebräisch von rechts nach links gelesen wird.» Da wurde auch ich skeptisch.

«Vielleicht ist er nicht unter Juden aufgewachsen. Er nennt sich selbst schließlich ‹Halbjude›», versuchte ich zu begründen.

«Er behauptet, er sei in Polen geboren und unter den dortigen Ostjuden aufgewachsen», sagte David. Und ich erinnerte mich, daß das damals in der Reportage gestanden hatte. «Ja, er lügt wie gedruckt, sagen die Deutschen dazu», meinte David.

«Für einen falschen Juden geht er ganz schön mit unserer Herkunft hausieren», sagte ich verärgert.

«Eben», antwortete David.

Seit seinem Einzug bei David trug Olaf überall Davids Käppi, auch auf der Straße. Er war ein talentierter, raffinierter Hochstapler, der sich allerdings langsam in Widersprüche verstrickte. Er prahlte mit seinen Bekanntschaften mit berühmten Persönlichkeiten aus der DDR. So zum Beispiel auch mit Professor Feldmann, nicht wissend, daß er mein «Pflegevater» war. Als ich wieder einmal in Ost-Berlin war, fragte ich ihn, ob er wisse, wer Olaf sei; wie ich erwartet hatte, war die Antwort negativ. Und zudem stahl der Hochstapler David Geld.

Eines Tages, als er unter der Dusche war, schauten David und ich heimlich in seine Papiere, die er normalerweise am Leib trug, sogar beim Schlafen. In seinem Personalausweis stand unter «Geburtsort» eine Kleinstadt im Harz, nicht in Polen. Und seine Eltern waren zweifelsfrei Deutsche. Unter seinen Papieren befand sich auch ein Gerichtsurteil; seine Taten hatten nichts mit politischen Dingen zu tun gehabt, sondern waren ganz normale kriminelle Delikte, die auch im Westen unter Straftaten fielen. Wir erfuhren durch einen Rechtsanwalt, daß die Bundesregierung für soundso viele freigekaufte politische Häftlinge soundso viele Kriminelle mit einkaufen mußte. Wer war dieser Typ, der sogar in einer renommierten Zeitschrift falsch porträtiert worden war?

Eine Bekannte ging für uns in das Berliner Büro dieses Magazins, um uns eine Fotokopie der Reportage über ihn zu besorgen. Wir wollten sie noch einmal lesen, für den Fall, daß wir uns falsch erinnerten. Als sie die Sekretärin danach fragte, zog die eine merkwürdige Miene und holte umgehend einen Redakteur. Er bat unsere Bekannte in sein Büro und fragte sie, weshalb sie ausgerechnet diesen Artikel haben wolle. Sie schilderte ihm, was uns mit diesem Hochstapler widerfahren war und daß wir gerne einige Unstimmigkeiten mit dem Inhalt des Berichts vergleichen würden. Der Redakteur, der selbst die Story verfaßt hatte, sagte, er sei offensichtlich auch auf den Mann hereingefallen; er bat sie, nichts darüber weiterzuerzählen.

David schmiß den Hochstapler raus. Aber da wir die Geschichte für uns behalten hatten, nistete er sich kurz darauf bei einem Bekannten von uns ein, den er ebenfalls belog und bestahl. Was uns am meisten entsetzte, war die Tatsache, daß dieser Typ, der kein Jude war, mit seinen Gaunereien den Antisemitismus schürte.

Während meines Aufenthalts in Berlin wurde ich von deutscher Seite nur selten mit offenem Antisemitismus konfrontiert. Aber eines Tages, als ich mit dem Doppeldecker von der Universität nach Hause fuhr, war die obere Etage mit einer Schulklasse besetzt. Ich setzte mich auf einen leeren Platz, den Jugendlichen gegenüber. Nach einer Weile, ich war in eine Zeitung vertieft, hörte ich, wie einer der Jungen, ungefähr 14 Jahre alt, anfing, Judenwitze zu erzählen. Während mein Blut zu kochen anfing, überlegte ich, wie ich mich am besten verhielte. Sollte ich unauffällig den Platz wechseln? Aber warum sollte ich mich davonmachen? Plötzlich sagte ein älterer Mann zu dem Jungen, er solle gefälligst aufhören. Der Junge machte sich lustig über ihn: «Wieso denn, du bist wohl Jude? Merkt man an deiner häßlichen Nase.» Ich sprang auf und schrie den Bengel an, daß ich eine Jüdin sei und ihn krankenhausreif schlagen würde, wenn er nicht endlich aufhörte. Er war im Sitzen so groß wie ich im Stehen, und es hätte natürlich eher umgekehrt kommen können. Statt dessen sank er immer tiefer in seinen Sitz. Ich mußte einen ungeheuren Haß ausgestrahlt haben, daß er dermaßen erschrak. Keiner der anderen Schüler und Schülerinnen stand ihm bei, sondern sie schwenkten zu meiner großen Überraschung auf meine Seite. «Wie furchtbar das ist, was er getan hat», sagte ein Mädchen. Die Lehrerin, die vorne im Bus gesessen hatte, eilte zu uns nach hinten, gerade als ich dem Jungen mit einer Strafanzeige drohte. «Der einzige Grund, weshalb ich dein Gesicht nicht verunstalte, ist der, daß ich deinetwegen nicht vorbestraft sein möchte.»

Die Lehrerin schrie die Klasse an: «Es ist gut, daß dies passiert ist. Jetzt seht ihr, daß es sich um Menschen wie du und ich handelt.» Trotzdem fand ich es für mich – zumindest in diesem Moment – gar nicht «gut, daß es passiert» war. Ich hatte vor Haß Magenschmerzen bekommen und zitterte innerlich. Die Lehrerin bat mich inständig, keine juristischen Schritte zu unternehmen, bis sie mit dem Schuldirektor geredet hatte. Als ich aus dem Bus stieg, war ich auf der einen Seite stolz, daß ich so reagiert hatte. Auf der anderen Seite hingegen schämte ich mich, als «Schlägerin» aufgetreten zu sein, mich auf das Niveau der Rassisten herabgelassen zu haben. Aber wie reagiert man «richtig»?

Immer noch aufgelöst, besuchte ich David und berichtete ihm von dem Vorfall. Er ärgerte sich natürlich auch, aber er blieb kühler. «Der Junge weiß gar nicht, was Juden sind», sagte er.

«Aber er wußte, daß er beleidigend war», antwortete ich.

«Klar, er hatte jedoch in seinen trübsten Träumen nicht gedacht, daß eine Jüdin neben ihm im Bus sitzen könnte. Er hat wahrscheinlich noch nie Juden mit lebendigen Personen in Zusammenhang gebracht», sagte David.

«Das tut er aber von jetzt an», erwiderte ich.

Als ich zu Hause war, rief ich Ulrike in Westdeutschland an. Noch nie zuvor hatte ich bei einem Deutschen Trost gesucht, wenn ich durch Judenfeindlichkeiten verletzt worden war. Ulrike erklärte mir: «Weißt du, das sind immer die Leute, die nichts sind und nichts können. Völlige Nieten.» Das stimmte, so hatte mein Großvater Rassisten auch beschrieben.

Am nächsten Tag ließ ich David mit der Lehrerin sprechen, weil ich noch zu aufgeregt war. Sie erzählte ihm, daß dieser Junge ziemlich verhaltensgestört und schon mehrmals wegen Tierquälerei aufgefallen sei. Der Schuldirektor hatte den Jungen bestraft, indem er eine Woche lang über die Judenverfolgung im Dritten Reich lesen und schreiben mußte. Ich verzichtete auf eine Strafanzeige, und zwar nicht aus Gutmütigkeit, sondern weil ich keine Zeit dazu hatte.

Im November 1979 flog ich zu Besuch nach Amerika. Meine Schwägerin Liane befand sich gerade in der Vorbereitung, zum Judentum überzutreten. Dies ist aus mehreren Gründen schwierig. Die traditionellen Juden beharren darauf, daß wir auserwählt sind, was bedeutet, daß wir eine geschlossene Gesellschaft sind. Zutritt für Unbefugte verboten. Zudem ist das Judesein weit mehr als nur eine Religion, es ist eine starke Schicksalsgemeinschaft. Konvertierte werden von vielen Juden nicht anerkannt, und der Staat Israel hat auch seine Schwierigkeiten damit. Wer ist denn nun Jude? Für mich bedeutete dies auch eine Denkumstellung, zumal da wir wirklich «nichtjüdische» Juden sind. Ich betrachtete mein Judesein als Zugehörigkeit zu einer ethnischen Minderheit; mit Religion hatten wir wenig zu tun. Unsere Eltern, Großeltern, Urgroßeltern waren Juden, und wir waren es deswegen auch. Die arme Liane konnte während der Vorbereitungen von uns keine Hilfe erwarten. Wenn sie Roger oder mir irgendeine Frage zu den mosaischen Gesetzen stellte, zuckten wir nur mit den Achseln. Woher sollen wir das wissen? Roger und ich hätten so eine Prüfung beim Rabbi nie bestanden. Die einzige Hilfe erhielt Liane von meinem Großvater, der ihr Nachhilfe in Hebräisch erteilte.

Roger war überrascht zu hören, daß «Holocaust» in Deutschland ausgestrahlt worden war. Er fragte mich, wie mir die Serie gefallen hatte. Er fand sie genauso kitschig wie ich. Ich beanstandete auch, daß die Geschichte so abrupt geendet hatte. Der einzig Überlebende, der jüngste Sohn, wußte noch nicht, daß seine ganze Familie ausgerottet worden war. Dieses Drama wurde gänzlich ausgeblendet. Es endete lediglich mit seiner Rückkehr nach Deutschland. Roger schaute mich erstaunt an. «So hat es aber gar nicht geendet. Das war die vorletzte Folge. Er kehrte zurück, erfuhr von dieser Tragödie, wurde Zionist und wanderte nach Israel aus. Das war das Ende.» Warum hatte das deutsche Fernsehen die Schlußfolge nicht ausgestrahlt? Wollte es andeuten, daß Juden nach Deutschland zurückkehrten und blieben? Oder hatte es Angst um die Öllieferungen aus den arabischen Ländern, wenn es das zionistische Ende gezeigt hätte?

Natürlich stellte sich jetzt für mich die schwierige Frage, wo ich mein Berufsleben beginnen sollte. In den USA hätte ich es leichter gehabt, da ich dort einige Beziehungen hatte. Aber ich wollte nicht mitten im Nirgendwo wohnen müssen, auf dem platten Land irgendwo in den USA. Eine Bekannte, die seit Jahren an einer Universität im Mittleren Westen unterrichtete, hatte vergeblich versucht, wieder eine Position in New York zu bekommen. Sie berichtete mir von einer antisemitischen Strömung in jener Region, die ich nicht bereit gewesen wäre, in Kauf zu nehmen. Aber eine passende Stelle zu finden in Städten, die für mich in Frage gekommen wären, nämlich New York oder San Francisco, war fast genauso schwierig, wie sechs Richtige im Lotto zu gewinnen. Ich hatte auch gar nicht erst versucht, mich in Amerika zu bewerben. Mittlerweile war ich von dem sozialen Netz in der Bundesrepublik so verwöhnt, daß ich mir nicht vorstellen konnte, ohne diese Absicherungen zu leben. Warum sollte ich jahrelang arbeiten und nur Anspruch auf zwei Wochen Urlaub im Jahr haben – und das auch nur in hohen Positionen? Die meisten sozialen Sicherungen, die es in Deutschland gibt, sind in den USA, wenn überhaupt, nur mangelhaft vorhanden.

Wirtschaftliche Gründe spielten indes nicht die Hauptrolle, weshalb ich nach Berlin zurückkehren wollte. Berlin war inzwischen mein Zuhause geworden, ob ich es wollte oder nicht. Wenn ich weg war, vermißte ich die Stadt, meine Freunde und ab und zu sogar die Chaoten meiner Wohngemeinschaft. Ich hatte es fast geschafft, Deutsche differenzierter zu sehen. Aber nur fast, nicht ganz. Ich kämpfte immer noch mit meinen Vorurteilen.

Als ich in Houston war und mit meinen Eltern fernsah, lief ein Film über die Aktivitäten der «Nazi-Jägerin» Beate Klarsfeld. Sie ist mit einem jüdischen Rechtsanwalt in Paris verheiratet und hat zwei Kinder. Der Reporter fragte sie, warum ausgerechnet sie, als Deutsche, Verbrecher des Dritten Reiches verfolge. Sie antwortete, daß sie es unter anderem wegen ihrer Kinder tue. Sie sollen stolz sein können, eine deutsche Mutter zu haben. Sie gehört zu dieser Art von Deutschen, die ich während der Jahre in der Bundesrepublik schätzen gelernt habe. Und in diesem Moment, in Anwesenheit meiner Eltern, war ich stolz auf sie und auf das andere Deutschland.

Januar 1980 kehrte ich nach Berlin zurück. Am Jahrestag der Machtergreifung Hitlers ging ich nicht zu der Demonstration gegen Krieg und Faschismus. Im Jahr zuvor waren David und ich im «Ausländerblock» mitmarschiert. Der Zug hatte durch Neukölln geführt, und an manchen Straßenecken waren Betrunkene aus den Kneipen getorkelt, hatten uns mit Bierflaschen beworfen und «Ausländer raus» gebrüllt. Die deutschen Demonstranten hatten uns beigestanden, hatten sich zwischen uns und die Rassisten geschoben und ihnen durch Megaphone zugerufen: «Ihr Nazis habt unsere Väter getötet.»

Nach der angemeldeten Demonstration waren Hunderte von Demonstranten zu einem Lokal gezogen, wo Neonazis ein Treffen gehabt hatten. Man kam jedoch gar nicht an das Lokal heran, weil die Polizei die Umgebung abgeriegelt hatte. Während Sprechchöre wie «die Polizisten schützen die Faschisten» durch die Nacht schallten, waren David und ich zur nächsten U-Bahn gelaufen, um nach Hause zu fahren. Uns hatte dies alles gereicht, schon der bloße Gedanke, daß es immer noch Faschisten in diesem Land gab. Ich fühlte mich von diesen deutschen Nazis mehr bedroht, als wenn sie beispielsweise italienische Rechtsradikale gewesen wären. Ich glaubte zwar, daß die Demokratie in Deutschland inzwischen stabil genug war, daß Nazis keine Chance hätten, aber trotzdem... Und jetzt diese gewalttätige Demo. Die Eingänge der U-Bahn-Station in unserer Nähe waren von der Polizei gesperrt worden. Offensichtlich hatte es auch dort nach der Demonstration Krawalle gegeben, denn wir hatten fast eine ganze Stunde im Wagen im kalten Tunnel warten müssen, bis wir weiterfahren konnten. In dieser Zeit hatte David mir gestanden, daß auch er – wenn auch nur in Deutschland – an einer ziemlichen U-Bahn-Phobie leide. Selbst nach so vielen Jahren hier konnte man nicht ganz verdrängen, wo man lebte. Dieses Jahr wollte ich an diesem Tag nicht an die Machtergreifung erinnert werden. Statt dessen ging ich ausnahmsweise zu einer nichtpolitischen Fete.

Bei dieser Fete lernte ich meine Freundin Melanie kennen, eine Berlinerin aus Neukölln.

«So, du stammst aus dieser braunen Gegend?» fragte ich sie.

«Man kann leider nicht wählen, aus welcher Gegend man kommt», sagte sie.

«Das stimmt», sagte ich entschuldigend.

«Genausowenig wie man wählen kann, aus was für einer Familie man stammt», fuhr sie fort.

Melanie hatte von Kindesbeinen an ein schweres Leben gehabt. Sie war nicht nur ein ungewolltes Kind und zur Adoption gegeben worden, sie hatte auch das Pech, ziemlich kränklich zu sein. Ihre Adoptiveltern verunglückten tödlich, und sie kam zu ihrer Tante und ihrem Onkel, die eigentlich keine Kinder wollten. Die beiden hatten jede Gelegenheit benutzt, sie «zur Erholung» wegzugeben. So wurde sie ein Jahr nach einem langen Krankenhausaufenthalt zu Pflegeeltern ins Ausland geschickt, später zu den Großeltern und mit acht Jahren zu einer Tante nach Frankreich. Als Jugendliche mußte sie den Haushalt für ihre Tante und ihren Onkel führen, weil beide arbeiteten, um sich den Traum vom Eigenheim zu erfüllen. Die beiden, die nur «das Beste» für sie wollten, hatten ihr mit der ständigen Überforderung nicht einmal eine Berufsausbildung ermöglicht.

Nachdem sich ihre Tante und ihr Onkel hatten scheiden lassen, war die Tante mit einem alten «unverbesserlichen» Nazi zusammengezogen. Melanie schämte sich, Freunde mit nach Hause zu bringen, nicht nur, weil die National-Zeitung und SS-Kalender im Wohnzimmer herumlagen, sondern auch weil ihre Tante und deren Freund die Besucher oft mit rassistischen Bemerkungen beleidigten.

Für mich war es erstaunlich, daß Melanie weder antisemitisch war wie ihre Familie noch philosemitisch, wie oft Kinder aus solchen Familien, sondern sich mir gegenüber ganz normal verhielt. Das kam vielleicht daher, daß Melanie so viel durchgemacht hatte, als Einzelkind auch Einzelgängerin war und deshalb bezüglich der Leiden anderer eine feine Antenne hatte. Ich hatte eine Sensibilität für solche Menschen entwickelt, die das Leben trotz alledem lebenswert fanden, die in Lebensfragen nicht naiv waren, wie die verwöhnten Typen in meiner Wohngemeinschaft. Es wurde mir immer klarer, was mich an den WG-Mitbewohnern am meisten störte: ihre erschreckende Unempfindlichkeit anderen gegenüber.

Als eine Alkoholikerin mehrere Tage bei uns «zu Gast» war, fand Melanie ihr völlig verstörtes, schreiendes Baby im Gemeinschaftsraum. Sie legte es trocken und besänftigte es. Die anderen hatten es mehr oder weniger ignoriert, die Mutter lag betrunken auf der Couch. «Findest du das Verhalten der anderen nicht merkwürdig?» fragte Melanie mich.

«Ja, sicher», sagte ich.

«Warum sind sie so gleichgültig?» fragte sie.

«Ich weiß es nicht. Sie verhalten sich in schwierigen Situationen immer so», antwortete ich. Nachdem sich der Bruder eines Mitbewohners umgebracht hatte, waren Melanie und ich die einzigen, die sich um ihn kümmerten.

Außer mir kümmerte sich bei uns auch niemand um die Kranken. Wegen dieser Eigenschaft lobten mich alle, auch diejenigen, mit denen ich sonst nicht auskam. Aber für mich war es selbstverständlich, auf der Seite der Kranken und Schwachen zu stehen. Wenn man stark und gesund ist, braucht man sowieso niemanden. Ich wiederum konnte nicht verstehen, weshalb die anderen keine Solidarität mit kranken Mitbewohnern zeigten und ihnen nicht halfen, bis sie wieder bei Kräften waren. Das war für mich ein gravierender Vertrauensbruch. Wie würden sie erst in wirklich kritischen Situationen reagieren? Den Kopf in den Sand stecken wie bei dem Baby, das nur Melanie gepflegt hatte? So, wie sie sich verhielten, konnte ich mir kaum vorstellen, daß sie beispielsweise die Verantwortung für einen versteckten Menschen übernehmen würden. Verstecken würden sie ihn schon, aber dann nicht für ihn einkaufen oder ihm den nötigen Beistand leisten. Dies waren für mich jedoch wichtige Eigenschaften, die ein Mensch haben muß, bevor ich ihn akzeptieren kann.

1980 mehrte sich die Zahl antisemitischer Anschläge in Frankreich rapide, überwiegend in Paris. Einige Bombenattentate gingen auf das Konto arabischer Terroristen, andere wurden von französischen Rechtsradikalen verübt. Es reichte, um uns Juden wieder in Angst und Schrecken zu versetzen. Was wollten diese Gruppen überhaupt von uns? Warum töteten palästinensische Terroristen Juden? Die Juden in der Diaspora sind ohnehin keine Zionisten, ansonsten wären sie längst «heimgekehrt». Wir sind auch keine Israelis, wir wählen nicht die Regierung in Jerusalem. Rätselhaft blieb mir, was die Rechtsradikalen bezwecken wollten. Glaubten sie etwa, die Juden kontrollierten Frankreich? Daß man uns so viel Macht zutraute...

David und ich saßen in der WG-Küche und überlegten gerade, wie man sich vor so einem Anschlag schützen könnte, als Max hereinspazierte. Er hatte am Rande mitgehört, daß wir über den Bombenterror in Paris redeten, und fragte überheblich: «Warum wehrt ihr Juden euch nie?»

«Schlag was vor, Witzbold», sagte David verbittert. Max antwortete nicht.

«Sollen wir mit Maschinenpistolen herumlaufen? Soll ich mir einen kugelsicheren Büstenhalter kaufen?» warf ich ein.

«Ihr sollt euch zusammenschließen», sagte Max.

«Und dann?» fragten David und ich unisono.

«Molotowcocktails schmeißen», sagte Max.

«Gegen wen?» fragte ich.

Bevor Max noch ein Wort herausbringen konnte, fuhr ihn David an: «Du kannst gut Ratschläge erteilen, Schlappschwanz. Du wirst nicht bedroht. Ich möchte mal erleben, wie tapfer du in so einer Situation reagieren würdest.»

Max verließ beleidigt die Küche. David und ich blieben ratlos, wie man sich dagegen wehren soll oder kann. Ich war immer der Meinung, daß es schließlich die Aufgabe eines demokratischen Staates sei, seine Mitbürger, einschließlich seiner Minderheiten, zu schützen. Aber was tut man, wenn der Staat in dieser Hinsicht versagt?

Eines Nachts brannte eine Villa in Berlin-Grunewald aus. Zum Glück befand sich niemand darin. Als die Feuerwehr beim Löschen war, bemerkte sie, daß die Wände mit Hakenkreuzen und antijüdischen Parolen beschmiert waren.

Tagelang ermittelte die Polizei wegen Brandstiftung und Volksverhetzung. Die Tatsache, daß solche antisemitischen Aktionen jetzt auch hier anfingen, verursachte mir Schüttelfrost. Gott sei Dank hatte ich einen amerikanischen Paß und mußte im Notfall nicht hierbleiben. Was dachten wohl die Kinder im jüdischen Kindergarten, wenn sie merkten, daß sie unter Polizeischutz spielen mußten? Würden sie ihr Judesein überwiegend als etwas Lebensbedrohendes empfinden, bevor sie die positiven Eigenschaften schätzen lernten? Ich war heilfroh, daß ich keine Kinder hatte. Zu dieser Zeit fühlte ich mehr denn je Groll gegenüber blonden Kindern beziehungsweise ihren Eltern, die sich nicht mit solchen Existenzängsten auseinandersetzen mußten.

Schließlich stellte sich heraus, daß die Besitzer der Villa, ein jüdischer Geschäftsmann und seine Frau, die Tat selbst begangen hatten. Kurz vor dem Bankrott, hofften sie sich durch diesen Versicherungsbetrug finanziell sanieren zu können. Als sich die Verdachtsmomente gegen sie verdichteten, setzten sie sich nach Israel ab.

Auf der einen Seite atmete ich erleichtert auf, daß nicht die Neonazis dafür verantwortlich waren, andererseits fand ich das Verhalten dieses Geschäftsmannes niederträchtig. Dadurch werden tatsächliche Anschläge verharmlost. Als in der Zeitung über die Aufklärung dieses Falles berichtet wurde, hörte ich einen Mann auf der Straße kommentieren: «Ja, ja, der Jude hat es selbst getan.»

Ich begann, mich überall in der Bundesrepublik um Stellen zu bewerben, obwohl ich Berlin, wo ich nun schon seit über acht Jahren lebte, eigentlich nicht verlassen wollte. Durch die Vorstellungsgespräche sah ich immer mehr von der Bundesrepublik, und die Atmosphäre solcher Gespräche prägte natürlich auch mein Bild. Bei der hohen Akademiker-Arbeitslosigkeit verhielten sich manche Arbeitgeber wie Millionäre, die Groschen an Bettler zu vergeben hatten. Und wenn man als Ausländer oder Ausländerin mit Akzent sprach und ab und zu aus Nervosität einen grammatikalischen Fehler machte, wurde man schnell als Analphabet hingestellt.

Anfangs, bevor ich mich zum Vorstellungsprofi entwikkelte, ließ ich mich einschüchtern, beantwortete ehrlich und pflichtbewußt alle Fragen, egal, wie unverschämt sie auch waren. Eine Frage, die mir ständig gestellt wurde, war: «Welcher Herkunft sind Sie?»

«Ich bin Amerikanerin.»

«Ja, aber woher stammen Ihre Vorfahren?»

Ich erzählte natürlich, daß wir Ostjuden waren. Ob diese Tatsache Einstellungen verhinderte, weiß ich nicht. Aber wenn, dann wollte ich ohnehin nicht für solche Leute arbeiten. Die Vorstellungsgespräche in Berlin waren übrigens nicht anders als die im Bundesgebiet, nur hatte ich dort zumindest mein soziales Umfeld als Schutz.

Mir wurde als erstes eine Stelle in einer Kleinstadt in Süddeutschland angeboten. Ich überlegte hin und her und entschloß mich dann doch, in Berlin zu bleiben und vorerst keinen Job außerhalb anzunehmen. In Berlin lebten – im Gegensatz zu manchen anderen Städten – viele jüngere Juden, und ich wollte nicht ausprobieren, wie es sich irgendwo in der Provinz als Einzelgängerin, als Dorfjüdin lebte. In einer Großstadt fiel ich als Jüdin nicht so auf.

Unsere Wohngemeinschaft war dabei, sich aufzulösen. Gleichzeitig zogen drei oder vier Leute aus. Ich hatte schon lange den Überblick verloren, wer noch dort wohnte oder nicht. Ich hatte mich daran gewöhnt, am Frühstückstisch völlig fremden Leuten gegenüberzusitzen. Melanie und ich hatten uns entschlossen, zusammenzuziehen. Nur durch Beziehungen bekamen wir innerhalb einer Woche, im November 1980, eine Wohnung in der Nähe des Kurfürstendamms. Nachdem wir umgezogen waren und die Tür unserer neuen Wohnung hinter uns geschlossen hatten, genoß ich die Stille. Nie wieder wollte ich Gäste in meiner Nähe haben.

Melanie fing an, die halbleere Wohnung zu möblieren. Fast jeden Tag kaufte sie neue Sachen für uns, und jedesmal geriet ich außer mir.

«Wozu brauchen wir so viele Sachen? Was passiert, wenn ich abhauen muß? Nehme ich dann die Waschmaschine auf den Rücken?» Sie verstand meine Argumente nicht.

«Es ist völlig normal, daß man Möbel besitzt», sagte Melanie. «Und zum Abhauen besteht zur Zeit wirklich kein Anlaß.»

«Aber angenommen, ich müßte eines Tages fliehen, dann hätte ich zu viele Sachen», protestierte ich.

«Und wenn du nicht fliehen mußt, hockst du mit achtzig immer noch auf Apfelsinenkisten», sagte Melanie. «Außerdem kommt eine Verfolgung nicht über Nacht. Und wenn sich Derartiges ankündigt, dann verkauft man rechtzeitig seine Habe und haut ab.»

Zur selben Zeit nahm ich eine Stelle als Dozentin in der Erwachsenenbildung an, obwohl ich nie wieder in einer Schule arbeiten wollte. Ich betrachtete diese Lösung als vorübergehend. Nachdem ich zwei Tage unterrichtet hatte, kam jemand aus dem Personalbüro zu mir und riet mir dringendst, eine Arbeitserlaubnis vom Arbeitsamt zu beschaffen, andernfalls machten wir uns strafbar. Ich war wirklich überrascht. Ich dachte, das Recht auf Arbeit wäre in der Aufenthaltserlaubnis mit inbegriffen. Ich hatte bereits drei Jahre lang in einer Sprachschule unterrichtet, ohne zu wissen, daß ich dafür Papiere brauchte.

Der Beamte beim Arbeitsamt war wider Erwarten sehr nett, als ich ihm meine Situation schilderte. Er teilte mir mit, daß das Recht, zu arbeiten, nur deutschen Staatsbürgern vorbehalten sei, als Ausländerin stünde mir so etwas nicht zu. Ich müsse mit einem Arbeitsvertrag zum Arbeitsamt kommen, und dann entscheide das Arbeitsamt, ob ich die Stelle antreten dürfe oder nicht. Es hänge davon ab, wie viele Deutsche bei gleicher Qualifikation arbeitslos gemeldet seien. Ich hatte Glück, da ich überqualifiziert war. Zum erstenmal in meinem Leben war ich tatsächlich froh, als Kind so erbarmungslos zur Leistung angetrieben worden zu sein.

Da ich die neueste Lehrerin in unserem Fachbereich war, wurde in einer Konferenz beschlossen, daß ich die Problemklasse übernehmen sollte, weil ich ihr gegenüber unbelastet war. Die anderen Lehrkräfte hatten sie – zum Teil mitten im Semester – entnervt aufgegeben. Das ganze Wochenende vor dem ersten Unterricht riefen mich Kolleginnen und Kollegen an, um mir Ratschläge zu erteilen.

Als ich am Montag mit nervösem Magen das Klassenzimmer betrat, hatte auch ich mittlerweile Vorurteile gegenüber diesen Leuten und erwartete, «gegrillt» zu werden. Ich machte mir Mut, indem ich beschloß: Ich lasse mich von keinem Deutschen kaputtmachen. Ich hatte einen Horror davor, daß sie erfahren könnten, daß ich Jüdin bin, und versuchen würden, mich deshalb fertigzumachen, mit sarkastischen Bemerkungen und dergleichen.

Die ersten Minuten saßen wir uns stumm gegenüber und musterten uns skeptisch. Dann sagte ein Schüler arrogant: «Ich kann dir drei Bücher nennen, die du nicht verstehst.» Wahrscheinlich wollte er mich provozieren, aber ich faßte es als Kompliment auf.

Überrascht antwortete ich ihm: «Nur drei? Ich kann dir dreihundert weitere nennen, die ich nicht verstehe!» Alle lachten, die Atmosphäre war gelockert und blieb auch so. Ich hatte mich nie so gut mit einer Klasse verstanden wie mit dieser. Die Schüler und Schülerinnen waren ironisch und hatten einen Hang zum Absurden. Und das ist genau die Würze des Lebens, die ich mag. Außerdem entwickelten sie mir gegenüber eine Sensibilität, die ich bei anderen Klassen vermißte. In allen anderen Klassen, die ich hatte, antworteten immer die Falschen, weil ich schielte und niemand sicher war, wen ich eigentlich anschaute. In dieser Klasse hingegen wußten sie «instinktiv», daß ich immer den Nachbarn desjenigen meinte, der sich angesprochen fühlte. Die Erfahrung mit dieser Klasse war wieder eine Lektion für mich. Wenn man Vorurteile hegt, blockiert man sich selbst in seiner menschlichen Entwicklung. Meine Mutstrategie, diese Klasse zu überstehen, indem ich sie zu «Deutschen» reduzierte, war für mich ein psychischer Rückschlag. Ich traf auf Leute, mit denen ich sehr gut auskam und die mich keineswegs kaputtmachen wollten. Was mit den anderen Lehrkräften passiert war, passierte mir jedenfalls nicht.

In einer meiner anderen Klassen saß ganz hinten in der letzten Reihe ein großer Blonder. Er erinnerte mich an Siegfried aus dem Nibelungenlied. Fritz war ein Einzelgänger, redete während des Unterrichts nur das Nötigste und wechselte außerhalb der Schulzeit mit den anderen kaum ein Wort. Gerüchte kursierten, daß er damit angab, in der rechtsradikalen «Wehrsportgruppe Hoffmann» zu sein. Gerade zu dieser Zeit wurden Mitglieder dieser Gruppe wegen Mordes an einem jüdischen Verleger und seiner Freundin in Erlangen gesucht. Warum prahlte man in der Szene mit so etwas? Ich spürte, daß er mich nicht mochte, und seine Ausstrahlung –

unterschwellig aggressiv – machte mich auch nicht gerade warm. Eines Tages kam er nach dem Unterricht überraschend zu mir und stellte mir einige Fragen zu dem Thema, das wir gerade durchnahmen. Er schien offen und zuvorkommend zu sein, und ich war drauf und dran, ihn zu fragen, ob er tatsächlich Neonazi sei und warum. Ich hatte noch nie Gelegenheit gehabt, mit einem Neonazi ins Gespräch zu kommen, was ich mittlerweile wichtig fand. Man muß schließlich wissen, was und wie seine Feinde denken, um sie erkennen zu können. Dann bemerkte ich die Stichwunden an seinen Armen. Ein Fixer also. Es war ihm peinlich, daß ich die Einstiche entdeckt hatte, und er versuchte seine Ärmel noch weiter herunterzuziehen. «Meinst du, ich sehe so was zum ersten Mal?» fragte ich ihn.

Fritz war seit Jahren heroinsüchtig. Er hatte eine Entziehungskur hinter sich und wollte neu anfangen. Deshalb kam er in die Schule und war dabei, die Mittlere Reife nachzuholen. Aber seit drei oder vier Monaten hing er schon wieder an der Nadel. Seine Eltern und Freunde hatten ihn verstoßen, weil er sie ständig bestohlen hatte, um seinen Drogenkonsum finanzieren zu können. Mir gegenüber hatte er nie erwähnt, daß er in der «Wehrsportgruppe Hoffmann» oder überhaupt rechtsradikal sei. Ich glaubte auch nicht, daß dies stimmte. Er war psychisch zu kaputt, um an irgendwelche politischen Ziele zu denken. Aber wenn er Neonazi ist, frohlockte ich, weiß er, was es heißt, gesellschaftlich geächtet zu werden. Vielleicht hatte Fritz bei den Neonazis verzweifelt nach einem Halt gesucht. Jahre zuvor hätte ich ihn dafür verachtet, jetzt bedauerte ich ihn nur. Nach einer Weile kam er nicht mehr zur Schule und verschwand vermutlich in der Berliner Heroin-Szene.

Melanies Tante wollte für einige Tage nach Berlin kommen, um sie zu besuchen. Ich war zwiespältig, ob ich für diese Zeit zu David ziehen sollte, um ihrem Antisemitismus zu entgehen, oder ob ich dort bleiben und «nett» sein sollte, um ihr dadurch zu zeigen, daß ihre Vorurteile falsch waren. Ich entschied mich für das letztere.

Ihre Tante war kaum zwei Stunden da, als die ersten Schwierigkeiten auftauchten. Bei Tisch fing sie an, von einem neuen Bekannten zu erzählen, und ließ die Bemerkung fallen: «Er ist Jude, aber nett.»

Einige Sekunden lang waren Melanie und ich zu betroffen, um zu antworten. Dann fragte ich: «Was meinen Sie mit ‹Jude, aber nett›?»

«Er ist sehr hilfsbereit, was Juden normalerweise nicht sind.»

«Das ist eine Unterstellung und Jane gegenüber eine Beleidigung», wandte Melanie ein.

«Das ist doch keine Beleidigung, das ist ein Kompliment», antwortete ihre Tante überrascht.

«Natürlich ist das eine Beleidigung, wenn Sie sagen, mein Volk sei ansonsten nicht ‹nett›», fuhr ich sie an.

«Das habe ich nicht gesagt, ich meinte lediglich, daß ich Achtung vor ihm habe, weil er sich für andere aufopfert.»

«Du sagtest, daß dein Bekannter, dafür daß er Jude ist, nett sei. Das bedeutet, daß die anderen, einschließlich Jane, nicht ‹nett› sind», warf Melanie ein.

«Ihr versucht mir die Worte im Mund herumzudrehen. Wenn ihr mich mißverstanden habt, dann solltet ihr nicht darauf achten, was gesagt wurde, sondern von wem es kam. Und ihr müßtet wissen, daß ich niemandem etwas Böses will. Ich wollte nur zum Ausdruck bringen, daß Juden meistens nicht sehr großzügig sind», sagte ihre Tante vorsichtig, «aber ich habe nichts gegen Juden.»

Ich war nicht darauf vorbereitet, mit einer Rassistin konfrontiert zu sein, die darauf bestand, keine Rassistin zu sein. Warum merken manche Leute nicht, daß sie Vorurteile hegen und sich deswegen in Widersprüche verwickeln? Vor Jahren hatte mir eine ältere Frau in einem Dorf in Oberfranken erzählt: «Ja, ja, die Juden sind so geizig und schlitzohrig. Aber unsere Juden waren nicht so.» Sie sah nur das Klischee, und die Juden, die sie persönlich gekannt hatte, waren die «Ausnahmen». Da man mit solchen Leuten nicht reden konnte, blieb meine einzige Abwehrreaktion bei Melanies Tante, sie fortan nicht mehr zu beachten. Wenn sie mich ansprach, antwortete ich entweder nicht oder von oben herab und kurz angebunden. Sie hatte ohnehin nur getrachtet, ihre Vorurteile bestätigt zu sehen. «Wie wird man mit solchen Leuten fertig?» fragte ich David.

«Gar nicht», antwortete er, «am besten meidet man sie wie die Philosemiten.»

Viele meiner Schüler und Schülerinnen lebten in besetzten Häusern; ich sah sie häufiger in den TV-Nachrichten als im Klassenzimmer. Die Hausbesetzerbewegung hatte aus mehreren Gründen meine Sympathie. Es war in Berlin unter normalen Umständen fast unmöglich, eine bezahlbare Wohnung zu bekommen. Und anders als in anderen Städten kann man nicht in die billigeren Vororte ziehen. Dafür standen aber zahlreiche alte Häuser leer. Der Kampf der Besetzer um diese Häuser brachte nicht nur die drastischen Wohnungsmißstände dieser Stadt ans Tageslicht, sondern widerlegte auch die Gerüchte, die Häuser gehörten irgendwelchen emigrierten Juden in Amerika, die sie verfallen ließen, um später teuere Hochhäuser bauen zu lassen. Die wahre Besitzerin der meisten leerstehenden Häuser entpuppte sich als die Stadt Berlin selbst.

Während der Jahre in Deutschland hatte ich häufig den Satz gehört: «Ich schäme mich, Deutscher zu sein.» Früher hatte ich mich über solche Äußerungen gefreut. Sie sollten sich für immer schämen, diesem Volk anzugehören. Mittlerweile jedoch ärgerte ich mich über diese Aussage, besonders bei jungen Menschen. Warum soll man sich schämen für irgend etwas, was man zufällig ist? Genauso dumm wäre es, wenn ich stolz wäre, Jüdin zu sein. Das ist eine Tatsache und kein Verdienst. In den vielen Gesprächen mit Schülern und Schülerinnen wurde mir klar, wie gefährlich es ist, sich seiner Herkunft zu schämen. Es ist auch eine Art, mit der Geschichte des eigenen Volkes nicht fertig zu werden. Natürlich «erbt» man eine Geschichte, mit der man sich auseinandersetzen muß, aber Scham oder Stolz sind in diesem Zusammenhang nicht die richtigen Gefühle.

An der Schule war eine Lehrerin, die als Zehnjährige mit ihren Eltern aus der Bundesrepublik in die USA ausgewandert war. Sie hatte die US-Staatsbürgerschaft angenommen. Seit sechs Jahren wohnte sie wieder hier und tat so, als ob sie nie Deutsche gewesen war. Sie führte sich als patriotische Amerikanerin auf und redete abfällig von «den Deutschen». Einmal unterhielten wir uns über das Dritte Reich. Sie sprach von ihren ehemaligen Landsleuten, unter anderem von ihren eigenen Verwandten, nur in der dritten Person, als ob sie nichts mit ihnen zu tun hätte. Als ich sie fragte, warum sie das tue, antwortete sie, sie sei nun mal Amerikanerin. Sie konnte meine Frage, weshalb sie denn wieder in Deutschland lebe, nicht beantworten.

Eine meiner Schülerinnen hatte Lea Fleischmanns Buch «Dies ist nicht mein Land» gelesen und war davon begeistert. Ich hatte es bisher nicht angefaßt, weil ich immer von einem schlechten Gewissen geplagt wurde, wenn Juden nach Israel auswanderten. Einige meiner Verwandten hatten es getan, und ich war ja schließlich in das «falsche» Land ausgewandert. Trotzdem überwand ich meine negativen Gefühle und las, warum Lea Fleischmann Deutschland verlassen hatte. Als ich das Buch zuklappte, war mir nicht klar, was an den Zuständen, die sie beschrieb, so besonders deutsch war. Viele ähnliche Situationen und Reaktionen kannte ich auch aus den USA. So schilderte sie beispielsweise, wie bei den Lehrerkonferenzen über das Schicksal eines Schülers in fünf Minuten entschieden wurde, dagegen wegen fehlender Papiermengen zum Fotokopieren stundenlange Debatten stattfanden. Solche Mißstände an den Schulen waren und sind auch in den USA üblich. Ich wurde das Gefühl nicht los, daß die Autorin gewisse Verhaltensweisen als typisch deutsch abgestempelt hatte, weil sie zuvor nirgendwo anders gelebt hatte. Ich war hierhergekommen, um eben diese typisch deutschen Charakteristika zu suchen. Abgesehen von den kulturellen Unterschieden mußte ich zu meiner Verblüffung erfahren, daß die Deutschen gar nicht so viel anders sind als andere Völker, die Juden eingeschlossen.

Parallel zu meiner Lehrtätigkeit fing ich an, als Journalistin zu arbeiten. Ich hatte diesen Beruf eigentlich nie in Betracht gezogen, weil er – zumindest in Amerika – als typisch jüdisch gilt. Ich wollte nicht in ein Klischee gepreßt werden. Andererseits hatte es mir nie gefallen, wie übervorsichtig und unkritisch viele nichtjüdische Rezensenten und Journalisten waren, wenn sie Bücher von Juden besprachen oder überhaupt über das Thema Juden schrieben. Dann roch es oft nach Philosemitismus.

Ich meldete mich schriftlich bei einem Feuilleton-Chef und vereinbarte ein Treffen mit ihm. An diesem Tag fuhr Melanie mich mit ihrem Motorrad hin, und so trug ich meine Lederkombination, die ich von dem Geld gekauft hatte, das meine Mutter mir für «Bewerbungskleider» geschickt hatte. Ich hielt mich in der Lobby auf, während der Herr vom Empfang mich anmeldete. Nach einigen Minuten kam der Chef und schaute verwirrt um sich. Da ich als einzige dort saß, fragte er mich schließlich zögernd: «Sie sind Frau Dr. Gilbert?» Ich weiß nicht, ob ich es meinem «Rocker-Auftritt» zu verdanken hatte oder meiner anschließenden Diskussion mit ihm über die journalistische Behandlung der Juden-Thematik, aber fortan schrieb ich für seine Zeitung und wenig später auch für andere Zeitungen und Rundfunksender. Und wenn mir irgendein Buch nicht gefiel, schrieb ich einen Verriß, egal, wer der Autor war, und auch dann, wenn es mir manchmal schwerfiel, objektiv zu sein.

Genauso wie mich die «Sonderbehandlung» jüdischer Themen in der Presse ärgerte, regte ich mich stets auf, wenn von jüdischer Seite manche Äußerungen oder Kritik als Antisemitismus abqualifiziert wurden, die es gar nicht waren. Nach dem Holocaust sitzt natürlich die Angst vor dem Antisemitismus sehr tief. Aber ihn zu sehen, wo er gar nicht existiert, ist genauso gefährlich. Wir müssen lernen, zwischen echtem Antisemitismus und gutgemeinter Kritik zu unterscheiden; wenn nicht, besteht die Gefahr, daß man die wirklichen Antisemiten unterschätzt und die Freunde, die man hat, als vermeintliche Judenfeinde verliert. Mehr als peinlich empfand ich zum Beispiel die Beleidigungen, die der damalige israelische Ministerpräsident Menachim Begin dem ehemaligen Bundeskanzler Helmut Schmidt im Mai 1981 zufügte. Begin hatte Schmidt vorgeworfen, daß dieser sich während des Krieges an seinen Eid als Wehrmachtsoffizier gehalten hatte, und hatte Anspielungen gemacht, daß Schmidt bis zum heutigen Tag Antisemit sei. Begin hatte geäußert, daß er sich nach diesen Beschimpfungen erleichtert fühle. So kann man keine Außenpolitik betreiben. Wenn er als Privatperson so argumentiert hätte, hätte ich es zwar auch nicht billigen können, jedoch als seine persönliche Meinung akzeptieren müssen. Da er aber gewissermaßen im Namen aller Juden sprach, mußte ich mich entschieden davon distanzieren. Mir grauste vor solcher Hysterie. Uns wurde in der Schule beigebracht, Shakespeares «Kaufmann von Venedig» sei sehr judenfeindlich. Wir hatten alle Stücke von ihm behandelt außer diesem. Jahre später, als Erwachsene, las ich es dann doch und war überrascht, daß Shylock, der jüdische Kaufmann, die menschlichste Figur des Stückes war. Shakespeare hatte gegen die Judenfeindlichkeit seiner Zeit geschrieben, nicht gegen die Juden!

Im Winter 1980/81 gab es in Polen eine bedrohliche Lebensmittelknappheit. Wochenlang wurden wir in West-Berlin von Wohlfahrtsverbänden in Funk und Fernsehen aufgefordert, Spendenpakete an bestimmte Adressen zu schicken. Es sei besonders wichtig, daß wir Berliner dies täten, weil die Transportwege von Berlin nach Polen erheblich kürzer seien als andere. Lange überlegte ich, ob ich den Polen helfen sollte. Aber warum eigentlich? Die Nazis hatten genau gewußt, warum sie Vernichtungslager wie Auschwitz und Maidanek ohne große Widerstände der Bevölkerung in Polen errichten konnten. Und hatte es nicht dort sogar nach dem Holocaust zwei weitere Judenverfolgungen gegeben, nämlich 1946 und 1968/69? Ich fragte meinen jüdischen Schuster, der während der letzten Judenhetze Polen verlassen hatte, ob er mir Adressen von dortigen Juden geben könnte. Ihnen wollte ich Lebensmittelpakete schicken. Er sagte mir, daß die paar Juden, die noch dort lebten, bereits von westlichen Juden versorgt würden. Zudem durfte man nicht zu viel schicken, ansonsten würden die Polen neidisch und sie abermals verfolgen. Also schickte ich nichts. Ich hatte seinerzeit den Palästinensern mit Medikamenten geholfen, weil sie von den «Eroberern ihrer Heimat» unterdrückt worden waren. Es hätte keinen Unterschied gemacht, ob es Türken, Engländer oder eben Juden gewesen wären. Die Polen hingegen verfolgten die Juden, weil sie Juden sind – aus keinem anderen Grund.

Später überkamen mich Zweifel, ob ich nicht dabei war, neue Feindbilder aufzubauen. Jetzt, wo ich die Deutschen langsam differenzierter sah, betrachtete ich die Polen als Antisemiten. Aber die Judenfeindlichkeit, die in diesem Land herrschte, konnte meine Meinung nur schwer ändern.

Im Sommer 1981 reisten Melanie und ich auf ihrem Motorrad kreuz und quer durch Westeuropa. Da ich während meiner Jahre in Berlin kaum verreist war, war es das erstemal, daß ich als «deutsche» Touristin im Ausland unterwegs war. Natürlich besaß ich einen amerikanischen Paß, aber Melanie und ich sprachen Deutsch miteinander, und ihr Motorrad hatte ein Berliner Kennzeichen. Offene Deutschfeindlichkeit erlebten wir nicht, obwohl dies einigen Bekannten von mir passiert war. Sie waren gelegentlich in Gaststätten nicht bedient worden, weil sie Deutsche waren. Wir bekamen indes keine Schwierigkeiten. Aber im Ausland fühlte ich mich mit anderen Deutschen verbunden. Auf Campingplätzen hatten wir zu Deutschen Kontakte. Als wir Engländer oder gar Amerikaner trafen, fühlte ich mich nicht zu ihnen hingezogen. Im südfranzösischen Montpellier hupte uns ein Auto mit Berliner Kennzeichen wild an, und die Familie winkte uns freundlich zu. Außerhalb Deutschlands wurde ich für eine Deutsche gehalten, was mich bei meinem Aussehen wirklich überraschte. Als wir in Schottland an einem internationalen Motorradtreffen teilnahmen, unterhielt ich mich mit einem Engländer. Zum Schluß sagte er: «Du sprichst ziemlich gut Englisch im Vergleich zu den anderen Deutschen hier.»

Weshalb ich allmählich «deutsch» wurde, vermochte ich

nur mit meinem langen Aufenthalt in Berlin zu erklären. Unbewußt mußte das «Deutsche» meine Persönlichkeit beeinflußt haben. Dieser Zustand beunruhigte mich einigermaßen. Jahrelang hatte ich die Unterschiede zwischen mir und den Deutschen hervorgehoben, die Grenzen zwischen mir und ihnen ziemlich bewußt gezogen. Wie hätte ich ansonsten den Holocaust erklären können, wenn es keinen Unterschied gab? Was unbewußt in meiner Persönlichkeit ablief, schien ich indes nicht ganz unter Kontrolle zu haben. Und ich wußte auch nicht, ob das «Deutschwerden» rückgängig gemacht werden konnte. Gab es vielleicht eine Therapie, sich zu entdeutschen? Zu diesem Zeitpunkt hätte ich mich ihr womöglich noch unterzogen.

Aber so deutsch ich geworden war, Mitte der siebziger Jahre wurde ich wieder eine bewußte Ostjüdin, denn damals brachen innerjüdische Probleme aus. Von 1976 bis Anfang der achtziger Jahre siedelten viele russische Juden in den Westen über. Eigentlich hatten sie von den sowjetischen Behörden Ausreisegenehmigungen für Israel erhalten, doch erst einmal im Westen, hatten viele es vorgezogen, lieber in Europa und in den USA zu leben. Manche waren zunächst nach Israel gegangen, hatten aber das Klima nicht vertragen, Sprachschwierigkeiten gehabt oder sich vor der ständigen Kriegsgefahr gefürchtet; sie waren nach Europa zurückgekehrt. Auch in West-Berlin stieg die Zahl der sowjetischen Juden an. Man hätte denken können, daß sich die dortige Jüdische Gemeinde (vor Hitler bestand sie aus 172 000 Mitgliedern, heute sind es weniger als 7000) über die neuen Zuwanderer gefreut hätte. Das war jedoch nicht der Fall. Mehrere Alteingesessene befürchteten, daß die sowjetischen Juden bei den Vorstandswahlen die Macht übernehmen könnten. «Russische Mafia» nannten einige die Zuwanderer. Zu allem Überfluß brachte zu dieser Zeit eine überregionale Zeitung einen Bericht, der die Stimmung gegen die Einwanderer weiter anheizte. In der Innenstadt West-Berlins hatte ein russischer Jude einen Jeans-Laden aufgemacht, in dem angeblich dubiose Geschäfte betrieben wurden. Es wurde gemunkelt, daß das

Geschäft lediglich als Fassade diente, um illegal große Mengen von Jeans in die Sowjetunion zu schmuggeln. Immer häufiger kursierten Gerüchte über die Wirtschaftskriminalität unter russischen Juden. Und dann wurden 300 von ihnen bei der Berliner Ausländerbehörde mit gefälschten Papieren erwischt. In ihrer Verzweiflung hatten sie Urkunden gefälscht, um dem Antisemitismus in der Sowjetunion zu entkommen. Wie oft hatten Juden in der Geschichte so etwas machen müssen, um vor Pogromen zu fliehen? Aber Verständnis dafür fanden die Zuwanderer von offizieller Seite nicht. Der Innensenator verurteilte den Fall als kriminelles Vergehen. Der Vorsitzende der Jüdischen Gemeinde kündigte an, daß «die Aufnahmekapazität Berlins definitiv erschöpft sei».

Es gab, besonders unter den jüngeren Juden, heftige Proteste gegen dieses Verhalten der Gemeinde. Auch ich war über diesen Vorfall mehr als empört. Die alten Spannungen zwischen Ost- und Westjuden aus der Zeit der Weimarer Republik gingen mir durch den Kopf. Damals hatten manche deutsche Juden den verarmten Ostjuden die Schuld am wachsenden Antisemitismus gegeben, statt sich mit ihnen zu solidarisieren. Jetzt versicherte man, daß man mit den russischen Juden «Integrationsschwierigkeiten» befürchte, wollte sie jedoch im Grunde nur diffamieren. Denn diese Ostjuden entstammten überwiegend der Mittelschicht, trugen westliche Kleider und waren überhaupt nicht als Juden zu erkennen. Sie hätten sich aller Wahrscheinlichkeit nach im Nu und von alleine assimiliert. Warum wurden sie dann diskriminiert? Hatten sie in der Sowjetunion nicht genug durchgemacht? Brauchen manche Juden auch «ihre Juden»? Sogar dann, wenn die Situation nicht einmal lebensbedrohlich war? Mir grauste vor dem Gedanken, daß ich vielleicht eines Tages vor Antisemiten fliehen mußte und daß, wenn ich glaubte, in Sicherheit zu sein, mich die dortigen Juden, auf die ich ja angewiesen wäre, mit Sprüchen empfangen würden wie: «Das Boot ist voll.» Von Kindesbeinen an hatte ich gelernt, daß wir Juden in Krisenzeiten eng zusammenrücken müssen. So hatte das Volk über Jahrtausende überlebt. Das Verhalten mancher deutscher

Juden gegenüber denen aus der Sowjetunion betrachtete ich als Volksverrat.

Ich wurde nie Mitglied der Jüdischen Gemeinde, weil ich Angst hatte, registriert zu sein. Zu Beginn des Holocausts hatten die Nazis als erstes die Mitgliedslisten der Gemeinden beschlagnahmt. Auch wenn diese akute Gefahr nicht mehr bestand, wollte ich nicht, daß es auf meiner Steuerkarte stand, zumal da ich keine religiöse Jüdin bin. Außerdem gehörte ich der Gemeinde nicht an, weil ich nie so etabliert und versöhnungsbereit war wie die «Offiziellen». Aber nach dieser Auseinandersetzung mit den sowjetischen Juden wurde mir klar, daß die Gemeinde mich vermutlich auch nicht gewollt hätte. Und einige, die sich jetzt so unsolidarisch verhielten, hatten den amerikanischen Juden vorgeworfen, im Dritten Reich nicht genug für ihre Rettung getan zu haben.

Im Fernsehen wurde 1981 ein Film über die Alliierten und Auschwitz ausgestrahlt. Gezeigt wurde das Verhalten, vor allem das der Amerikaner, im Hinblick auf den Holocaust. Die amerikanischen Juden hatten anfangs sehr wohl für die Leidensgenossen in Deutschland auf den Straßen New Yorks demonstriert. Jüdische Gruppen hatten versucht, die US-Regierung zu bewegen, jüdische Emigranten hereinzulassen, zumindest bis die Verfolgung vorbei war. Die Regierung hatte sich jedoch geweigert, vermutlich aus Angst, bei den Wahlen die Stimmen der Antisemiten zu verlieren. Und die waren im damaligen Amerika sehr laut geworden. 1941 gab es unter anderem in Boston judenfeindliche Ausschreitungen; die amerikanische Nazipartei hatte sogar in New York große Veranstaltungen abgehalten. Die Demonstrationen der amerikanischen Juden waren aus Angst immer seltener geworden. Und außerdem hatten die deutschen Juden an sie appelliert, aufzuhören. Die Nazis hatten ihnen vorgeworfen, Greuelpropaganda im Ausland betrieben zu haben, und die Hetze gegen sie war dadurch noch bedrohlicher geworden. Der Fernsehbericht schilderte auch, daß amerikanische Aufklärungsflugzeuge relativ früh entdeckt hatten, daß die Juden in den Lagern vernichtet wurden. Die US-Regierung hatte es dennoch nicht für nötig gehalten, zumindest die Bahngleise zu den Konzentrationslagern bombardieren zu lassen.

Nach dieser Sendung sah ich nicht nur die US-Regierung mit anderen Augen, sondern auch die Position der amerikanischen Juden. Sie hatten sich in einer schrecklichen Zwickmühle befunden und nicht nur herumgesessen und Kaugummi gekaut, während die europäischen Juden abgeschlachtet wurden. Ich schrieb meiner Tante Silvia und fragte sie, wie es aus ihrer Sicht damals gewesen sei. Sie antwortete mir: Doch, es war sehr schlimm gewesen. Deswegen hatten mein Vater und mein Onkel unseren Familiennamen geändert. Mein stolzer Großvater hatte sich geweigert «unterzutauchen» und hatte unseren jüdischen Namen beibehalten. Mein Onkel jedoch hatte gerade eine Apotheke eröffnet. Auch wenn nicht ständig Pogromstimmung herrschte, wer hätte schon bei Juden gekauft?

Es war kein Wunder, daß die ältere Generation amerikanischer Juden Angst vor Antisemitismus hatte. Gleichzeitig jedoch machte sie sich schwere Vorwürfe, aus dieser Angst heraus und nicht zuletzt auch wegen der Zerstrittenheit der verschiedenen jüdischen Gruppen, nicht genug für die europäischen Juden getan zu haben. Wie elend mußten sich meine Eltern gefühlt haben, nicht nur als ich ihnen vor Jahren deswegen Vorwürfe gemacht hatte, sondern auch neulich, als Nancy sie mitten in der Nacht aus dem Bett klingelte: «Ich habe gerade einen Film über den Holocaust gesehen. Was habt ihr euch dabei gedacht? Warum habt ihr nichts getan?» Fast 43 Jahre später mußten meine Eltern sich erneut rechtfertigen. Ich gewann mehr Verständnis für ihre Lage. Wie hätte ich reagiert?

In meinen Augen verlor die US-Regierung immer mehr an Glaubwürdigkeit. Sie hatte schließlich nicht nur die antisemitischen Ausschreitungen im Volk geduldet, sondern auch durch ihre strenge Einwanderungspolitik die Juden in Europa wohlwissend ihrem Schicksal überlassen. Hatten unsere Eltern uns nichts davon erzählt, um uns mit der nackten Wahrheit zu verschonen? Und hatten die USA nach dem Krieg offiziell die Deutschen als alleinige Täter hingestellt, um ihre eigene Schuld zu verdecken? Wir hatten als Jugendliche jedenfalls nur die Deutschen gehaßt. Erst jetzt in Deutschland mußte ich erfahren, daß die USA Mitwisser gewesen waren.

Vor mir selbst brauchte ich meine «Familien-Lüge» nicht mehr aufrechtzuerhalten. Meine Eltern, wie die anderen amerikanischen Juden, hatten sich in einer Falle befunden. Sogar der «größten Demokratie der Welt» hatten sie nicht trauen können. Ich entschloß mich, nichts mehr über meine Familie zu äußern, weil ich nicht länger Lust hatte, die schwierige Rolle der US-Juden gegenüber Beschuldigungen zu verteidigen, und weil ich nicht den Mut hatte, zuzugeben, daß ich gelogen hatte, um meine Familie vor jeglicher Schuldfrage zu schützen.

Im Juni 1982 überfiel Israel den Libanon und zog mit seiner Armee in die Hauptstadt Beirut ein. Die ganze Welt konnte dieses Fiasko auf dem Bildschirm verfolgen. Mit Entsetzen mußte ich von Juden verübte Brutalität beobachten, die ich nicht wahrhaben wollte. Jetzt lieferte Israel den Antisemiten in aller Welt ein neues Argument: «Die Juden machen es auch, nur halt mit einem anderen Volk.» Und was konnte ich solchen «Moral-Antisemiten» sagen, wenn im Fernsehen Bilder von christlichen Milizen gezeigt wurden, die die Bewohner zweier palästinensischer Flüchtlingslager massakrierten – und das unter den Augen israelischer Truppen? «Wir haben es nicht getan», antwortete ein etwa 19jähriger Israeli lapidar auf die Frage eines Auslandskorrespondenten. Mir drehte sich bei so einer Antwort der Magen um. Wie oft hatten wir Juden solche Floskeln von Deutschen nach dem Holocaust gehört? Nein, die israelischen Soldaten hatten es nicht selbst getan. Sie hatten den christlichen Milizen jedoch gestattet, in die Lager einzudringen, und hatten dem Blutbad 36 Stunden lang tatenlos zugeschaut.

Dann passierte etwas, was noch nie zuvor in unserer Geschichte geschehen war. Prominente Juden aus aller Welt protestierten öffentlich gegen das Vorgehen Israels. Auch in bundesdeutschen Zeitungen standen Anzeigen von hierzulande bekannten Juden, die sich deutlich von Israels Politik distanzierten. (Und zum Glück gab es auch viele Israelis, die über den Libanon-Feldzug empört waren.) Bisher waren wir Diaspora-Juden Israel gegenüber viel zu unkritisch gewesen. Israel hätte auch kaum Kritik von uns angenommen – es nahm nur unser Geld. Jetzt wurden die unterschwelligen Spannungen offensichtlich. Auch meine Beziehung zu Israel hatte sich im Lauf der Jahre geändert. Der Heiligenschein um Israel war verblichen. Die Israelis schimpften immer häufiger über die Diaspora-Juden. Wenn einer von uns Israels Politik in Frage stellte, war die Antwort: «Ihr könnt gut reden. Wir müssen tagtäglich hier leben.»

Nicht nur hatte ich kein Verständnis für Israels Palästinenserpolitik, ich hatte es auch satt, ständig als Israeli angesehen zu werden. Die Mehrzahl der Nichtjuden hatte die irrige Vorstellung, daß alle Juden automatisch Israelis seien. Ich könnte zwar sofort Israeli werden, wenn ich in das Land einwanderte, aber ich besaß die amerikanische Staatsbürgerschaft und war noch nie in meinem Leben in Israel gewesen. Warum sollte ich dann für Israels Verhalten verantwortlich gemacht werden?

Ein Bekannter hatte in einer alternativen Kneipe eine Frau kennengelernt, und sie begleitete ihn nach Hause. Es wurde gemütlich, sie legte sich in sein Bett. Als er sein Hemd auszog, bemerkte sie seinen Davidstern. Entsetzt sprang sie aus dem Bett, zog sich blitzschnell an und beschimpfte ihn, warum er ihr nicht gesagt habe, daß er Zionist sei. Sie wäre gar nicht erst mit ihm gekommen. Sie verließ die Wohnung, ohne ihn überhaupt zu Wort kommen zu lassen. Alle Welt identifizierte uns mit Israel, egal, welche Meinung wir persönlich vertraten.

Zudem hatte sich Israels Funktion hinsichtlich der Juden geändert. Als Kind hatte ich gelernt, daß Israel für mich da sei, für meinen Schutz, falls ich eines Tages fliehen müsse. Jetzt war die Situation umgekehrt. Israel konnte ohne die Diaspora-Juden nicht existieren. Konnte und wollte Israel uns in einer solchen Krise überhaupt aufnehmen? Manche Israelis beschwerten sich schon einige Zeit, daß Gauner aus aller Welt ins Land kämen und aufgenommen werden mußten, weil sie Juden sind. Ein mit mir befreundeter amerikanischer Rabbi erwiderte bei diesem israelischen Vorwurf immer sarkastisch: «Wir exportieren unsere Schlechten.» Auf jeden Fall mußte ich langsam einsehen, daß Israel ein ganz gewöhnliches Land war wie jedes andere.

Zur Zeit von Israels Libanon-Feldzug feierte ich mein zehntes Jahr in Berlin. Meine Mutter rief mich an, um mir zu sagen, daß ich nun endlich zurückkehrten sollte. David dagegen drängte, ich solle endgültig die deutsche Staatsbürgerschaft beantragen, denn nach so langer Zeit müsse ich mich entscheiden.

Nach zehn Jahren legalen Aufenthalts darf man sich um die deutsche Staatsbürgerschaft bewerben. Eine der Bedingungen ist jedoch die Aufgabe der bisherigen Staatsbürgerschaft. Obwohl ich nicht vorhatte, in der näheren Zukunft wieder in die USA überzusiedeln, wollte ich mir diese Möglichkeit doch nicht verschließen. Meine Gefühle Deutschland gegenüber hatten sich immer noch nicht so normalisiert, daß es mich nicht doch noch irritiert hätte, einen deutschen Paß zu besitzen. Daß David Deutscher geworden war, entschuldigte ich mit seiner Exzentrik. Und wie würden meine Eltern darauf reagieren? Davids Eltern hatten ihn enterbt. «Laß Deutschland für dich bezahlen, wenn du es so liebst», schrieben sie ihm. Die Tatsache, daß ich mich eines Tages entscheiden müßte, verdrängte ich.

Im Sommer 1982, bei einem Besuch in den USA, wurde ich von manchen Bekannten ironisch als «die Deutsche» tituliert. Und so komisch es auch klingen mag, das regte mich nicht auf. Diese Bekannten versuchten offenbar, mich so auszugrenzen, da es unter den Juden eine wiederaufflammende fundamentalistische Bewegung gab. Ich bemerkte in New York eine für mich erstaunliche Zahl orthodoxer Juden. Sie kleideten sich, wie es die osteuropäischen Juden früher getan hatten und wie ich es noch aus meiner Kindheit in Erinnerung hatte. So etwas kannten wir von der Generation unserer eingewanderten Großeltern. Aber diese Leute schienen jünger zu sein als ich, ebenfalls in den USA geboren und aufgewachsen. Von meinen Verwandten und Bekannten erfuhr ich, daß es seit kurzer Zeit ein erstaunliches Wiederaufleben des orthodoxen Judentums gab. Viele kamen nicht einmal aus traditionell orthodoxen Familien, sondern aus assimilierten wie der meinen. Nicht nur suchten sie ihre Wurzeln, sondern sie fürchteten auch den Identitätsverlust der Juden. Wir Assimilierten galten als abtrünnig, gar als Gotteslästerer und Selbsthasser. Es blieb aber nicht nur bei Meinungen, sondern die Fundamentalisten wurden manchmal gewalttätig. Es gab mindestens einen Vorfall, als ich dort zu Besuch war, bei dem eine reformierte Synagoge besudelt und in Brand gesteckt wurde. Die Polizei, die radikale orthodoxe Juden als Täter vermutete, konnte das jedoch nicht einwandfrei beweisen.

Der sogenannte «Mitzwa-Wagen» parkte indes unauffällig in verschiedenen Straßen New Yorks. Wenn jemand vorbeiging, der jüdisch sein konnte, sprangen die Insassen aus dem Auto heraus und sprachen ihn an. Dem Ahnungslosen wurden Fragen zur Person gestellt. Ein Bekannter von mir wurde von solchen Leuten zusammengeschlagen, weil er mit einer Nichtjüdin verheiratet war. Meine Cousine warnte mich, falls ich gefragt werden sollte, bloß nicht zu sagen, daß ich in Deutschland wohne, das sei lebensgefährlich. Ich traf zum Glück nicht auf den «Mitzwa-Wagen», verheimlichte dennoch den meisten Juden gegenüber meinen Wohnort. Daß ich vor radikalen Deutschen Angst zu haben hatte, wußte ich, aber daß ich mich vor radikalen Juden fürchten mußte, das war mir neu.

Nach so langer Zeit in Berlin entschloß ich mich, in die Bundesrepublik zu ziehen. Je länger ich auf dieser Insel blieb, desto schwieriger wurde der Absprung in die Außenwelt. Wenn ich jetzt nicht wegginge, würde ich es vielleicht nie mehr tun. Schon seit einigen Jahren litt ich unter dem «Berlin-Koller» und wollte nicht länger eingemauert sein. Außerdem war Berlin gewissermaßen nur die «Ausnahme» Deutschlands. In keiner anderen deutschen Stadt gab es eine derart große Alternativ-Szene und vor allem so viele Juden. Wie war es aber im «wirklichen» Deutschland?

Mir wurde eine Stelle in Dortmund angeboten. Bevor ich dorthin zog, erzählte mir eine alte Berliner Jüdin, in den zwanziger und dreißiger Jahren sei die Stadt eine Hochburg der SA gewesen. Schon damals hatte Dortmund alle Nachteile einer Provinzstadt und keine Vorteile einer Großstadt.

Beim Berliner Arbeitsamt riet mir ein Beamter, die Arbeitserlaubnis in Dortmund frühzeitig zu beantragen. «Einige Städte sind in dieser Hinsicht nicht so großzügig wie wir», erklärte er. Und so schickte ich drei Monate vor dem Umzugstermin meinen neuen Arbeitsvertrag mit dem Antragsformular für die Arbeitserlaubnis an das Arbeitsamt Dortmund. Als ich jedoch dort ankam, war nichts geschehen. Meine Akte lag irgendwo, man mußte sie erst suchen, und sie wurde erst jetzt, als ich persönlich erschien, überprüft. Es dauerte natürlich Wochen, bis geklärt war, ob die Stelle mit einem Deutschen besetzt werden konnte. Ich war nicht nur auf die langsamen Beamten wütend, sondern auch darüber, daß abermals meine Unentbehrlichkeit für die Gesellschaft überprüft werden sollte. Das alte übertriebene Mißtrauen überkam mich wieder. Versuchten die Ausländerbehörden, mich reinzulegen? Vielleicht zögerten sie meine Arbeitserlaubnis absichtlich hinaus, weil ich die Stelle nur bekam, wenn ich sie sofort antrat. Und das wußten sie ganz genau. Ich konnte mir das Verhalten nicht erklären. Ich fing also an, «schwarz» zu arbeiten, ohne Erlaubnis. Es war gut, daß die meisten Arbeitgeber in der Bundesrepublik sich mit den Ausländergesetzen nicht auskannten und folglich nicht wußten, daß auch sie sich strafbar machten. Vier Wochen später wurde mir dann endlich die Erlaubnis erteilt, die Stelle antreten zu dürfen.

Melanie, die Berlin ebenfalls verlassen wollte, zog mit ins Ruhrgebiet, und wir suchten aufs neue gemeinsam eine Wohnung. Dabei erlebten wir, daß es auch Vorurteile gegenüber Berlinern gab. «Die Berliner kriegen viel zu viele staatliche Subventionen», «Berlin – so ein dreckiges Pflaster».

Als wir endlich eine Wohnung hatten, rief die alte Frau über uns: «Aus Berlin! Hoffentlich sind das keine Terroristinnen!»

An unserem Einzugstag, wir waren noch dabei, die Möbel hochzuschleppen, begrüßte unsere zukünftige Nachbarin uns mit: «Sie sind heute mit dem Treppenputzen dran.»

Wir waren von der Berliner Weltstadtmentalität verwöhnt worden, dorthin strömten Menschen aus aller Welt. Hier hingegen war man schon suspekt, wenn man von anderswo zuzog, selbst eine echte Deutsche wie Melanie. Sie stammte eben nicht aus dem Ruhrgebiet. Ein solcher Lokalpatriotismus war für mich schwer nachvollziehbar. Die über die Welt verstreuten Juden wohnten selten dort, wo ihre Großeltern oder Eltern herkamen; häufig haben sogar Geschwister unterschiedliche Staatsbürgerschaften. Die Menschen hier im Haus hatten ihr Leben lang nur in Dortmund gelebt – selbst die jungen Leute. Es gab natürlich auch Provinzler in Berlin, aber in der Weltstadt konnte man ihnen leicht ausweichen. Hier schien das unmöglich zu sein.

Wir stießen auch auf Intoleranz, wo wir sie am wenigsten erwartet hatten. An einem Sonntagnachmittag saßen Melanie und ich gemütlich beim Kaffeetrinken in einem Anthroposophen-Café. Während wir plauderten, strickte Melanie an einem Pullover. Eine Kellnerin marschierte zu unserem Tisch und unterbrach unser Gespräch mit dem Befehl: «Stricken ist hier verboten.» Wir starrten sie verblüfft an, und sie wiederholte: «Man darf hier bei uns nicht stricken.» Melanie packte ihr Strickzeug weg, wir verließen das Café und gingen nie wieder hin.

Es war kein Wunder, daß der Fremdenhaß hier nicht verdeckt war, sondern offen zutage trat. Noch nie war ich mit derart offenem Rechtsradikalismus konfrontiert worden wie in Dortmund. Melanie war genauso schockiert und beunruhigt darüber wie ich.

Während ich an einem Zeitungskiosk vorbeiging, erschrak ich über die «National-Zeitung» im Aushang. Die Schlagzeilen diffamierten Willy Brandt als eine Art von Spion. Und die anderen Passanten gingen vorbei, als ob das eine ganz normale Schlagzeile wäre.

Eines Tages kam Melanie aufgebracht nach Hause, weil sich zwei Jugendliche in der belebten Fußgängerzone mit dem Hitler-Gruß gegrüßt hatten. Auch das hatte offenbar niemanden gestört. An einem verkaufsoffenen Samstag, als eine Gruppe Neonazis durch die Straßen marschierte und schrie: «Deutschland den Deutschen, Ausländer raus!» rannte Melanie aus dem Kaufhaus, um zu sehen, wer so etwas Unverschämtes brüllte. Ich blieb hinter den Regalen.

Als sie wieder hereinkam, fragte ich sie: «Bist du wahnsinnig, rauszurennen?»

«Ich wollte die Reaktion der Leute sehen.»

«Was gibt's da zu sehen?»

«Daß Neonazis so ungestört durch die Straßen stiefeln dürfen.»

Gut, daß ich mich im Geschäft befunden hatte und nicht auf der Straße. Mit meinem ausländischen Aussehen wäre ich für sie sicher eine Provokation gewesen. So etwas hatten wir in Berlin nie erlebt. Es gab dort zwar auch Neonazis, aber es gab erheblich mehr Demonstranten gegen sie. Als die «Wikinger-Jugend» einmal in einer Nacht-und-Nebel-Aktion rund um den Fehrbelliner Platz Plakate für ein «deutsches Deutschland» geklebt hatte, waren sie im Nu von Gegnern überpinselt worden. Ich war erstaunt zu erfahren, daß Dortmund eine SPD-regierte Stadt war. Woran merkte man das?

Bisher hatte ich der älteren deutschen Generation ihre Angst und Passivität gegenüber dem Faschismus vorgeworfen. Ich hielt mich für überlegen, weil ich bisher zu naiv gewesen war zu merken, daß ich ja nie die Gelegenheit gehabt hatte, mein eigenes Verhalten unter solchen extremen Bedingungen zu testen. Die Arbeitswelt, mit allen ihren hierarchischen Strukturen, bot mir, wenn natürlich auch abgeschwächt, diese Chance. Bedingt durch die hohe Arbeitslosigkeit fühlte sich die Mehrzahl meiner neuen Kollegen wie in einer Falle gefangen. Sie hatte Familien zu ernähren, die Miete und andere Rechnungen zu bezahlen usw. Kaum einer der Mitarbeiter und Mitarbeiterinnen zeigte sich solidarisch mit den Kollegen oder wehrte sich gegen Mißstände im Betrieb. Im Gegenteil. Unter dem enormen psychischen wie finanziellen Druck der Massenarbeitslosigkeit gab es genügend Leute, die sogar für die Geschäftsführung spionierten, um andere Kollegen bei irgend etwas zu erwischen. Sie hofften, dadurch die Gunst des Chefs zu erringen und so ihre eigene Stellung zu sichern, in dem naiven Glauben, sie blieben verschont, wenn die nächsten entlassen wurden. Ein Kollege wühlte in den Papierkörben, um zu überprüfen, was wer weggeschmissen hatte. Als ich dies erfuhr, zerriß ich alles stets in kleine Schnipsel, bevor ich es wegwarf.

Bei Konferenzen versuchten viele, andere herabzusetzen, indem sie sie abfällig belächelten, wenn sie etwas sagten. Besonders eine Frau, die angeblich in der Friedensbewegung tätig war, trug dazu bei, die Atmosphäre zu vergiften. Sie empfand es wohl nicht als Widerspruch, theoretisch für den Weltfrieden zu kämpfen, gleichzeitig jedoch in ihrer unmittelbaren Umgebung gegen Kollegen Krieg zu führen. Wenn auch «nur» einen psychologischen.

In dieser bedrückenden Atmosphäre verhielt ich mich wie die Mehrheit. Ich lieferte zwar andere nicht aus, aber auch ich ließ mich einschüchtern. Wenn Arbeitsplätze wegrationalisiert worden waren, spürte ich große Erleichterung, daß es mich nicht getroffen hatte. Mitleid mit den Entlassenen oder Überlegungen über ihr weiteres Schicksal ließ ich selten zu. Ich konnte solche Gedanken jedoch nicht ständig verdrängen. Gleichzeitig kamen Assoziationen in mir hoch, bei denen ich mich fragte, was wäre, wenn diese Leute von der Gestapo «weggebracht» worden wären? Wäre ich genauso erleichtert gewesen, daß nicht ich es war, statt ihnen zu helfen? Mich erschreckte der Gedanke, daß ich vielleicht noch nicht einmal in einer Zeit wie dieser, in der es erheblich leichter war als in der NS-Diktatur, genügend Rückgrat bewies. Warum protestierte ich nicht gegen die Entlassungen der anderen? Warum solidarisierte ich mich nicht mit ihnen? Ich hätte mehr als die anderen wissen müssen, was es heißt, von der Gesellschaft im Stich gelassen zu werden.

Zum erstenmal erfuhr ich wirklich das Gefühl, der deutschen Bürokratie und den Ausländergesetzen völlig ausgeliefert zu sein, als ich wegen unüberwindlicher Schwierigkeiten im Betrieb die Stelle wechseln wollte. Bei den Ausländerbehörden beantragte ich eine Aufenthaltsberechtigung, um einen Status zu erlangen, der Ausländer rechtlich besser absichert. Denn so konnte man nicht wegen Arbeitslosigkeit abgeschoben werden.

Als ich im Wartezimmer der Behörde saß, war ich sehr zuversichtlich, daß ich die Berechtigung erhalten würde; schließlich erfüllte ich alle Voraussetzungen. Aber zu meinem Entsetzen wurde der Antrag ohne jede Begründung abgelehnt und mir diesmal nur eine zweijährige Aufenthaltserlaubnis erteilt. Auf meine Frage, weshalb ich nicht wenigstens, wie in Berlin, einen Stempel für fünf Jahre erhalte, fragte mich der Beamte, warum ich nicht die deutsche Staatsbürgerschaft beantrage, ich wäre ja schließlich lange genug hier.

Meine letzte Hoffnung war das Arbeitsamt. Ich brauchte eine Sonderarbeitserlaubnis, damit ich leichter Stellen wechseln konnte. Während ich den Beamten die Gründe schilderte, weshalb ich die Stelle wechseln wollte, dachte ich, dies würde für andere Arbeitspapiere ausreichen. Sie schauten mich zwar mitleidig an, weigerten sich jedoch, mir eine «Blankoarbeitserlaubnis» zu erteilen, weil ich angeblich die Voraussetzungen dafür in einem Punkt nicht erfüllte. Dafür verlängerten sie aber meine Aufenthaltserlaubnis für die alte Firma auf drei weitere Jahre.

Es war wie immer in solchen Situationen, daß mein Mißtrauen Deutschen gegenüber mich packte und daran hinderte, meine wirkliche Lage richtig einzuschätzen. Ich sah meine Existenz in Deutschland viel gefährdeter, als sie es in Wirklichkeit war. Ich besaß immer noch eine gültige Aufenthaltserlaubnis und hätte erst bei der Annahme einer neuen Stelle die Arbeitserlaubnis beantragen können.

Ich war der festen Überzeugung, daß die Ausländerbehörden mich, langfristig gesehen, hinausekeln wollten. Unbewußt war ich wieder in die alte Opferrolle geschlüpft. Ich mußte ausgerechnet in Deutschland leiden, um eine «richtige» Jüdin zu sein, um mein schlechtes Gewissen darüber loszuwerden, daß ich nie eine Verfolgung erlebt hatte.

In meiner Verzweiflung holte ich mir die Antragsformulare für die Einbürgerung ab. Wollte ich nach diesen Erfahrungen aber überhaupt noch hier bleiben? Waren nicht diese Zustände genau das, was ich als «typisch deutsch» verstehen wollte? Ich entschloß mich, die Staatsbürgerschaft nicht zu beantragen, solange ich in diesem Zustand war. Ich wollte mich nicht – aus meiner damaligen Sicht – nötigen lassen. Das wäre auch sicherlich nicht im Sinn der Bundesrepublik gewesen, neue Staatsbürger gewissermaßen aus Verzweiflung zu gewinnen. Und trotzdem wollte ich in Deutschland bleiben, so widersprüchlich es auch klingen mag. Je gefährdeter mein Aufenthalt hier schien, desto dringender wollte ich bleiben. Denn es war mir bewußt, daß ich in bezug auf «die Deutschen» noch immer viel zu empfindlich reagierte. Nach solchen Rückfällen in die Schwarzweißmalerei war ich stets deprimiert. Aber die Abstände, in denen meine Vorurteile hochkamen, wurden immer länger. Mein Vertrauen in die Deutschen und in die Bundesrepublik war in all den Jahren doch sehr gewachsen. Jetzt war ich endlich fähig, in Krisensituationen mindestens meine deutschen Freundinnen und Freunde nicht als ‹Nazis› abzustempeln. Ich konnte ihre Freundschaften als solche empfinden. Und sie waren wirklich gute Freunde.

Als ich eines Tages mal wieder total entnervt von den Ausländerbehörden nach Hause kam, wurde ich von Melanie mit einer traditionellen Passah-Mahlzeit überrascht. Passah ist ein Fest im Gedenken an den Auszug des Volkes Israel aus Ägypten, ein Befreiungsfest also. In Dortmund kannte ich keine Juden, und mit David und den Feldmanns in Berlin hatte ich in letzter Zeit ausschließlich über meine berufliche Situation gesprochen; die bevorstehenden Feiertage hatte ich völlig vergessen. Immer wieder schaute ich das Essen an, jedes Detail stimmte. Und es ist wirklich eine komplizierte Zeremonie, weil jeder Teil des Gerichts den Leidensweg der Juden aus der Wüste und ihre Dankbarkeit an Gott für das Überleben symbolisiert. Ich hätte dieses Mahl nicht so perfekt vorbereiten können, obwohl ich es von Kindesbeinen an kannte. «Woher weißt du das alles?» fragte ich Melanie. Sie zog ein Buch heraus mit dem Titel «Die jüdische Küche», das sie aus der Bibliothek entliehen hatte.

Im Fernsehen verfolgte ich mit Freude die menschlichen Taten, die Deutsche geleistet hatten, wie etwa die Aktivitäten des Deutschen Notärzte-Komitees der Cap Anamur. Sie fischten verzweifelte Boat-People aus dem Meer und halfen sterbenden Menschen in den Dürregebieten Äthiopiens und Somalias. Ein ganzes Dorf in Niedersachsen hielt einen Schwarz-Afrikaner vor den Ausländerbehörden versteckt, weil sein Asylantrag abgelehnt worden war und er abgeschoben werden sollte. Diese Taten bewiesen mir (und der restlichen Welt), daß Humanität sehr wohl eine deutsche Eigenschaft sein kann, und gaben mir die Kraft, doch hierzubleiben.

Da ich an das deutsche Rechtssystem glaube, ging ich zu einem Rechtsanwalt, um mit seiner Hilfe meine Aufenthaltsberechtigung durchzuboxen. Der erste Jurist, bei dem ich war, las meine Akte durch und meinte, er könne nichts tun. «Die Beamten sind halt so», sagte er lapidar.

Der zweite Anwalt, den ich aufsuchte, war ein Experte im Ausländerrecht. Er belehrte mich: «Die Ausländergesetze sind Gummiparagraphen. Man kommt gegen die Beamtenwillkür nicht an.» Nach solchen Sprüchen war ich jedesmal geknickt. Dennoch konnte ich nicht glauben, daß ich in diesem Lande total schutzlos sein sollte.

Gerade zu dieser Zeit fand Melanie einen Rechtsanwalt, der mir bewies, daß die Bundesrepublik sehr wohl eine Demokratie ist. Der Mann verließ sich nicht nur auf die Ausländergesetze, sondern machte sich die Mühe, die internationalen Verträge zwischen den USA und der Bundesrepublik zu studieren. Es stellte sich heraus, daß ich hier als US-Bürgerin einen «meistbegünstigten» Status genoß, genau wie deutsche Staatsbürger in den USA. Zudem, und das war für mich noch wichtiger, weil es Menschlichkeit zeigte, erklärte mir mein Rechtsanwalt, daß viele Gesetze der Bundesrepublik von den Behörden im positiven Sinn als Härtefälle «gebeugt» werden, um unzumutbare Härten zu vermeiden. Mir ist klar, daß ein Afrikaner erheblich mehr Schwierigkeiten hat als ich, und daß viele Richter die Gesetze zuungunsten von Asylanten auslegen, aber so aussichtslos, wie manche Rechtsanwälte die Lage betrachten, ist sie nicht.

Mein Rechtsanwalt verlangte bei den Ausländerbehörden Einsicht in meine Akte, und noch bevor sie ihm gewährt wurde, erhielt ich unverhofft meine Aufenthaltsberechtigung. Beim Arbeitsamt, wo mein Fall ja schon bekannt war, reichte er einen Antrag auf eine Sonderarbeitserlaubnis wegen unzumutbarer Härte ein. Auch dies klappte ohne weiteres, und ich konnte fortan die Stellen wechseln. Zwar mußte ich immer noch Jobs annehmen, die deutsche Akademiker nicht wollten, aber immerhin durfte ich jetzt etwas Neues annehmen. Und wir zogen umgehend weg von Dortmund, nach Düsseldorf.

Bald danach wurde ich mit einer neuen Situation konfrontiert, vor der die meisten Juden, die ich kenne, zurückschrekken, nämlich dem Philosemitismus eines Chefs. Es kam mir schon beim Vorstellungsgespräch suspekt vor, wie mich der neue Chef umwarb. Nachdem er mich, wie alle anderen, nach meiner Herkunft gefragt hatte, verhielt er sich noch entgegenkommender als zuvor. Seit Jahren hatte ich mir mit Erfolg die vielen «Philos» vom Hals gehalten, indem ich ihnen einfach aus dem Weg gegangen war. Ich hoffte nun, emotional so weit zu sein, daß ich jede Konfrontation mit ihnen meistern konnte.

Kurz nachdem ich die neue Stelle angetreten hatte, besuchten mich zum erstenmal meine Eltern. Meine Schwester Nancy rief mich an und sagte: «Ich hätte nie gedacht, daß ich den Tag erlebe, an dem Mom und Dad nach Deutschland fahren! Eigentlich bin ich heilfroh, daß es dich gibt. Ich habe es dir zu verdanken, daß ich alles viel leichter habe. Seitdem du in Deutschland lebst, ist alles, was ich mache, für Mom und Dad harmlos.»

«Warum kommst du mich nicht besuchen?» fragte ich.

«Ich habe keine Zeit», antwortete Nancy. Diese Ausrede hörte ich immer von Verwandten und Bekannten. Warum sagte es niemand ganz offen: «Ich gehe nicht ins ‹Mörderland›. Ich bin nicht wie du.»

Ich stand unter einem ungeheueren Druck, da ich um jeden Preis wollte, daß meine Eltern eine gute Zeit erlebten und Deutschland mochten. Das war für mich ungemein wichtig. Ich wollte mich endlich in meiner Entscheidung, hierher gekommen zu sein, bestätigt fühlen; meine Eltern sollten nicht länger denken, ich gehörte deswegen in eine Irrenanstalt. Hätten wir noch in Dortmund gewohnt, ich hätte meine Eltern gar nicht kommen lassen. Ich hätte mich zutiefst geschämt, wenn sie etwa vor dem Samstagnachmittag-Fußballspiel der rechtsradikalen «Borussen-Front» in der Fußgängerzone begegnet wären.

Da mein Vater wenig Zeit hatte, wollten sie nur neun Tage bleiben. Melanie und ich erschienen zu früh am Frankfurter Flughafen, wo wir sie abholen sollten. Nach einer Weile strömten plötzlich Männer in Cowboy-Anzügen und mit texanischen Hüten in die Empfangshalle. «Das scheint das richtige Flugzeug zu sein», bemerkte Melanie grinsend. Mitten unter diesen langen Western-Gestalten tauchten meine relativ kleingebauten Eltern auf.

Sie begrüßten mich herzlich, Melanie jedoch nur kühl. Später erzählten sie mir, daß am Abend vor ihrem Abflug zufällig ein Dokumentarfilm über die Judenverfolgung im Fernsehen gelaufen war. Eine gute Vorbereitung auf ihre erste Deutschlandreise. Als wir aber im Auto saßen und Melanie mit meinen Eltern plauderte, entspannte sich die Atmosphäre. Wir fuhren den Rhein entlang, weil mein Vater unbedingt die Loreley sehen wollte. Er war ein bißchen enttäuscht, daß es nur ein Felsen mit der Fahne der Bundesrepublik oben drauf war.

Die Woche lief, Gott sei Dank, glatt. Kein Politiker beleidigte Juden, Neonazis spazierten nicht durch die Straßen. Da ich die meiste Zeit arbeiten mußte, nahm Melanie sich die Zeit und zeigte meinen Eltern Sehenswürdigkeiten in unserer Umgebung. Eines Nachmittags, als sie unterwegs waren, explodierte eine Bombe in der Nähe eines Sexshops im Stadtzentrum. Mehrere Personen wurden schwer verletzt. Später spekulierte man, daß Neonazis für das Attentat verantwortlich sein könnten. Als meine Mutter bemerkte, wie beunruhigt Melanie und ich blieben, sagte sie: «So etwas passiert in den Vereinigten Staaten auch.»

Einige KZ-Mahnmale waren in einem Tagesausflug zu erreichen. Ich konnte mir nicht vorstellen, daß meine Eltern sie sehen wollten. An einem Abend lief im Fernsehen ein Dokumentarfilm über den Majdanek-Prozeß in Düsseldorf. Sie schauten ihn kommentarlos an, obwohl sie betroffen waren.

Mein Vater wollte indes unbedingt die Jüdische Gemeinde besuchen. Ich war nicht nur kein Mitglied, ich war auch noch nie da gewesen. Wir fuhren hin, und das Gebäude war geschlossen. Während Melanie und meine Eltern warteten, ging ich zur Rückseite. Ein älterer Mann fragte mich mit jiddischem Akzent, was ich dort suche. Als ich ihm erzählte, daß meine Eltern aus Amerika das Gemeindehaus sehen wollten, lud er uns alle ein und erzählte uns die Geschichte der Jüdischen Gemeinde in Düsseldorf. Meine Eltern waren sehr beeindruckt, besonders von der Tatsache, daß die Bundesregierung die Mittel zur Finanzierung des Wiederaufbaus gestiftet hatte. Später, als mein Vater dies erneut anerkennend erwähnte, sagte ich: «Wir sind hier eben nicht in Nazi-Deutschland.»

Meine Mutter konnte nicht glauben, daß zwei nichtjüdische Familien aus unserem Bekanntenkreis ihren Babys alttestamentarische Namen gegeben hatten. Das eine hieß Nathan, wie mein Vater, das andere Miriam. «Warum nennen sie ihre Kinder so, wenn sie keine Juden sind?» fragte meine Mutter.

«Es ist hier unter Nichtjuden Mode geworden, unsere Namen zu benutzen. Wahrscheinlich, weil es so lange verpönt war», antwortete ich – nicht ohne Verbitterung. Ich sah nämlich auch nicht ein, weshalb die Nichtjuden sich so selbstverständlich hebräischer Namen bedienten, während wir Juden es aus Angst vor Repressalien oft nicht konnten. Vielleicht wird es unter den Juden wieder modern sein, ihren Kindern die Namen ihrer wahren Herkunft zu geben, wenn es auf der Erde keinen Antisemitismus mehr gibt.

Mein Chef wollte unbedingt meine Eltern kennenlernen und lud uns zum Essen ein. Er bemühte sich sehr um meine Eltern, und auch sie mochten ihn. Aber ich wurde den Verdacht nicht los, daß seine Gefühle nichts anderes als philosemitisch waren. Ich habe mit meinen Eltern später nicht darüber gesprochen. Hatten sie überhaupt je Philosemiten kennengelernt? Unter Amerikanern hatte ich deren Verhaltensweisen nie richtig wahrgenommen, obwohl es sicherlich auch unter ihnen solche «Philos» gibt. Aber in Deutschland war dieses Phänomen so extrem ausgeprägt, daß es kaum zu übersehen war. Offensichtlich hatte ich immer noch eine Ausstrahlung, die Philosemiten geradezu anzog; vielleicht hatte ich sie sogar unbewußt provoziert durch mein widersprüchliches Verhalten ihnen gegenüber. Auf der einen Seite war ich immer noch sehr empfänglich für ihre Schmeicheleien. Auf der anderen Seite stießen sie mich mit ihrer Anbiederei und Heuchelei ab.

Eines Nachmittags kam mein Chef in mein Büro und vertraute mir an, daß er seinen Vater haßte. Der war im Dritten Reich ein bedeutender Richter und überzeugter Nationalsozialist gewesen. Er hielt seinen Vater für ein «richtiges Schwein» und gestand, daß er seinetwegen Juden gegenüber ein fürchterlich schlechtes Gewissen hatte. Er machte vor mir keinen Hehl daraus, daß er hoffnungslos «judengeil» war. Was er allerdings nie zugab, war, wie sehr er darunter litt. Wahrscheinlich dachte er, wie viele Philos, wenn ich mich in ihn verliebte, könnte er sich beweisen, was für ein «guter Deutscher» er sei.

Im Gegensatz zu früher war ich jedoch nicht mehr bereit, als Endlager für ihr schlechtes Gewissen zu dienen. Aber der Unterschied zu damals bestand nicht nur in meiner vehementen Ablehnung dieser Rolle, sondern auch in den andersartigen Gegebenheiten. Die früheren «Philos» waren nicht meine Vorgesetzten gewesen, und wenn sie mich psychisch oder auch sexuell stärker belästigten, als ich bereit gewesen war zu ertragen, war ich einfach weggelaufen. Jetzt war ich in eine Abhängigkeit geraten, die ich langfristig nicht verkraften konnte.

In der ersten Zeit versuchte ich neutral zu sein, sowohl ihm gegenüber als auch dem Thema Juden und Deutsche. Ich tat so, als ob ich eine gesunde Distanz dazu hätte, wenn er darüber sprach. Aber ich konnte diese Fassade nicht lange aufrechterhalten. Ich konnte das Thema Juden und Drittes Reich nicht mehr hören, schon gar nicht von einem Philo.

Wir konnten überhaupt nicht miteinander umgehen. Ich wurde mißtrauisch, wenn er meine Arbeit lobte: War sie wirklich gut oder nur gut, weil ich Jüdin bin? Ebenso dachte ich, wenn er meine Arbeit tadelte.

Er wurde verrückt, wenn ich mit den zahlreichen internationalen Kunden, darunter vielen Juden, englisch redete, was er nicht konnte. Er befürchtete, ich erzählte allen von seinem Nazi-Vater und versuche, ihn beruflich zu ruinieren. In der Hoffnung, mich zu verletzen, machte er Bemerkungen wie: «Seitdem Sie hier sind, dürfen wir keine Judenwitze mehr erzählen.»

Ich verließ die Stelle, weil ich keinen Ausweg sah. Ich habe durch diesen Mann abermals erfahren, daß Kinder von Nazis oft ebenso schmerzhaft mit der Vergangenheit ihrer Eltern ringen müssen wie ich. Nur jetzt empfand ich keine Schadenfreude mehr.

Langsam freundete ich mich mit dem Gedanken an, doch noch die deutsche Staatsbürgerschaft zu beantragen, wenn auch mit dem Hintergedanken, ich brauchte sie womöglich nicht anzunehmen. Ich wollte wissen, ob die Bundesrepublik mich haben wollte und meinem Antrag zustimmte. Nicht nur hatte ich es satt, Stellen annehmen zu müssen, die kein Deutscher bei gleicher Qualifikation haben wollte, sondern ich empfand es immer verletzender, als «Gast» betrachtet und behandelt zu werden. Ich lebte ja schließlich hier. Ich wollte wählen dürfen, ein besonders von amerikanischen Juden hochgeachtetes Grundrecht in einer Demokratie. Wenn Politiker um unsere Stimmen bangen müssen, um zu gewinnen, werden sie vorsichtiger im Umgang mit uns sein. In Amerika haben die Juden prozentual die höchste Wahlbeteiligung unter den Minderheiten. Seit ich die Vereinigten Staaten verlassen hatte, durfte ich nicht mehr wählen. Der Staat North Carolina hatte mir mein Wahlrecht aberkannt, weil ich dort keinen festen Wohnsitz mehr hatte, und meine Eltern konnten mich in Texas nicht als Wählerin registrieren lassen, weil ich nie dort gewohnt hatte.

Der Gedanke fiel mir immer noch schwer, meine US-Staatsbürgerschaft aufzugeben, und so schrieb ich einen Brief an das Innenministerium und schilderte meine Situation. Da ich wußte, wie schmerzlich meine Annahme der deutschen Staatsbürgerschaft für meine Familie sein würde, befürchtete ich einen totalen Bruch zwischen ihnen und mir, wenn ich zusätzlich noch meine amerikanische Staatsbürgerschaft aufgab. Ich bat also um die Erlaubnis, sie zusätzlich behalten zu dürfen. Die deutschen Behörden gestatten dies nur unter ganz bestimmten Umständen. Sie erörterten meine Lage, und ein Beamter rief mich anschließend an. Sie waren von meinem Fall sehr bewegt, und er wollte mir das Ergebnis persönlich mitteilen, bevor ich es offiziell erhielt. Sie hatten meinen Antrag auf «Mehrstaatigkeit», wie es auf Amtsdeutsch heißt, doch abgelehnt. Der wichtigste Grund war, daß die Bundesregierung dies bei der Einbürgerung fast nie erlaubt. Bei Doppelstaatigkeit besitzt man nicht nur die Rechte zweier Staaten, sondern man muß auch die entsprechenden Pflichten übernehmen. Dies kann zu erheblichen Interessenkonflikten führen, da die Gesetze unterschiedlich sind. Es gibt zwar Ausnahmeregelungen, aber ich fiel nicht darunter. Sie dachten, es wäre in meinem Interesse, mir keinen Sonderstatus zu gewähren. Obwohl ich enttäuscht war, sah ich die Begründung ein. Sie war weder antisemitisch noch philosemitisch, sondern schlicht und einfach fair. Warum sollten sie mich von anderen Antragstellern absondern? Ich wollte mich ja nicht mehr als eine «Ausnahme» in Deutschland sehen. Ich wollte eine normale, unauffällige Bürgerin sein, gleichberechtigt wie jeder andere.

Ich reichte den Antrag auf Einbürgerung auf dem normalen Weg ein. Allein die Anzahl der Formulare, die man ausfüllen muß, und der Urkunden, die man zusammenzutragen hat, wären früher ein Grund gewesen, mich abzuschrecken. Sogar eine Kopie der Heiratsurkunde meiner Eltern mußte ich vorlegen. Vor Jahren hatten meine Eltern uns Kopien davon anfertigen lassen, damit wir im Falle, daß wir eines Tages nach Israel auswandern mußten, beweisen konnten, daß wir Juden sind und Anspruch auf einen israelischen Paß haben. Und nun brauchte ich sie für einen deutschen Paß. Der Beamte schaute sie an und fragte mich verblüfft: «Ist das richtig? Ihre Eltern haben im Jahr 5703 geheiratet?» Irgendwo auf dem Dokument fanden wir dann die Übertragung in die christliche Zeitrechnung. Der Beamte informierte mich, daß es etwa zehn Monate dauern würde, bevor ich vom Innenministerium die Entscheidung erhalte.

Im Januar 1986 bekam ich die offizielle «Zusicherung zur Aufnahme in den deutschen Staatsverband». Es war derselbe Tag, an dem der damalige Bürgermeister von Korschenbroich, Graf von Spee, «aus Spaß» den Vorschlag machte, doch einen reichen Juden totzuschlagen, um die finanzielle Lage seiner Gemeinde aufzubessern. Ich war so wütend über diese Äußerung, daß mein erster Gedanke war, die Zusicherung zu zerreißen und sie umgehend an das Innenministerium zurückzuschicken. Vielleicht hätte ich es im Affekt getan, wenn Melanie mir nicht beleidigt vorgehalten hätte: «Ich bin auch Deutsche und bin nicht so wie er. Laß deine Entscheidung nicht von den Äußerungen eines solchen Arsches abhängen.» Und sie hatte recht. «Die Deutschen» gab es für mich schon lange nicht mehr. Viele Bundesbürger in der gesamten Bundesrepublik reagierten so heftig auf diesen Vorfall, daß Graf von Spee zurücktreten mußte. Ich empfand diese Proteste als große Solidaritätsbekundung mit uns; so etwas gab es noch nicht einmal in den USA. Als ein enger Mitarbeiter des schwarzen Präsidentschaftskandidaten Jesse Jackson während des Wahlkampfes 1984 eine eindeutig antisemitische Bemerkung gemacht hatte, hatte Jackson es nicht für nötig gefunden, sich davon zu distanzieren. Und der Mitarbeiter mußte sich nicht einmal dafür entschuldigen.

Der Austritt aus der US-Staatsbürgerschaft bereitete mir Magenschmerzen, und ich schob ihn monatelang vor mich her. Bei Davids Austritt waren die amerikanischen Beamten alles andere als freundlich gewesen. Das störte mich weniger als die Angst, jetzt gewissermaßen die Brücken zu meiner Vergangenheit hinter mir abzubrechen. Ich träumte von Leuten und Ereignissen aus meiner Schulzeit, an die ich seit Jahrzehnten nicht mehr gedacht hatte. Es war vermutlich ein schwerer Fall von Nostalgie, denn mit Patriotismus hatte es wenig zu tun. Meine Großeltern waren vor den Pogromen geflohen, und Amerika war damals zufällig das große Aufnahmeland gewesen, weil es dringend Arbeitskräfte brauchte. Wenn sie nach Shanghai geflüchtet wären, wäre ich dort geboren worden und aufgewachsen.

Ich fuhr nach Bonn zur US-Botschaft in der Annahme, daß mein Schritt unwiderruflich sei. Aber zu meiner Überraschung erläuterte man mir, daß ich meine US-Staatsbürgerschaft jederzeit wiedererlangen könne, allerdings unter der Bedingung, daß ich die deutsche aufgab.

Zwei Wochen verbrachte ich als Staatenlose, bis das Innenministerium meine Akte fertig hatte. Ich hatte keine Ausweise mehr, konnte daher Deutschland auch nicht verlassen. «Vielleicht tricksen sie mich aus», dachte ich manchmal noch mißtrauisch. Ich hatte jetzt fast jede Nacht wieder diesen Alptraum, in dem ich mit der Berliner U-Bahn ins KZ geschickt wurde. In Panik rief ich beim Innenministerium an. Der Beamte beruhigte mich mit dem Satz: «Wissen Sie, die Hälfte hier hat die Grippe, und die andere Hälfte macht Kaffeepausen.»

Während dieser Zeit überlegte ich, wie man sich wohl bei einem Glaubensübertritt fühlte. Aber so etwas hätte ich nie tun können. Daß ich mich entschlossen hatte, Deutsche zu werden, hieß nicht, daß ich nicht mehr Jüdin bin. Die werde ich immer sein, egal, was für einen Paß ich habe.

Letzten Endes entschloß ich mich, Deutsche zu werden, weil kein anderes Land mein Schicksal so sehr beeinflußt hat. Ich kam haßerfüllt hierher, um Feinde, um Antisemiten zu finden, die ich natürlich auch gefunden habe. Aber ich traf auch andere Menschen, Deutsche, die nicht so waren. Vor Jahren hätte ich es nicht wahrhaben wollen, daß es sie gibt.

In diesem Land habe ich erfahren, wie man sich fühlt, wenn man nicht fortgesetzt in Haß lebt. Er kommt zwar immer noch ab und zu hoch, aber ich bin jetzt auch fähig, andere Gefühle zu haben. Auf einer Straße in Deutschland sah ich, wie ein kleiner blonder Junge einen Afrikaner spontan auf die Stirn küßte, als dieser ihm half, in die Straßenbahn einzusteigen. Die Freude zweier Kinder über ihr Meerschweinchen steckte auch mich an, als ich neben ihnen an der Fußgängerampel wartete.

In Deutschland habe ich auch gelernt, daß ich früher Menschen einfach so verurteilen konnte, weil ich nie vor die «Prüfung» gestellt wurde wie eine Reihe anderer Deutscher, mein Leben für andere zu riskieren. Mir ist klar, daß die Mehrheit bei dieser Prüfung versagt hat. Einige jedoch nicht. Sie haben unter schlimmsten Bedingungen während der Nazi-Diktatur verfolgte Menschen gerettet. Ob ich so reagiert hätte? Wenn ich meine Einbürgerungsurkunde anschaue, denke ich, so eine Deutsche möchte ich sein. Und wenn ich meinen Davidstern ansehe, denke ich, die Jüdin, die ich sein möchte, ist so wie diese Deutschen.